Einerseits bestimmen die Großstadt und das Leben in ihr Carl Zuckmayers Erzählstoffe der dreißiger Jahre, andererseits faszinieren ihn Landschaften und ihre Menschen. So entstehen 1931 die nach Berlin versetzte ›Weihnachtsgeschichte‹, gleichsam als Variante der ›Geschichte einer Geburt‹ aus ›Ein Bauer aus dem Taunus‹, 1932 das erste und einzige Kapitel eines Romans ›Das Götterdorf‹, eine liebevolle Zeichnung seines Geburtsortes Nackenheim und ein männlich herzliches Porträt seiner Eltern, kurz darauf die wieder in Berlin spielende ›Affenhochzeit‹, in der das Affenmädchen Colombine schon mit seinem Namen auf die Commedia dell'arte-Situation verweist. ›Eine Liebesgeschichte‹ von 1934, deren Handlung er ins 18. Jahrhundert verlegt hat, ist eine Parabel über das tragische Spannungsverhältnis von Pflicht und Neigung, Ausdruck von Carl Zuckmayers ethischem Bewußtsein gerade in dieser Zeit. Im selben Jahr zieht er sich ganz nach Henndorf im Salzkammergut zurück und stattet der Landschaft und den Menschen der neuen Heimat mit seinem Erzählen ›Auf einem Weg im Frühling‹ seinen Dank ab. Nach der Flucht vor den Nazis 1938 in die Schweiz griff Carl Zuckmayer ein Thema der Zeit auf: ein englischer Chirurg glaubt ›Herr über Leben und Tod‹ seines mit einem Geburtsfehler zur Welt gekommenen Kindes zu sein; aber Versöhnlichkeit und Humanität, Zuckmayers Grundthemen, bestimmen den Ausgang: Schuld wird vergeben – das Paar findet wieder zueinander.

Carl Zuckmayer wurde am 27. Dezember 1896 in Nackenheim am Rhein geboren. Nach dem Abitur in Mainz meldete er sich als Kriegsfreiwilliger und wurde an der Westfront eingesetzt. 1918 begann er ein kurzes Studium der Geistes- und Naturwissenschaften in Frankfurt a. M. und Heidelberg; wichtiger als alle Theorie waren ihm jedoch die in diesem Umfeld geschlossenen Freundschaften. 1920 ging er nach Berlin. Erste Stücke blieben ohne Erfolg, obwohl sie ihn »dichterisch legitimierten« – ›Der fröhliche Weinberg‹ brachte ihm 1925 den Durchbruch und den Kleist-Preis. 1933 verhängten die Nationalsozialisten ein Aufführungsverbot über ihn. Er zog sich daraufhin mit seiner Familie nach Henndorf bei Salzburg zurück; dort besaß er seit 1926 ein Haus. 1938 floh er in die Schweiz, ein Jahr später emigrierte er in die USA, wo er bis 1946 als Farmer in den ›Grünen Bergen‹ (Vermont) lebte. Von 1947 bis 1957 hielt er sich abwechselnd in der Schweiz und in den USA auf; 1958 kehrte er endgültig in die Schweiz zurück und wurde in Saas-Fee (Wallis) ansässig, seit 1966 als Schweizer Bürger. Am 18. Januar 1977 ist er als einer der über Jahrzehnte erfolgreichsten deutschsprachigen Autoren in Visp (Wallis) gestorben.

Carl Zuckmayer
Gesammelte Werke in Einzelbänden

Herausgegeben von Knut Beck
und Maria Guttenbrunner-Zuckmayer

Carl Zuckmayer
Eine Liebesgeschichte

Erzählungen 1931–1938

Fischer
Taschenbuch
Verlag

5.–6. Tausend: März 1997

Veröffentlicht im Fischer Taschenbuch Verlag GmbH,
Frankfurt am Main, September 1995

Lizenzausgabe mit freundlicher Genehmigung
des S. Fischer Verlags GmbH, Frankfurt am Main
Für diese Ausgabe:

Gesamtherstellung: Clausen & Bosse, Leck
Printed in Germany
ISBN 3-596-12706-8

Gedruckt auf chlor- und säurefreiem Papier

Eine Liebesgeschichte
Erzählungen 1931–1938

Eine Weihnachtsgeschichte

Könnt ihr euch an den Heiligen Abend des vorletzten Jahres erinnern? Den ganzen Tag über hing schon Schnee auf der Stadt, aber vormittags strich die Luft noch aus Nordnordwest, schleppte Frost mit und kalten Dunst, der wie eine Mauer nach oben stand und den Schnee in die Wolken zurückpreßte. Man roch ordentlich, wie der Schnee im Himmel stockte, und wie der Boden unter dem vielen Stein und in den hartgefrorenen Gärten nach ihm verlangte, und wie die niedrigen Wolken ganz voll Drang waren, ihn zu gebären und ihre schweren Bäuche auszuflocken.

Aber das Licht an diesem Tag blieb streng, kalt, glasig, und die Straßenverkäufer traten von einem Fuß auf den anderen, klapperten mit harten Sohlen auf dem Pflaster wie Tänzer auf einer Rollplatte und schlugen sich mit den Armen unter die Achselhöhlen. Erst gegen Dämmerung flaute die kalte Luft ab; es war, als ob von den vielen Lichtern und Laternen, die im Zwielicht milchig und kugelig erstrahlten, ein dünner Wärmestrom aufzitterte wie von Kastanienöfen an den Straßenecken. Als es dunkel ward, rieselte ganz lichter strähliger Schnee herunter, vor den Bogenlampen schien er unbeweglich zu stehen wie ein feinmaschiges weißes Netz, und er blieb auf der Erde wie Sand ohne Feuchtigkeit liegen, klebte an den Sohlen der Fußgänger und polierte die Reifen der langsam gleitenden Autos gefährlich blank und glatt.

Um diese Zeit, als in den Läden noch die letzten Einkäufe gemacht wurden und die heiseren Straßenverkäufer im Westen das Bündel Lametta, Restbestand, schon um drei Pfennige ausschrien, als man ältere Herren in ihren Privatwagen, mit unförmigen Paketen umstellt, so daß sie sich kaum vorbeugen konnten, um die angelaufene Scheibe zu wischen, in Richtung Dahlem oder Grunewald nach Hause fahren sah, als in den Fenstern der Parterre-Wohnungen da und dort schon die Lichterbäume aufstrahlten und die Glocken der wenigen Kirchtürme, mit unwahrscheinlicher Feierlichkeit inmitten all der kleinen und großen Stadtgeräusche, die Christnacht einläuteten, wälzte sich ein dunkler, sonderbar unförmiger Menschenzug von Osten und Norden her, irgendwo stromartig zusammenmündend – langsam, schwerfällig, in einem müden, aber unbrechbar gleichmäßigen Takt der Schritte, in die westlichen Stadtviertel hinein. Die Trambahnen und Autobusse stauten sich an den großen Kreuzungen, und Schutzleute, die die Spitze des Zuges flankierten, hielten Radfahrer und Passanten auf, die aus Eiligkeit oder Ungeduld den Strom durchbrechen wollten. »Weiterjehn, laßt se nur weiterjehn«, sagten die Schutzleute mit einem fast väterlichen Ton in der Stimme, denn sie wollten nicht, daß es irgend etwas gäbe, und bangten vor jedem Aufenthalt als vor dem Einfallstor des Unvorhergesehenen. Und der Menschenstrom, von den Fenstern oberer Stockwerke anzusehen wie ein grauer, gekerbter, mühsam kriechender Riesenwurm, aus der Nähe mehr wie ein still geschlossener Ausbruch aus den Geschäftsstraßen der Altkleiderhändler, wie ein filziger Zopf aus abgeschabten Mänteln, Umschlagtüchern, Rockkragen, runden Hüten, Schirmmützen und Wolljacken, all das fast ohne Gesichter und von Schneegeriesel und Kältedunst umschwankt, schob sich mit schlurfenden Sohlen unaufhaltsam voran. Einzelne Schildträger da und dort in der freien Straßenmitte schleppten an Stangen genagelt große Bretter, deren Aufschriften man nicht lesen konnte, nur manchmal im stechenden Strahl eines Scheinwerfers einzelne Worte wie »... Nieder mit...« oder »... Volksbetrüger...« oder ähnliches, was mit dem Schnee und der Nacht und den vielen feuchten Kleidern zusammen nur einen dumpfen, bedrückenden Sinn ergab. Von Zeit zu Zeit drang von sehr weit hinten aus dem Zug – die Vordersten marschierten stumm und gleichsam widerstandslos dahin – eine belegte, knarrende Stimme, die ein Kommando zu formen suchte, und dann murmelten viele Stimmen, mit hoffnungsloser Bemühung um Gleichklang, in einem unsicheren Rhythmus: »Hunger, Hunger, Hunger.« –

In den Seitenstraßen flatterten die Gerüchte auf, schwirrten wie Dohlenschwärme nach allen Seiten in die stilleren Stadtviertel hinaus. Dienstmädchen und Portiersleute, etwa im bayrischen Viertel oder im westlichen Charlottenburg, schienen in heimlicher Funkverbindung mit den belebten Hauptstraßen zu stehen, wußten immer Neues, noch bevor das Alte widerlegt worden war. »In Jrunewald steht 'ne ganze Villenstraße in Flammen«, hieß es, als irgendwo, eines Zimmerbrandes wegen, das Läutezeichen des Feuerwehrautos gellte. »Am Wittenbergplatz is jeschossen worden«, hieß es. »Zwanzig Tote liegen am Wittenbergplatz.« Aber am Wittenbergplatz fiel kein Schuß.

Hingegen stand am Wittenbergplatz, dicht bei einem der geschlossenen Portale des Kadewe, um diese Zeit ein junger Mensch von etwa dreißig Jahren, der dadurch auffiel, daß er am Kinn ein blondes krauses Bärtchen trug, und hielt unter einer Art Radmantel, wie sie in früheren Zeiten von Droschkenkutschern oder Naturfreunden getragen wurden, eine menschliche Gestalt eng an sich gepreßt, von der man nichts sah als das stoßweise Beben des verhüllten Körpers. Es war ungewiß, ob sie schmerzhaft atmete, schluchzte oder nur fror.

Der Blick des Mannes folgte mit wachem, etwas erstauntem Ausdruck dem Ende des Hungerzuges, das eben in den Lichtschächten zwischen Gedächtniskirche und Kinopalästen verschwand, von einigen großen offenen Kraftwagen langsam gefolgt, über deren niedrige Seitenwände steif wie Spielzeugpuppen die Uniformen und Helmtöpfe der Schutzpolizisten unbeweglich ragten.

Es standen jetzt außer diesen beiden nur noch wenige Menschen an derselben Ecke, denn die Straßenverkäufer und Zeitungsausrufer hatten Feierabend gemacht; ein Wächter des Kaufhauses, als Weihnachtsmann gekleidet mit weißem Wattebart, stapfte ungehalten hin und her, eine kleine Gruppe von Chauffeuren, deren Droschken drüben an der Trottoirkante des Platzes hielten, hatte sich debattierend an der Straßenecke gesammelt, ein Mädchen in einem zu kurzen, sehr angeschabten Kalbfellmantel und roten Glanzlederstiefeln, die bis zum Knie hinaufreichten, beschrieb in kurzen Schritten einen Kreis von ganz engem Radius, und einige Leute mit hochgeschlagenen Mantelkragen warteten auf den Autobus. Niemand schien das fremdartige Paar zu bemerken, und keiner kümmerte sich um die beiden, bis plötzlich die Gestalt unter dem Radmantel, lautlos und ohne Heftigkeit, am Körper des jungen Mannes herunter aufs Pflaster glitt.

Der Mann beugte sich über sie und versuchte, sie an den Schultern hochzuziehen. Als ihm dies nicht gleich gelang, drehte er sich ohne Hast zur Gruppe der Chauffeure um, die nun alle, zunächst unberührt und ohne besonderes Interesse, zu ihm hinschauten, und lächelte ein wenig. Gleichzeitig war das Mädchen mit den hohen roten Stiefeln hinzugetreten und starrte mit hängender Unterlippe auf die unbeweglich am Boden liegende Frau hinab.

Nun löste sich aus der Chauffeurgruppe ein älterer Mann mit grauem Schnurrbart, kam langsam herbei, von zwei jüngeren gefolgt, schüttelte den Kopf, räusperte sich und spuckte gegen die Glasscheibe des Warenhauses. »Wat hat'n die?« sagte er dann mit ziemlich klarer Stimme. »Wat wird se haben«, knautschte das Mädchen mit den Stiefeln, das sehr durch die Nase sprach, »Hunger wird se haben!« – »Die's dot«, meinte einer der jüngeren Chauffeure, die dazugekommen waren, »die's dot. Man sieht's an de Lippen. Da kenn ich mir aus mit von Weltkriech.« Der junge Mann im Radmantel lächelte immer noch vor sich hin und antwortete nichts, und in diesem Augenblick richtete sich die Gestalt am Boden halb auf und sagte leise: »Ach« – und dann lächelte sie auch. »Na pack doch man zu!« schrie der ältere Chauffeur plötzlich ganz aufgeregt. Er und der Fremde griffen ihr unter die Oberarme, und sie ließ sich ganz leicht emporstützen. Sie lehnten sie an die Glasscheibe, und man sah nun im elektrischen Licht, daß es eine junge Frau war, der rechts und links dunkle Haarsträhnen unter einem kleinen, kecken Hütchen auf die Schläfen fielen, und deren zartes, stumpfnäsiges Gesicht, mit leicht umschatteten, weit geöffneten und wie von Belladonna flackrig vergrößerten Augen man lange ansehen mußte, um zu merken, daß es sehr schön war. Sie hatte einen losen, cremefarbenen Frühlingsmantel an, der eher auf eine elegante Hotelterrasse im Süden gepaßt hätte, um den Hals trug sie einen groben grauen Wollschal, der offenbar von ihrem Begleiter stammte, und an den Beinen hatte sie schwarze Seidenstrümpfe. Auf dem rechten Schienbein war ein kreisrundes Loch, wohl von einem Sturz oder Stoß, unter dem ein wenig geronnenes Blut zu sehen war. Darüber deckte sie jetzt beim Aufstehen rasch die eine Hand. Und ihre Hände, schmal und durchsichtig und trotz der Kälte gar nicht rot, streckte sie wie abwehrend ein kleines Stück vor den Leib.

Inzwischen war der als Weihnachtsmann verkleidete Wächter herangekommen und musterte die Gruppe, die nun etwas verlegen beisammenstand und auch, nachdem die Frau aufgerichtet war, schon gar keine Gruppe mehr darstellte, sondern in lauter fremde Leute zerfiel. »Hier könnse nich bleiben mit die kranke Frau«, sagte der Wächter nach einer Weile zu dem jungen Mann. Der antwortete nicht und schien den großen Christbaum im Schaufenster zu betrachten, der mit künstlichem Reif bedeckt und mit vielen elektrischen Birnen behaftet war und zu dessen Füßen weiße Wäsche lag. »Ick jeh mal rin«, sagte der Weihnachtsmann nach kurzer Pause, »und telephoniere nach der Rettungswache.« Da aber verzerrte sich das Gesicht der jungen Frau ängstlich, und sie hob wie bittend beide Hände. »Nein«, sagte sie mit etwas zu heller Stimme, »ich geh schon weiter!« Und sie machte eine kurze Bewegung von der Scheibe weg, wankte aber, und der Fremde mit dem Bärtchen, immer noch auf den Christbaum schauend, nahm sie am Arm und stützte sie unter der Achsel. »Lasse man'n Schluck heißen Kaffee trinken«, sagte plötzlich der eine jüngere Chauffeur, ein schwarzhaariger Mensch mit einem übermäßig breiten Mund. Er sagte das zu dem Fremden und bot auch, in einer unbewußten Scheu davor, sich mit der Frau selbst in Verbindung zu setzen, dem Fremden seine Thermosflasche. Der nahm sie, schraubte sie auf, füllte etwas in den Verschlußbecher und setzte es der Frau an die Lippen. Es war so still, daß man sie leise schlürfen hörte, und keiner sagte ein Wort.

Das Mädchen mit den Stiefeln hatte sich geschneuzt und malte sich nun die Lippen nach, und eine andere, die zu ihr getreten war, stierte ihr über die Schultern in den im Innenleder ihrer Tasche angebrachten Spiegel. Dann setzte die Frau den Becher ab, hielt ihn dem schwarzhaarigen Chauffeur hin und sagte – wobei man zum erstenmal bemerkte, daß sie eine nicht hiesige, eher etwas ausländisch klingende Mundart sprach –: »Dank schön, das war gut!« – »Na, 's jut«, sagte der Chauffeur und schraubte seine Flasche zu. Der Wächter hatte sich den beiden Mädchen zugewandt. »Kein Jeschäft heute, wat?« sagte er brummig. »Kommt noch«, meinte das Stiefelmädchen, »wenn de Lokale schließen. Weihnachtsfeier für Junggesellen, mit Gemüt und Zaster.« Einige lachten, und die Mädchen schlenkerten mit ihren Taschen um die Ecke. Jetzt aber hatte der ältere Chauffeur mit dem grauen Schnurrbart, nach einigem Räuspern und Spucken, etwas überlegt. »Wo wollt ihr denn hin, ihr beide?« sagte er zu dem fremden jungen Mann. »Hier is nischt los heite, ick bring euch'n Stück.« – »Wo wollen *Sie* denn hin?« sagte der Fremde freundlich. »Ich meine, in welche Richtung?« Er schien aber nur aus Höflichkeit zu fragen und ohne eine besondere Absicht. »Ich«, sagte der Chauffeur, »mach in de Standkneipe an Stadtpark. Ick bin unverheiratet«, fügte er hinzu, und gleichsam sich entschuldigend sagte er noch: »Mit Fuhre is nischt mehr los heite.« Nun aber war der schwarzhaarige Chauffeur mit dem breiten Mund, der vorher seine Thermosflasche gegeben hatte, plötzlich sehr lebhaft. »Weißte was, Fritze«, sagte er zu dem älteren, »wir nehmen se mit in de Standkneipe und stiften se 'ne heiße Wurst«, und dann sagte er mit einer formellen Wendung zu dem Fremden: »Ick lade det Fräulein uff 'ne Bockwurscht ein.«

»Bockwürschte könnse an der Ecke Passauer ooch haben«, sagte der Alte. »Aber nich von mir«, lachte der Schwarzhaarige, der immer munterer wurde. »Bei Jahnke hab ick unbegrenzten Kredit. Kommense, Fräulein«, sagte er und faßte die Frau, die sich noch mit dem einen Arm auf ihren Begleiter stützte, an der freien Hand. Die sah den Blondbärtigen unschlüssig fragend an, aber der nickte und sagte zu dem älteren Chauffeur, von dem die ganze Einladung eigentlich angeregt worden war: »Dann fahren wir wohl alle zusammen?« – »Meintswegen«, erwiderte der und stapfte zu seinem Wagen, während der Schwarzhaarige schon der Frau in den seinen half und den fremden jungen Mann nicht daran hinderte, leichtfüßig hinterherzusteigen und sich an ihrer Seite im Wagen zurückzulehnen. Dann ließ er anspringen und fuhr los, so flott, daß sie auf dem schneeglatten Asphalt bedenklich schleuderten, während der ältere bedächtiger folgte. Am Stadtpark schlossen sie ihre Wagen an die Reihe der wartenden Droschken an und gingen, die Frau in der Mitte, wie alte Bekannte alle vier in die kleine Kneipe am Eck, unter deren Schild »Schultheiß-Patzenhofer« ein Adventskranz aus Fichtenzweigen mit roter Schleife und niedergebrannten Wachslichtern hing.

Es war sehr warm in Jahnkes kleiner Bierstube, denn das lange Ofenrohr ging mitten durchs Lokal. Drei oder vier Holztische standen teils an der Wand, teils an der nach innen offenen Auslage, die nach der Straße zu durch einen Rolladen verschlossen war und in der man, außer zwei leeren kupferbeschlagenen Bierfäßchen und einigen etikettierten Flaschen, mehrere Teller mit kalten Schweineschnitzeln, Sülzkoteletten, Bouletten, Käsebrötchen und sogenannten illustrierten Gurken sah.

Das gefrorene Fett an den kalten Speisen und auf dem Porzellan der Teller sah talgig weiß aus, wie von Stearinkerzen abgetropft. Zigaretten- und Tabakrauch übertäubte nicht ganz den Geruch des Tröpfelbiers und des schlechten Fettes aus der Küche. Aber es roch auch ein wenig nach verschüttetem Grog aus Rumverschnitt und nach den Lederwesten und Schmierstiefeln der Chauffeure. Etwa fünf Chauffeure saßen herum, drei davon spielten Karten, und die anderen tranken kleine Bierschlucke und stierten in die Abendzeitung. Am Büfett, das blank metallisch glänzte und immer von einer schaumigen Wasserflut überspült schien, lehnte ein Mensch, der offenbar kein Chauffeur war, zigarettenrauchend, und beobachtete die Tätigkeit von Jahnkes Schankmamsell. Die trug eine Art weißen Laborkittels über Rock und Bluse, mit aufgekrempelten Ärmeln, und sah so frisch und glanzbäckig aus, als stünde sie nicht Tag und Nacht in einer rauchigen Bierkneipe, sondern verbringe ihre Zeit mit Freiluftturnen und Wintersport. Sie schenkte wundervoll ein, indem sie die Gläser schräg unter die Siphonkranen hielt, und schnitt mit einem flachen Stück Holz den überstehenden Schaum glatt am Glasrand ab. Jahnke selbst trat gerade aus der Küche ins Lokal und kaute auf beiden Backen. Er trug eine Art Litewka aus graugrünem Sackleinen, die unterhalb seines heftig vorgewölbten Bauches in einem Gürtel steckte, und hielt den grauen Lockenkopf immer etwas vorgeneigt, als wollte er jemanden hirschartig mit der Stirne forkeln. Gewohnt, von seinen Gästen zuerst gegrüßt zu werden, sah er den Neuankömmlingen schweigend entgegen und nickte kaum auf ihr zuvorkommendes Gutenabend. »Laß man vier Paar Heiße anfahren«, rief der Schwarzhaarige, nachdem sie sich alle an einen freien Tisch nahe beim Büfett gesetzt hatten.

»Und vier Mollen vonet jute Dortmunder Union.« – »Dortmunder Union nur gegen bar«, knirschte Jahnke kauend, »für Kreide jenügt ooch det scheene helle Schultheiß.« – »Dortmunder Union«, wiederholte der Chauffeur und kramte ein Fünfmarkstück aus der Hosentasche. Er legte es hart auf den Tisch und sagte: »Wenn det alle is, können wir immer noch det scheene helle Schultheiß jenießen. Oder wat?« Er sprach dies alles immer halb zu der jungen Frau gewandt, die ihn blaß und verschwommen anlächelte. Inzwischen hatte der Fremde mit dem Bärtchen seinen komischen Radmantel abgelegt und sah darunter aus wie ein normaler konfektionsbekleideter Stadtbewohner. Er sah mit dem immer gleichen, stets wachen und etwas erstaunten Blick vor sich hin und schien mit dem Zeigefinger der rechten Hand auf der Tischplatte zu zeichnen. Die Frau weigerte sich trotz der großen Wärme, ihren Mantel abzulegen. Sie öffnete ihn nur obenher, und man sah, daß sie darunter seltsamerweise eine leichte sommerliche Spitzenbluse anhatte, die den Ansatz einer schönen runden Brust freiließ. Der schwarze Chauffeur schaute unablässig dahin und rückte ihr langsam näher, was sie gar nicht zu bemerken schien, aber sie ließ sich gern und dankbar von ihm die Bockwurst, die nun kam, zerschneiden und Senf darauf schmieren und Brot brechen und aß, wie auch ihr Begleiter, der auf ihrer anderen Seite saß, recht heißhungrig und mit Genuß. Fast übersehen hätten wir aber bei der Betrachtung dieses Ausschanks, daß in einer freien Ecke, neben der Telephonzelle, ein sehr kleines Christbäumchen stand, mit etwas Watte als Schnee und einigen Strähnen drahtig glitzernden Engelshaars behangen, von sechs langen farbigen Wachskerzen verziert, die jetzt noch brannten und in die Blumenscherbe, in der das Bäumchen saß, hineintropften.

»Soll ja 'ne Schießerei jewesen sein«, sagte Jahnke und kam leutselig an den Tisch heran, »an Wittenberch.« – »Wir kommen ja von Wittenberch«, antwortete der Ältere. »Na und?« – »Na wenn da wat jewesen wäre, denn hätten wa längst schon jeredet von.« – »Kann ich nich wissen«, sagte Jahnke, »ob ihr von redet, wenn da wat war.«

»Nischt war«, sagte nun der Schwarze. »Wie soll'n da wat sind, waren ja mehr Jrüne bei als Proleten.« – »Wat wolln die'n ooch an Christabend auf'n Wittenberch«, brummte Jahnke. »Jar nichts auf'n Wittenberch«, rief der Schwarze. »Demonstrieren hamse wolln gegen de Arbeitslosigkeit und de Hungerlöhne, det is et jute Recht von de Proleten.« – »Aber doch nich an Christabend auf'n Wittenberch«, beharrte Jahnke eigensinnig. »Nee, an Kaisers Jeburtstach auf'n Tempelhofer, wat?« schnauzte der andere. »Halt die Klappe, Karl!« sagte der ältere Chauffeur und warf ihm einen Blick zu.

»Nee, Fritze«, rief Karl aufgeregt, »det willste nich glauben, der Jahnke, det is'n Reaktionär.« – »Ick bin'n Jastwirt«, sagte Jahnke gewichtig, »und wenn's dir nich paßt, denn mach deine Rechnung glatt und jeh bein andern.« – »Deswejn noch lange nich«, meinte Karl bedeutend ruhiger. Und dann wandte er sich plötzlich an den fremden jungen Mann mit dem Spitzbärtchen.

»Organisiert?« sagte er zu ihm. Der schien nicht gleich aus seinem Geschaue zu erwachen, gab sich aber Mühe, sein Gesicht höflich zu konzentrieren. »Wie?« fragte er. »SPD? KPD?« drängte Karl in ihn. Der Fremde lächelte. »Ich bin nicht von hier«, sagte er nach einer Weile. »Ach so«, machte Karl und sah ihn verständnislos an.

»Aber Sie, Fräulein«, rückte er der jungen Frau auf den Leib, »ick meine, wat Ihnen betrifft, wenn ick mir heflichst erkundigen dürfte.« – Auf den durchsichtigen Jochbeinen in dem kindhaften Frauengesicht erschienen plötzlich hektische rote Flecke, die Augen verschwärzten sich böse. »Was geht das Sie an?« sagte sie fast schrill – wobei der fremdländische Akzent in ihrer Aussprache noch stärker zu hören war –, »sind Sie vielleicht von der Polizei?« – »Entschuldigense mal, Fräulein«, stotterte Karl betroffen, »ick wollte ja nur nach Ihren Vornamen jefragt haben –« Da passierte etwas Merkwürdiges. Nämlich die junge Frau ließ ihr Gesicht langsam niedersinken, ganz tief, daß es fast den Hals und die Brust berührte, ihre Hände öffneten und schlossen sich mehrfach, und dann, als sie mit einer plötzlichen, fast wilden Bewegung das Gesicht wieder hob, war es von Tränen überglänzt, die tropften, rannen, liefen, strömten, als könnten sie nie mehr aufhören. Dabei war sie ganz lautlos, und ihr Mund völlig unbewegt. Die Männer saßen eine Weile in tiefer Beklommenheit. Jahnke hatte beide Fäuste auf den Tisch gestützt und starrte der Frau, vornübergebeugt, mit offenem Mund ins Gesicht. Fritz, der ältere Chauffeur, zuckte die Achseln und machte ein Gesicht, als ob er sich vor sich selbst geniere, und die Schankmamsell kam neugierig und mitleidsvoll hinterm Büfett vor. »Was hat se denn? Was hat se denn?« fragte sie, aber keiner antwortete, bis Karl schließlich zu stammeln begann. »Aber Frollein«, sagte er, »aber Sie, Frollein« – – weiter kam er nicht, denn jetzt passierte etwas noch Merkwürdigeres. Der fremde junge Mann stand nämlich auf und machte Karl ein ziemlich heftiges Schweigezeichen. Dann trat er an das Christbäumchen neben der Telephonzelle, machte mit den Händen ein paar taktierende Bewegungen in der Luft, schnupperte einen Augenblick in den

Duft der wenigen Kerzenstümpfe, die knisternd niederbrannten, legte den Kopf weit zurück und begann zu singen.

Er sang mit einer tiefen und doch recht hellen Stimme und sang so laut und kunstlos und unbekümmert, als ob er ganz allein wäre. Ohne darauf zu achten, daß inzwischen die Tür klingelnd aufging und andere Gäste kamen, und daß wieder Bier ausgeschenkt wurde und sogar ein paar laute Stimmen dazwischenquarrten, sang er Weihnachtslieder, die kaum einer von denen in der Kneipe je gehört hatte. »Auf dem Berge, da wehet der Wind«, sang er, und »Josef, liebster Josef mein«, und viele andere, und schließlich, in einem fast hüpfenden Takt, rasch, munter, frohlockend und mit dem Fuß den Rhythmus mitstampfend, sang er: »Kommet ihr Hirten, ihr Männer und Frau'n«; er sang es und tanzte es, daß die Gläser klirrend wackelten und das Ofenrohr schepperte und das Deckenlicht im Rauch zu schwanken schien – »fürchtet euch nicht« – und dann hörte er plötzlich auf und setzte sich wieder neben die Frau, die zu weinen abgelassen hatte, und sah alle andern mit lachenden Augen an, während er den Rest seines Bieres austrank und sich den Mund abwischte. »Wat heißt hier Hofsänger, in'n anständiges Lokal«, brüllte ein baumlanger, breiter Mensch in dickem, uniformartigem Wintermantel, in dessen Schnurrbart Eiszapfen hingen. Er war gerade während des letzten Liedes eingetreten und stapfte an den Tisch der Fremden heran. – »Der is wohl von de Zeltmission, is der Junge wohl«, schrie er den Fremden an, »'n bisken doof, Junge, wat?« Aber die Chauffeure, die Schankmamsell und sogar Jahnke persönlich nahmen den Fremden sofort einmütig in Schutz. »Du, Parkbulle«, sprach Jahnke mit seiner absolutistischen Stimme, die jeden Widerstand sinnlos machte, »kümmer du dir mal um deine eigenen Anjelegenheiten. Wenn hier bei mir eener 'n Jesang riskiert, dann jeht et nur mir an, det is mein Hausrecht und meine private Jeschmacksache.« – »Von mir aus kannste hier'n Cäcilienverein blöken lassen«, sagte der Wächter. »Ich mecht'n Helles.« Er bekam's, verschärfte es durch zwei doppelte Korn und blieb verärgert am Büfett stehen, während am Tisch, von den anderen umsitzenden

Chauffeuren durch Zwischenbemerkungen und Zurufe befeuert, ein lebhaftes und sonderbares Gespräch mit dem fremden krausbärtigen Jüngling entstanden war.

»Singe, wem Jesang jejeben«, rief ein Chauffeur namens August Schmöller, ein blonder Mensch mit einer Narbe auf der Stirn, indem er an den Tisch der Fremden herantrat. »Wenn ick zu Hause komme und habe mir unterwejens an 'ne verstopfte Düse jeärjert oder an de Verkehrsordnung, denn dreh 'ck mir 'n Radio uff und laß een schmettern. Det hilft.« – »Sag det nich zu dem«, meinte Fritz und deutete mit dem Kopf auf den Fremden. »Bei uns war neulich einer von de Heilsarmee, der hat jesagt, det Radio sei Teufelswerk und gegen de Religion.« – »Das ist Unsinn«, sagte der Fremde vergnügt, »wenn einer so was sagt. Das Radio ist Menschenwerk, wie das Bierglas oder die Schnapsflasche. Es kommt nur auf den Inhalt an!« – und da Fritz ihn verständnislos ansah, fügte er wie entschuldigend hinzu: »Wir wissen einfach noch nichts damit anzufangen!« – »Na hörnse mal«, ließ Karl sich vernehmen, »bei die technische Höchstleistung! Wir in unsre Zelle ham jeden Abend Moskau janz klar, und wir ham ooch Amerika jekriegt, wie Schmeling jeboxt hat.« – »Wir hören die Stimmen der Welt«, sagte der Fremde, »aber wir verstehen sie nicht.«

Diese Bemerkung ging in einer allgemeinen Radiodebatte unter, in der alle gleichzeitig redeten. »Ich zum Beispiel«, brach sich der alte Chauffeur Fritz allmählich Bahn, »ich interessiere mir für Fußball. Nu kann ick aber nie bein Matsch jehn, weil wir sonntags det beste Jeschäft ham. Da flitz ick denn immer zwischen zwei Fuhren mal rasch ins Haus Vaterland rin und hör de Erjebnisse, frisch wie 'ne Nachtschrippe. Ick kenn mir da 'n bisken aus, wissense, und wenn ick zum Beispiel höre: Concordia Spandau gegen Bohemia Prag zwo Mitteltore drei zu eins« – hierbei ahmte er die Stimme des Lautsprechers nach, ohne es zu merken –, »denn seh 'ck det vor mir, denn seh 'ck det janz genau vor mir!« sagte er ganz aufgeregt und wie zu sich selbst. Keiner hörte ihm zu, und er wendete sich an den Fremden. »Und deshalb sage ich, det is'n jesegneter Fortschritt, det war früher nich!« – »Da haben Sie recht«, sagte der, »wenn's Ihnen Freude macht!« Aber dann fing er plötzlich an zu reden, und zwar ziemlich leise, aber alle verstummten in ihrem Gespräch und hörten ihm zu. »Ich war einmal, auch an einem Weihnachtsabend«, sagte er, »in Holland. Es war in einer Villa, ziemlich nahe am Meer. Wir saßen zusammen und schraubten am Radio herum. Ich war da auch nur vorübergehend«, sagte er nebenbei mit einer höflich lächelnden, schrägen Kopfneigung zu der Frau neben ihm, die ganz lebhaft und mit geröteten Wangen allem lauschte. »Wir wollten die Übertragung des Christmettesingens hören, die im Programm angekündigt war, und hatten vorher viel Punsch getrunken und waren einfach voll Festesfreude, wißt ihr, so, daß alle sehr gern zusammen im Zimmer sind, auch wenn sie sich sonst kaum kennen.« Er sah dabei in den Gesichtern herum, und fast alle lachten mit den Augen, obwohl sie ernsthafte Mienen machten.

»Der Radiokundige unter uns suchte nach der richtigen Welle, und einen Moment lang hatte er sie auch schon, die fernen Glocken erklangen, von einem süddeutschen Dom, und man hörte einen hellen Hauch von Knabenstimmen, die gerade einsetzen – sooo –!« und er sang leise die ersten Töne von dieser Melodie. »Da aber drehte unser Radiobesitzer die Schraube noch einmal kurz zurück, vielleicht, um alles noch besser zu machen, und da gellte plötzlich ein Signal in unser Weihnachtszimmer hinein, es übertrug sich eigentlich nur ganz leise, aber es ging uns allen gellend ins Ohr. So!« Er klopfte den Rhythmus dieses Signals auf den Tisch und pfiff es zwischen den Zähnen – »SOS -- SOS -- Schiff in Seenot!! Die Brigg ›Zuidersee‹ bei Ebbe gestrandet, schwerer Flutgang, Leck im Schiff, höchste Gefahr für die Besatzung, 23 Seeleute in Lebensgefahr, zu Hilfe, zu Hilfe!«

Er schwieg. Alle schwiegen. Dann sagte August Schmöller: »Junge, Junge«, und Jahnke schnappte mit einem Laut wie wenn ein Pinscher Fliegen fängt, die Schaumkappe von seinem frischen Bier.

»Und wat habt'n ihr jemacht?« fragte Karl nach einer Weile.

»Wir haben dann die süddeutsche Welle gesucht und den Gesang der Regensburger Domspatzen gehört«, sagte der Fremde ernsthaft. »Es war sehr schön.«

Die Frau neben ihm hielt seine Hand in der ihren.

»Na ja«, sagte dann Karl wie zu seinem eigenen proletarischen Gewissen.

»Helfen hätten se ja sowieso nich können.«

»Nein«, lächelte der Fremde. »Aber das waren die Stimmen der Welt.«

Ein Dienstmädchen stürzte plötzlich herein, es hatte einen Mantel mit Pelzkragen über die Schultern geworfen und darunter noch die Serviertracht, schwarzes Kleid mit weißer Trägerschürze. »Raus«, rief sie ins Lokal, »bei Meyers is Schluß. Fünf Taxen werden jebraucht.« Einige Chauffeure sprangen auf und liefen hinaus, während man schon die sonoren und fülligen Motorstimmen abfahrender Privatwagen hörte. Das Mädchen war ans Büfett zur Schankmamsell getreten und zählte Geldstücke, die sie lose in einer Schürzentasche trug. »Die reichen Kantoreks, mit'n Mercedes-Kompressor«, sagte sie zur Mamsell, »haben mir achtzig Fennje jejeben, und dabei warnse vier Personen hoch. Ihrn Schofför ham se zu Weihnachten 'ne Jarnitur Netzhemden jeschenkt, aus'n Ollen sein Engrosgeschäft. Wat sagt man!« – Sie stützte sich dabei mit dem Ellbogen auf die Schulter des Mannes, der als einziger Nichtchauffeur schon den ganzen Abend über am Büfett saß, und küßte ihn nun unvermittelt aufs Ohr. »Na, Männe«, sagte sie, »haste dir jelangweilt?« – »Nee«, antwortete ihr Freund. »Langeweile kenn wir nich. Habe immer ne schöne Aussicht jehabt«, sagte er und blinzelte zu der Schankmamsell, die rot wurde. »Du Schlimmer«, sagte das Dienstmädchen gleichgültig und zwickte ihn in die Backe. Indessen war am Tisch der Fremden wieder etwas Merkwürdiges geschehen.

Der Mann mit dem blonden Krausbärtchen hatte nämlich alle Bierfilze gesammelt, deren er habhaft werden konnte, einige Bleistifte aus der Tasche gezogen, und nun war er damit beschäftigt, während sein Gesicht einen so gedankenlosen und fast blöden Ausdruck zeigte, wie das eines mit sich allein spielenden Kindes, die Rückseiten der Bierfilze mit Strichen und Schraffierungen zu bedecken. Seine Hand fuhr so hastig hin und her, daß man sich kaum vorstellen konnte, es werde dabei etwas Erkennbares herauskommen. Plötzlich aber überreichte er Herrn Jahnke einen Bierfilz, auf dem, in groben Zügen zwar, aber deutlich im Ausdruck getroffen, Jahnkes selbstsichere Physiognomie zu sehen war, mit allen menschlichen Reserven und aller heimlichen Helligkeit des Jahnkeschen Eigenwesens. Und schon war er dabei, den Chauffeur Fritz zu porträtieren. Die andern merkten, was los war, schauten ihm über die Schulter und machten Gesichter wie beim Photographieren, wodurch sich aber der junge Mann nicht stören ließ. Nur Karl interessierte sich wenig für die künstlerischen Ereignisse, die er wohl als den beiläufigen kulturellen Überbau des Abends auffaßte. Seine fünf Mark waren längst in Dortmunder Union aufgelöst, und er genoß nun schon das schöne helle Schultheiß auf Pump. Aber weit weg von diesen ökonomischen Tatsachen schlug ihm das Herz grundlos und bang im Halse; die Frau neben ihm, die immer noch den Mantel trug, hatte dessen Kragen oben sehr weit zurückgeschlagen, und mit zunehmender Scheu starrte Karl auf die Haut an ihren Schlüsselbeinen, die von ganz zarten bläulichen Adern durchzeichnet war. Plötzlich beugte er sich, rabiat vor unbekannter Schüchternheit, weit vor und küßte sie einfach auf die Schulter, dicht neben dem Halsansatz und den Haaren, die ihr vom Ohr herabfielen. Und nun kam das Merkwürdigste, nämlich die Frau nahm ihr Hütchen ab und strich ihr schönes, volles, etwas kupfriges Haar zurück und neigte ihr Gesicht mit einem zauberischen, undurchsichtigen Lächeln sehr nah dem ganz erschreckten Karl zu und wühlte ihm ein wenig in den Haaren und legte ihm ihren Arm um die Schulter. Schon malte sich etwas wie ein törichtes Besitzerlächeln auf Karls einfachem und männlichem Gesicht, da begann der Fremde, freundlich vorgeneigt, ihn auf den Bierfilz zu zeichnen, und sofort wurden Karls Züge wieder kindlich und leise verstört.

»Wie kannste det aber nu auf der Welt zusammenbringen«,

sagte der Chauffeur Fritz plötzlich laut, längst Gesprochenes und Vergessenes aus seinem Kopf wieder aufgreifend. »Wenn auf der einen Welle Amerika is und auf der andren Deutschland, und eener funkt Notsignale und der andere Tanzmusik, so kannste das doch nich alles auf einmal hören, sondern erst det eene und nachher det andre, und wenn man sich det alles zu jleicher Zeit vorstellt, wie will denn'n Mensch da Ordnung reinbringen, wat?« – »Ja, siehst du«, sagte der Fremde, den er hilflos fragend anstarrte, »es läßt sich doch auf der Welt nicht alles in Ordnung bringen. Ordnung ist eine Nebensache. Ordnen läßt sich immer nur ein kleiner Teil! Und wenn du alles das besser und richtiger ordnest, was jetzt falsch geordnet ist« – sagte er zu Karl, der unsicher blinzelte – »dann fängt doch das Leben und sein Geheimnis überhaupt erst an!« – »Ordnung muß sein«, brüllte da auf einmal der Parkwächter vom Büfett her und kam schwankend und drohend näher. »Ich sage: Ordnung muß sein!« wiederholte er sichtlich herausfordernd.

Als ihm aber keiner widersprach, fuhr er, scheinbar zusammenhanglos, fort: »Jetzt in Winter, da is ja nischt los in der Beziehung. Aber in Sommer, da könnt ihr wat erleben!« Er lachte blöd und setzte sich dem Fremden gegenüber. »So in de warmen Julinächte«, sagte er, »wenn sich de Liebespaare in Park auf de Bänke rumdrücken, denn pürsch ick mir janz leise von hinten ran, und wennse denn jrade mitten bei sind, denn nehm ick 'n Jummiknüppel raus und hau den Herrn Bräutijam von oben runter uff'n Kopp. Denn sinse jeheilt, kann ick Ihn'n sa'n.« – Der Fremde sprang auf und hatte plötzlich rote Flecke im Gesicht. »Aber das ist doch nicht wahr, was Sie da erzählen!« rief er laut. »Das können Sie doch gar nicht tun!« – »Det kann ick nich?« wiederholte der Parkbulle geringschätzig. »Wenn's 'ne jute Nacht is, komm ick manchmal uff zehn, fuffzehn Stück.« – »Und warum machen Sie denn das?« fragte der Fremde fassungslos. »Warum?« schrie der Wächter und schlug auf den Tisch. »Na – Ordnung muß sein, sag ick!!« Der Fremde war wieder ganz ruhig geworden. »Wenn das wahr ist, was Sie da erzählen«, sagte er, »dann sind Sie ein ganz gemeiner Kerl.« Alle waren still und erwarteten eine Katastrophe. »Was bin ick?« fragte der Parkbulle lauernd. »Ein ganz gemeiner Patron«, bekräftigte der Fremde voll Überzeugung, »und außerdem direkt gottlos! Geheilt! Haben Sie denn nie bedacht, was Sie da tun? Sie verletzen ja ...« – und er verstummte kopfschüttelnd. Der Wächter hob den Arm, und die Chauffeure spannten schon die Muskeln, denn jeder glaubte, es käme ein Faustschlag. Es kam aber nichts.

Der Wächter schnaufte, völlig außer Fassung gebracht. Dann drehte er sich auf dem Gesäß um, ohne aufzustehen. »Noch 'n Helles!« rief er, und in diesem Augenblick fing die Frau am Tisch hell und heiter zu lachen an. Plötzlich lachten die andern auch. Irgendeiner sagte was Komisches, Jahnke schlug sich knallend auf den Schenkel, und ehe man sich's versah, hatte der Fremde wieder zu singen begonnen, diesmal am Tisch sitzend, mit seiner tiefen, aber lichten Stimme sang er das Trinklied der Nonnen im Rosenhaag »Schenket ein den Cypernwein«, und bei der zweiten Strophe schon sangen die Chauffeure die Melodie mit! Der Parkbulle kaute nachdenklich an seinem Bier und schüttelte den Kopf zu alledem, und mitten in der Schlußstrophe sah man auf einmal, daß Karl ganz steif und merkwürdig verkrampft dasaß und vergeblich durch Grimassen die andern zum Schweigen zu bringen suchte. Es wurde allmählich still, der Fremde hatte zuerst aufgehört, und jetzt sahen alle, was los war: die Frau lag mit dem Kopf seitlich an Karls Schulter, ihre Augen waren geschlossen und ihre Haut ganz weiß, man wußte nicht recht, ob sie schlief oder ob ihr das Herz stillstand. Während nun aber alle zu ihr hinsahen, verzog sich plötzlich der Mund wie von einem grausam reißenden Schmerz, das ganze Gesicht zuckte und flog, ohne daß die Augen sich öffneten, die Wangen fielen jählings ein und bekamen schwarze Löcher, und gleich darauf schlug sie die Augen wieder auf, atmete tief, bekam Farbe ins Gesicht und lächelte ein wenig. Milly, das Dienstmädchen von Meyers, war hinzugetreten und sah ihr mit einem schwimmenden und zärtlichen Blick auf die Hände. »Wat für Hände«, sagte sie dann mehrmals und streichelte vorsichtig die Fingerspitzen der Frau. »Laßt se doch ins Vereinszimmer auf det scheene Sofa liegen«, riet die Schankmamsell, die auch herzugetreten war und die Ratlosigkeit der Männer spürte. »Nich wahr, Herr Jahnke«, sagte sie, »warum soll se nich in Vereinszimmer auf det Sofa liegen, wenn se müde is.« – »Meinetwegen«, sagte Jahnke wie erlöst, »schafft se man rüber, da kann se pennen bis in die Puppen. Jeputzt wird nich an Feiertag!« Der Fremde verbeugte sich dankbar vor Herrn Jahnke und reichte der Frau die Hand. Sie stand zögernd auf, während Karl steif und ein wenig enttäuscht sitzenblieb, und ging mit leicht schwankenden Knien, von dem Fremden geführt und von Milly und dem Schankmädchen gefolgt, in das verdunkelte kleine Hinterzimmer. An der Tür blieb der junge Mann zurück, die beiden Mädchen gingen mit der Frau hinein und schlossen die Tür hinter sich. Eine Zeitlang blieb es still, und von dem Fremden sah man nur den Rücken. Er stand mit etwas gesenktem Kopf und schien ins Leere zu sehen. Kurz darauf kam das Schankmädchen zurück. »Nu jeht's ihr besser«, sagte es. »Sie liegt längelang, de Milly bleibt bei ihr drinnen.« – »Ich danke Ihnen«, sagte der junge Mann und begab sich zum Tisch zurück.

»Sag mal, wer bist denn du eigentlich«, wandte sich Karl plötzlich an ihn. »Ich meine – nichts für ungut – weil du so 'ne komische Kruke bist...«

»Ich bin«, sagte der Fremde in einem Tonfall, von dem man nicht wußte, ob er sich über die anderen oder sich selbst lustig mache, oder ob er es vielleicht ganz ernst meine, »ich bin ein seltsamer Mensch. Ich vertrage nämlich kein Eisbein und erst recht kein Sauerkraut. Als ich sehr jung war, hielt ich dies jedoch für das Beste.« Die Chauffeure nickten verständnisvoll. »Da ich aber nicht auf Lebenszeit mit Sodbrennen herumlaufen wollte, machte ich mich auf, das Land zu finden, wo man Nektar und Ambrosia speist.« – »Wat?« fragte Fritz. »Schlampanjer und Austern«, meinte der Parkbulle verächtlich. »Nein«, sagte der Fremde ernsthaft, »die Götterspeisen, die ja bestimmt leicht verdaulich sind. Und ich kam an die Grenze eines fremden Landes, da stand ein Erzengel Wache, in grüner Uniform, und fragte mich nach meinem Begehr, und als ich es genannt hatte, sagte er zu mir: Was du wirklich suchst, ist ›Jugend ohne Alter und Leben ohne Tod‹. Da ward ich sehr fröhlich, denn genau das war es, was ich suchte, ich hätte es aber selbst nie nennen können. Sechs Mal wirst du in die Irre gehn, sagte der Engel und hob den Grenzpfahl auf, beim siebten Mal magst du dein Ziel erreichen. Bei diesen Worten zeigte er auf einen nahgelegenen Friedhof. Ich aber machte mir nichts daraus und zog wohlgemut weiter. Da kam ich in einen finsteren Wald, der war voll von bösen Geistern und Ungeheuern, und da ich bald meinen Weg verloren hatte und auf ihre Gnade angewiesen war, verführten sie mich, böse Dinge zu tun, so böse und so verworfen, wie ihr es euch gar nicht denken könnt. Denn ihr wart ja noch nicht in der Gewalt böser Geister.

Eines Tages hörte ich leises Weinen an einem Felsenquell, und da saß eine verstoßene Prinzessin, die schon lange über Land gelaufen war, und versuchte die Läuse in ihrem seidenen Hemd zu knicken. Und die Stimme des Engels sagte zu mir: Hilf ihr, dann hast du den ersten Ausweg gefunden. Da half ich ihr Läuse knicken und wanderte weiter mit ihr, und so sind wir entkommen. Aber noch sind sie hinter uns her.« – »Wer?« fragte einer, »die Grünen?« – »Die bösen Geister«, sagte der junge Mensch, »die wird man nicht so leicht los.«

Der Parkbulle hatte ihn die ganze Zeit über höhnisch betrachtet, aber nicht gewagt, die allgemeine Stille des Zuhörens zu unterbrechen. Nun sagte er mit biederem Ton: »Na, Mensch, wenn de wirklich so'n Rübezahl bist, denn tu doch man jefälligst 'n Wunder. Det möcht ick besehn hier, verstehste?« Der Fremde nickte nur und zuckte dabei die Achseln. »Haste verstanden?« sagte der Parkbulle schon bedeutend angriffslustiger, da Karl leise gelacht hatte. »'n Wunder sollste tun. Kannste det?« – »Jeder kann Wunder tun«, sagte der Fremde ziemlich unbeirrt, »also auch ich.« – »Na denn laß man 'ne Runde Schnaps auf'n Tisch erscheinen, für jeden 'n doppelten Korn, det wär'n Wunder«, sagte der Parkbulle, dem trotz einer Pause des Nachdenkens kein ungewöhnlicheres Wunder eingefallen war.

»Das will ich«, sagte der Fremde und strich sich über sein krausblondes Bärtchen. »So«, rief der Bulle, »und wie machst'n det?« – »Indem ich den Wirt bitte, uns eine Runde Schnaps zu schenken«, sagte der junge Mann bescheiden und ohne Spott. Jahnke, der an seinem Schanktisch eingenickt war, sah ihn mit merkwürdig verträumten Augen an, die anderen grinsten. »Ich bitte Sie, Herr Jahnke«, sagte der Fremde mit gleichmütiger Stimme zu ihm, »schenken Sie uns eine Runde Schnaps. Für jeden einen doppelten Korn.« Jahnke glotzte einen Augenblick wie hypnotisiert, und es griff plötzlich eine große Spannung um sich. Auf einmal warf Jahnke gebieterisch den Kopf herum zur Schankmamsell, die in der Ecke beim Ofen mit dem Freund des Dienstmädchens flüsterte. »Laß man anfahren«, befahl er. »Sechs doppelte Korn!« Jetzt aber brach, wie wenn ein Druck von allen Lungen, ein heimlicher Griff von jeder Kehle gewichen wäre, ein allgemeines tobendes Hallo aus, man ließ Jahnke hochleben und noch mehr den Wundertäter, denn daß es sich um ein offensichtliches Wunder handelte, dem Jahnke, der noch nie in seinem Leben einen ausgegeben hatte, zum Opfer gefallen war, lag klar zutage. Der Schnaps kam rasch und wuchs wie von selbst auf den Tisch, denn es waren jetzt alle so mit Lachen, Reden, Schreien beschäftigt, daß kaum einer gemerkt hatte, wie er gebracht und hingestellt wurde. Plötzlich hatte man ihn in der Hand und im Mund und durch Gurgel und Speiseröhre hinab wohlbrennend im Gekröse, und als der Fremde nun wieder zu singen anhub, brauchte er nicht lange um Teilnahme zu werben: gleich fielen alle in das Lied ein, das er anstimmte und das alle kannten: »Wenn du denkst, der Mond geht unter, er geht nicht unter, er tut nur so.« Es war ein blödsinniges Lied vielleicht, aber es war dieser Stunde voll angemessen, und wer von uns hat nicht einmal so eine Stunde erlebt? Und gerade als das Lied im schönsten Anschwellen war, da kam das Dienstmädchen Milly aus dem Vereinszimmer heraus und sagte Herrn Jahnke ganz aufgeregt etwas ins Ohr. Herr Jahnke stand schweigend auf und ging ohne weiteres sehr rasch zur Telephonzelle. Von dort winkte er nach rückwärts den Fremden herbei, der den Vorgang stumm beobachtet hatte, und zog ihn mit in die Zelle hinein. Und während die Männer vorn eine neue Lage Schnaps ausknobelten, hörte man Herrn Jahnke im Hintergrund laut und erregt eine Telephonnummer verlangen.

Eine halbe Stunde später war der Arzt da. »Wo liegt sie?« fragte er und winkte dem Dienstmädchen Milly, ihm zu folgen. In der Tür zum Vereinszimmer drehte er sich noch einmal um und befahl der Schankmamsell, kochendes Wasser vorzubereiten, und nach zehn Minuten kam er wieder aus dem Zimmer heraus, klappte seinen Handkoffer auf und trug ihn in die Küche, wo er Instrumente abkochte und sich eine Ewigkeit lang die Hände wusch. Dann trat er wieder ins Lokal, er war nun in Hemdsärmeln und hatte Gummihandschuhe an, blinzelte durch seine Goldbrille einen Augenblick mißtrauisch zu Jahnke und den Gästen hin und verschwand ins Vereinszimmer. Es wurde fast nichts mehr gesprochen am Tisch, wo alle wie vorher beisammensaßen und sich einander nicht anzuschauen trauten. Der Fremde zeichnete auf die Tischplatte Bäume, die sich im Wind bogen, kahle Bäume, verkrüppelte, niederbrechende Baumstrünke, Schößlinge, Zweige, Blätter und ragende Hochtannen. Es war sehr still, die Uhr tickte laut, und durch die offene Tür zur Küche hörte man das kochende Wasser singen.

Aus dem Vereinszimmer keinen Laut. Nach gar nicht langer Zeit aber ging die Tür auf, und Milly lief stolpernd vor Aufregung durchs Lokal, sie hatte hochrote Backen, und alles flog an ihr. »Sie hat«, flüsterte sie unter lautem Atem zu den Männern am Tisch hin, »Krönchen in die Wäsche jestickt, sieben Zacken, det is 'ne Gräfliche, oder wenigstens 'n Freifräulein!« – »Selber Fräufreilein«, brummte Fritz ungläubig. »Aber nee doch!« rief Milly etwas lauter und verschwand in die Küche, »wie se nich bei sich war, da hatse ausländisch jesprochen. Mamma mia, hatse jesagt!« Der Fremde am Tisch barg sein Gesicht in den Händen. »Und man hat ihr so gut wie nischt anjesehn«, sagte Karl verbittert, »ich dachte die is 'n bisken mollig, dachte ick, untenrum.«

Als Milly mit einem Topf Wasser langsam aus der Küche zurückkam, räusperte sich Jahnke und wollte sie etwas fragen, aber in diesem Augenblick erscholl aus dem Vereinszimmer, dessen Tür Milly nur angelehnt hatte, ein zarter und doch durchdringender Laut, gleich darauf anschwellend, quäkend, quärrend, plärrend, gellend und dann in ein stockendes Gemauze übergehen. Kindergeschrei. Milly stolperte wieder und verschüttete etwas Wasser, bevor sie ins Zimmer verschwand. Der Parkbulle stand auf, streckte die Glieder, wollte einen Witz machen, verschluckte ihn und sagte dann: »Nu jeh 'ck mal 'n Rundgang. Morjn die Herrn.« – Er machte die Tür auf, blieb einen Moment auf der Schwelle stehen und knöpfte seinen Mantel zu. Von draußen fiel schon ein graugrieseliges Morgenlicht herein, in das der viele Rauch sich kräuselnd hinausdrehte. Durch die offene Tür sah man schattenhaft die kahlen Bäume und darunter, vom Licht der Laternen besprengt, das in der Dämmerung wesenlos zerflatterte, mit verhängten Kühlern die Kette der Autodroschken, wie Schafe, Rinder, Maultiere und schlummernd gekauerte Kamele.

Der Arzt trat heraus. »Macht mal die Tür zu!« herrschte er die Männer an. Dann ging er in die Küche, um sich schon wieder die Hände zu waschen. Jahnke trat, von den Männern gefolgt, in die Tür des Vereinszimmers. Er und der Fremde gingen hinein, die andern blieben auf der Schwelle stehen und schauten in einer engen Gruppe einander über die Schulter.

Plötzlich war auch der Parkbulle wieder da und winkte den beiden Chauffeuren Fritz und Karl heimlich mit einem Zeitungsblatt, es war die dicke Feiertagsausgabe, die er mit hereingebracht hatte. Mißtrauisch traten sie zu ihm an den Tisch. Die Seite »Aus aller Welt« und »Gerichtsteil« war aufgeschlagen, und der Parkbulle tippte mit seinem dicken Wollhandschuhfinger auf ein verschwommenes Photoporträt, unter dem ein fettgedruckter Bericht stand. Fritz, der schwer und langsam las, murmelte halb lautlos vor sich hin, einzelne Worte hoben sich wie Schreckschüsse heraus. »... gesucht ...« – »... Großbetrug eines gewerbsmäßigen Kurpfu–Kurpf–« – »Kur-pfuschers ...« sagte der Parkbulle. – »Entführungsverdacht und Sittlichkeits–«

– »Aber nu man ocke«, sagte Karl, »bei denen, da is doch keene Sittlichkeit –« Er war ganz weiß, und der Schweiß stand ihm auf der Stirn. »Wat willst'n machen?« fragte Fritz leise den Parkbullen. »Ick weeß ja nich«, sagte der vor sich hin, »hier drinnen, det is nich mein Revier.« – »Und auf dem Photo, da hat er ooch keen Bart«, sagte Karl. »Den kann er jeklebt haben«, sagte der Parkbulle, »ick hab da nischt mit zu tun.«

Damit drehte er sich auf dem Absatz und ging so leise hinaus, wie er wohl noch nie im Leben irgendwo hinausgegangen war. Das Blatt blieb auf dem Tisch liegen.

Milly und das Schankmädchen hatten Millys Freund rechts und links untergefaßt und standen mit ihm im Vereinszimmer neben der Tür, eng an die Wand gepreßt. »Is'n Junge«, flüsterte Milly kaum hörbar zu den Chauffeuren hin.

Die Frau lag auf dem Sofa, und man hatte ein weißes Leintuch über sie gedeckt. Neben ihr, auf einem Stuhl, lagen ihre Kleider, am Boden standen zwei Waschbecken und ein Blecheimer, daneben die Tasche des Arztes, aus der Nickel blitzte. Das Kind lag in ihrem rechten Arm und quakte ein wenig. Und die Mutter hatte die Augen weit auf, und man sah, daß es tief schwarzblaue Augen waren in einem bleichen, schönen, irdischen Gesicht.

»Sie sind wohl der Vater von dem Kind?« sagte der Arzt zu dem Fremden und klappte ein Notizbuch mit Vordrucken und Registereinteilung auf.

»Ich?« erwiderte der mit einem ganz erstaunten Blick. »Wieso?«

»Na«, sagte der Arzt und zog seinen Rock an.

»Ich schicke dann jemanden her, der das aufnimmt«, sagte er. »Es genügt ja zunächst einer vom Revier –«, und dann, während er in seinen Mantel schlüpfte, rief er der Schankmamsell zu: »Fencheltee, aber nicht zu heiß!«

Dann ging er.

Jahnke war ziemlich lange fortgewesen und kam nun zurück, offenbar aus seiner Wohnung im Hochparterre. Er hatte Milly und ihren Freund mit hinaufgenommen, und die trugen nun einen Packen älterer Wäschestücke, windelartigen Kinderzeugs und Decken hinter ihm her. Während sie das alles ins Vereinszimmer schleppten, trat der Fremde zu Jahnke hin. »Verzeihen Sie«, sagte er, »haben Sie vielleicht einen Fahrplan?« Jahnke sah ihn an. »Jewiß«, sagte er dann und nahm ihn aus seiner Schublade des Büfetts heraus. »Wollen Se wech?« sagte er nach einer Weile. Aber der Fremde hörte es nicht, er saß mit abwesender Miene über den Fahrplan gebeugt und schrieb sich Züge heraus. Die Chauffeure hatten inzwischen nach ihren Wagen gesehen und kamen allmählich wieder herein. »Mal'n Kaffee kochen«, sagte Jahnke zur Schankmamsell und ging hinter ihr her in die Küche. Auch die Chauffeure gingen im Raum hin und her, denn es schien nicht mehr richtig zu sein, daß man sich wieder hinsetzte: es war alles aufgelöst, fremd und morgendlich.

Nach einiger Zeit stand der Fremde auf und sprach leise mit dem alten Chauffeur Fritz. »Ja, wird'n det jehn?« sagte der. »Natürlich«, antwortete der Fremde. »Von mir aus«, sagte Fritz, und dann zu Karl, der hinzutrat: »Zum Schlesischen Bahnhof.« – »So«, sagte Karl, und verstand. Der Fremde war ins Vereinszimmer gegangen und packte zusammen.

»Mit de Behörde woll'n die ooch nich aus die gleiche Schüssel essen«, sagte August Schmöller zu den beiden andern. »Det jeht mir nischt an«, sagte Karl. »Jewiß nicht«, bekräftigte August. »Ick meinte nur bloß.« Als Jahnke später die Küchentür öffnete, aus der ein dicker warmer Kaffeegeruch drang, sah er nur noch, wie Karl und August die Frau, die in einem Bündel das Kind an sich gepreßt hielt, auf gekreuzten Armen hinaustrugen. Fritz ging hinterher und schleppte zwei Decken mit. Um Jahnke kümmerte sich niemand, und der Fremde schien schon im Auto zu sein. Auf dem Tisch, zwischen verschüttetem Schnaps und Aschenresten, lag noch der Bierfilz mit Jahnkes Porträt. Darauf hatte der Fremde das Datum geschrieben, 24. 12. 1929, und ein Herz und eine Hand darunter gemalt.

Langsam ging Jahnke ins Vereinszimmer. Blieb stehen, schaute ins Lokal zurück. Draußen sprangen Motoren an, dann schlurrten die Wagen davon.

Im Vereinszimmer war aufgeräumt worden, das Leintuch lag

zusammengefaltet überm Stuhl, und sonst erinnerte nichts mehr an das Geschehene.

Nur ein leiser Geruch von Jodoform und anderen Medikamenten, den der Arzt mit seinen Kleidern und seiner Tasche hereingeschleppt hatte, hing noch in der Luft.

Als aber nun Jahnke gedankenvoll das Fenster öffnete und die erste Sonnenhelle hereinließ, die draußen auf dem Rauhreif der Bäume und über der dünnen Eisschicht des Stadtparkteiches flimmerte, ging auch dieser Geruch hinaus, und es blieb von allem gar nichts mehr übrig.

Das Götterdorf

Als er die kleine Bahnstation verließ, von der man noch eine Viertelstunde bis zum Dorf zu gehen hatte, mußte er seinen Mantel ausziehen und den Rock öffnen, so warm war es geworden. Am Morgen, in Berlin, war es rauchig und kalt gewesen, im Taxi, das ihn zum Anhalter Bahnhof brachte, hatte er vor Herbstfeuchte und Übernächtigkeit geschauert, und in den ersten Stunden benetzte ein feiner Sprühregen die Fensterscheibe des F-D-Zugs, an deren kühlglatte Fläche manchmal im Eindämmern seine Stirn sank. Hier aber, im Westen, lag das Land unterm breiten Guß einer dickflüssigen Spätsonne, und die Mulde mit den Weingärten glich einer großen kupfernen Kasserolle, in der die letzten Trauben gar gekocht wurden. Der Dunst in der Rheinebene drunten stand flimmernd wie goldener Staub, dahinter hob sich ein dicker schwarzblauer Strich von fernen Waldbergen. Hier gab es fast keinen Wald, nur Weinstöcke, deren Blätter schon leise gilbten, Obstbäume, manche schon abgeerntet, mit halbverfärbtem Laub, und nackte, rötliche Erde. Näher beim Dorf dann dicht verwucherte Gärten um ein paar einzelstehende, altmodische Villen.

Fritz atmete tief die Luft ein, die nach gefallenem Laub und von Kartoffelfeuern ein wenig brenzlich roch, und die Müdigkeit schien sich wie eine dünne braune Nußhaut von seinem Hirn zu lösen. Bis fünf Uhr früh hatten sie in der Klinik gearbeitet, es war ein schwerer Fall, und der Geheimrat war selber mit seinen drei besten Assistenten dabeigeblieben. Fritz lächelte im Gehen vor sich hin, er dachte daran, wie der »Alte«, so nannten sie natürlich ihren Chef, obwohl er kaum fünfzig war, beim Abstreifen des Kittels so nebenbei, als lasse er aus Versehen ein Goldstück fallen, gesagt hatte: »Jetzt kochen Sie sich einen starken Kaffee, Fröhlich, dann ziehen Sie sich um und fahren Sie nach Hause. Ihr Herr Vater wird sich freuen, und vergessen Sie nicht, ihm meine Glückwünsche auszurichten. Vor Montag brauch' ich Sie nicht.«

Der Geheimrat Bauernfeind liebte es, seine Mitarbeiter und Helfer, die er sonst an den Zügeln einer ewigen leisen Beunruhigung hielt, durch solche plötzlichen Gnadenbeweise zu überraschen. Dabei wußte Fritz natürlich seit dem Vorabend bereits, was los war, die Diensteinteilung war viel zu genau, besonders übers Wochenende, aber er stellte sich perplex und dachte, man darf Kindern ihren Spaß nicht verderben. Für seine Eltern allerdings war es wirklich eine Überraschung, sie hatten vor Weihnachten nicht auf Urlaub gerechnet, und er hatte sie auch nicht mehr benachrichtigt. Nun war zwar die Feier längst im Gang, den Aufmarsch der Veteranen, des Schützenvereins, der Feuerwehr mit ihrer Blechkapelle hatte er versäumt, hoffentlich auch die Festreden, die wohl schon bei der Mittagstafel fällig waren. Um diese Zeit saß man beim Wein, und gegen Abend würde wohl getanzt werden.

Das Jubiläum des alten Fröhlich, der seit vierzig Jahren in diesem Ort die Arztpraxis ausübte und ihn mit Ausnahme der Kriegszeit kaum je verlassen hatte, war ein Fest für die ganze Umgebung. Der Doktor Bernhard Fröhlich erfreute sich einer enormen Beliebtheit bei den Bauern und Weingutsleuten weit und breit, er war nicht nur ein tüchtiger Arzt, sondern sozusagen einer von den Ihren, sein Vater hatte in diesem Dorf selbst Weinberge besessen, sein Großvater mit Wein und sein Urgroßvater mit Pferden gehandelt, und darüber hinaus war die Familie schon seit Generationen im Lande ansässig und in den verschiedenen umliegenden Städten und Flecken verteilt. Der Urgroßvater war wohl noch ein strenggläubiger Jude gewesen, aber bei den späteren Geschlechtern, obwohl auch ihre Frauen jüdischen Familien der Gegend entstammten, hatte sich die Bindung zu Religion und Gemeinde immer mehr gelockert, die zur Umwelt und zum Landvolk, in dessen Mitte man lebte, immer mehr gestrafft. Der Vater, der heute hoch in den Sechzigern stand, hatte überhaupt nur geringes Interesse für religiöse Zusammenhänge; als junger Mensch hatte er in Jena studiert und war ein Schüler Ernst Haeckels gewesen, Darwinismus, Monismus und naturwissenschaftliche Weltauffassung, die allgemeinen Heilslehren seiner Zeit, waren sein geistiger Nährboden, auf dem er sich eine Art von bürgerlich stabilisiertem Freidenkertum gezüchtet hatte, eine etwas vage Privatreligion von der Zweckmäßigkeit des natürlichen Lebens, dem Sinn der Entwicklung und des Fortschritts und der menschlichen Anständigkeit, die sozusagen eine Sache der Selbstachtung jedes Einzelnen war. Seine Kinder, Fritz und die früh verstorbene Anna, hatte er taufen lassen – weniger aus einer religiösen, als aus einer staatlichen Überzeugung heraus –, um sie von vornherein in den Lebens- und Pflichtenkreis der Gesamtnation miteinzugliedern, und, obwohl er streng darauf hielt, daß sie während ihrer Schulzeit die Gepflogenheiten des religiösen Gemeinwesens nicht vernachlässigten, hatte er ihnen als Leitsatz das Wort des alten Fritz mitgegeben: es solle ein jeder nach seiner Façon selig werden. Als der Weltkrieg ausbrach, war sein Sohn gerade im ersten Semester, und der Vater fand es ganz selbstverständlich, daß er, Fritz, sich gemeinsam mit seinen Altersgenossen und Jugendfreunden freiwillig meldete und voll Begeisterung zur Front drängte. Er selbst, der alte Fröhlich, hatte sich gleichfalls sofort als Feldarzt zur Verfügung gestellt, obwohl er eines Herzfehlers wegen nicht gedient hatte, und im weiteren Verlauf des Krieges war er denn auch in die Westfront gekommen, wo Fritz, der anfangs als Infanterist ausgerückt war, es inzwischen nach Absolvierung eines Sonderkurses zum Feldunterarzt gebracht hatte. Ein unvermutetes Zusammentreffen in Flandern, während der großen Sommerschlacht im Jahre 1917, gehörte für Vater und Sohn zu den stärksten und unerschütterlichsten Lötpunkten ihrer männlichen Verbundenheit, obwohl sie von diesem Erlebnis nie zu sprechen pflegten. –

Fritz war rasch ausgeschritten, man brauchte nicht aufzupassen, die Erde war trocken, ihr feiner rötlicher Staub umwölkte seine Halbschuhe. Jetzt kam er aufs Pflaster, das bucklig und holperig war, er blieb kurz stehen und wischte den Staub mit einem herabgefallenen, breiten Ahornblatt vom Stiefelleder. Die Blätter vom Ahorn waren in ihrer Verfärbung sonderbar schwärzlich gefleckt und lagen krank am Boden. Während von einem Kastanienbaum, der sonnendurchwirkt vorm Himmel stand, dann und wann ein länglich ovales Blatt, wie goldbesponnen, lautlos herabschwebte. Es war völlig windstill. Aus den Weinbergen hörte man von Zeit zu Zeit das Knallen einer Schrotflinte – dann hob sich ein Schwarm von Spatzen oder Zugvögeln schwirrend in die Luft, und von einer Kelter her drang das langgezogene, zweistimmige Singen der Mägde. Dieses langhingedehnte, schulmäßig monotone Liedersingen hatte Fritz in seiner Jugend oft traurig gemacht und ihn mit einer unbestimmten und leise quälenden Schwermut erfüllt. Jetzt hörte er es mit einer Art von Genuß, mit einem Gefühl tiefen Behagens und starker, heimlicher Sicherheit. Es war immer noch das Mädchen in dem grünen Wald, ju, ja, grünen Wald, das da Brombeern pflücken ging, des Jägers Sohn traf, und als dreiviertel Jahr um war'n, da war'n die Brombeern reif – es waren immer noch die alten Burgen an der Saale kühlem Strande, stolz und kühn, und die Mauern sind zerfallen, und der Wind streicht durch die Hallen, Wolken ziehen drüber hin – es war immer noch der alte gedankenlose, gleichförmige Singsang und die gleichen, fast etwas weinerlichen Stimmen, nur waren es jüngere Mädchen, die er zum Teil nicht mehr kannte, aber er kannte ihre Eltern und Geschwister und ihr Haus und ihr Land und ihre Verwandtschaft, ihre Kleidchen und Schürzen und die abgeschabten Riemen der Traubenbottiche auf ihren Schultern, die Art, wie sie ihr Haar zurückkämmten und mit Nadeln steckten und mit Öl einrieben und zum Sonntag mit der Brennschere auflockerten, den Geruch dieses Haares beim Tanzen, nach Spiritusbrenner und ein bißchen Brillantine, ihre Art von auf der Kirchweih gekauften Halskettchen, und die Uhrketten und steifen Hemdkragen ihrer Freunde oder Verlobten, die man hierzuland »Schätze« nannte und mit denen man nicht »etwas hatte«, wie's anderswo heißt, sondern »ging«, und das alles zusammen mit dem ein wenig blechernen Klang der Turmuhr, die gerade fünf schlug, und dem Knallen der Schrotflinten und dem Gejohle einiger Buben in den Kartoffeln, und mit dem scharfen Arom der Traubenmaische und dem säuerlich brandigen Hefegeruch aus den Gärfässern, mit der steilen, farbig oszillierenden Rauchfahne von der

Fabrik hinterm Hügel und mit der gewissen Melancholie jener stil- und geschmacklosen Fabrikantenvilla unter den Kastanien, das alles mit seinem Himmel und seiner Stille und seinem Lärm und seinem rötlich körnigen Wegstaub, vor allem aber doch: mit seinen Menschen, seinen Leuten, ihrem lauten und heimlichen Getu und Gedränge, ihrem Zusammenhausen, ihrem Werktag und Sonntag und ihrem besonders vermischten, besonders unterscheidbaren Lebensgewirr aus Trauer und Fröhlichkeit, Gleichmut und Erregung, Friedhof und Wiege und aus dem, was sie träumten, dachten, verschwiegen – das alles zusammen war eben das Dorf – das Götterdorf – das einzige, das man wirklich so kannte, so spürte, so an sich und in sich hatte, wie die eigne Haut und das, was darunter ist. Fritz Fröhlich, der noch mit dem zerknitterten Ahornblatt in den Fingern stand, empfand das alles und die schöne, reife Klarheit des herbstlichen Landes um ihn her mit einer so beglückenden Heftigkeit, daß es ihm wie ein Stich durch die Brust ging und sich in seinem Innern etwas schmerzhaft zusammenzog. Wie wenn ein Mensch plötzlich gewahr wird, daß er glücklich liebt. Und er dachte auch daran – daß er liebte, daß er glücklich liebte und daß er das Leben liebte, sein eignes, besonderes Leben, und das der andren, die mit ihm lebten, vor allem aber dachte er an das Dorf, und daß es der einzige Ort war, an den er wirklich gehörte.

Als Kinder hatten sie das noch nicht so gewußt. Es war eben das Dorf – und es war weiter nichts als selbstverständlich, daß es da war und daß man auch da war und daß dieses Da-Sein kein doppeltes, sondern ein einziges und einzigartiges bedeutete. Denn zum Bewußtwerden einer Liebe gehört das Erlebnis der Trennung. Wann hatten sie wohl zum ersten Mal das Wort »Götterdorf« gebraucht? War das schon auf der kaum zwei Bahnstunden entfernten Universität, wenn man sich abends zum Schoppen traf und irgendwas Komisches oder eben Passiertes von daheim erzählte, mit jener Mischung von sympathisierendem Einverständnis und freundlich überlegener Ironie, wie man sie gern für wohlbekannte Leute oder Verhältnisse hat? Haben sie da schon in dieser liebreich selbstironischen Weise ihr heimatliches Nest als »Götterdorf« bezeichnet – oder war das erst im Krieg, wenn er mit Ignaz oder Severin in irgendeinem lehmverkrusteten Gefechtsstand zusammentraf und sie sich beim kreidigen Karbidlicht rasch eine Ansichtspostkarte oder Photographie von zu Hause zeigten? Oder war jener hypertrophische Name, Götterdorf, überhaupt erst aus dem kollegialen Spott entstanden, mit dem man in Berlin, im Institut und an der Klinik, seine geradezu manische Heimatliebe quittierte, die ihn zu jeder irgend möglichen Gelegenheit nach Südwesten trieb?

Er war weitergegangen, das Gefühl in seiner Brust hatte sich rasch in freudig erregte Beobachtung verwandelt, er umfaßte mit einem Blick voll scharfer und konzentrierter Nüchternheit, mit einer gespannten Wachheit aller Sinne das Dorf und das Land. Vom Kirchhof wehte es modrig süß herüber, dort mußten verspätete Rosen blühen zwischen einem Gewucher von Astern, Dahlien, Chrysanthemen. Über die niedrige Mauer neigte sich der schwere Behang einer Trauerweide, zwischen den Umrissen zweier Zypressen. An der Mauer außen klebte ein politisches Plakat aus rotem Papier, mit großen schwarzen Lettern bedruckt. Aber das Storchennest auf dem Kirchdach war natürlich schon leer, der Froschtümpel lag still, veralgt, von einer mückenjagenden Libelle beflogen. Aus den Bauerngärten brannten grellrot die Salvien, wahllos daneben das Orange der Ringelblumen, Karmin und Rosa der Fuchsien, da und dort blitzte die Sonne in farbigen Glaskugeln. Klobige Kürbisse lugten aus dem breiten Blättergeranke neben den Zäunen, an deren Gestänge Tomaten funkelten. In den Gemüsgärten wuchsen Lauch, Seller, Petersilie, sogar noch Spinat und vereinzelte lichtgrüne Salatköpfe. Der Römisch-Kohl stand saftig und steif emporgeschossen, die Blätter über den nackten Stengeln und dem weißen Gerippe wie mit schwarzgrünem Glanzlack bezogen. Ein altes Weib schlurfte die Straße entlang, trug in der Hand eine violett schimmernde Rotkrautpflanze, sie war mit den Wurzeln ausgehoben, und von der umfaserten Knolle rieselte ein dünnes schwarzes Erdbächlein herab. In einem Torweg stand ein Wagen voll Mist zum Ausfahren bereit, er roch kräftig, und es kräuselten kleine bläulichweiße Dampfwölkchen von seiner Wärme auf. Von der Schmiede, am andren Dorfende, echoten dröhnende Schläge, Metall auf Metall. Hinterm verschnörkelten Gitter der Villa Haberschaden hingen die welkenden Blätter der alten Fliederbüsche mit braunen Rändern. Man hatte die Glasflügel des Wintergartens geöffnet, die Lorbeer- und Oleanderbäume in die Sonne gerückt. Zwischen Gärten und Häusern hindurch sah man immer wieder die Weinberge. Das Land lag in südlichem Licht, in südlicher, unbekümmerter Fruchtbarkeit, aber die Weinberge umzirkten und formten es mit einer klaren und nüchternen, ja klassischen Strenge. Die Weinberge waren ernst und heiter, erregt und gelassen zugleich, sie waren von Menschen gemacht und überlebten die Menschen, die sie schufen, wie ihre Sprache, ihre Kirchen und ihre Lieder.

Ein junger Mann kam in Hemdsärmeln mit leicht federndem Gang die Straße hinab, erkannte Fritz, winkte ihm lachend zu. Fritz blieb stehen, wartete auf ihn. Der Mann hatte ein schönes und starkes, von der Sonne bronziertes Römergesicht und helle, lustige Augen. In der Hand schwang er einen Flechtkorb, aus dem ein paar Trauben hingen.

»Habt ihr schon Les'?« fragte Fritz im Dialekt der Gegend.

»Schon fertig!« sagte der Mann. »Nichts Besonderes dies Jahr.«

»Ach geh«, rief Fritz, »das sagt ihr immer, und nachher schmeckt er doch!«

»Klagen gehört zum Handwerk«, lachte der Winzer.

»Besonders im Steueramt«, sagte Fritz.

Sie standen dicht beieinander, stießen einander mit den Ellbogen an und lachten.

»Weiß dein Vater, daß du kommst?« fragte der Mann.

»Nein«, sagte Fritz, »Überraschung.«

»Ei«, rief der Mann, »dann mach schnell! Damit er dich noch erkennt«, fügte er hinzu und machte die Gebärde des Weintrinkens.

Sie schüttelten einander lachend die Hände und trennten sich.

Fritz Fröhlich war etwas größer als der Weinbauer, er war

schlank, hochgewachsen, und seine Schultern ein wenig vornübergeneigt. Sein Gesicht war schmal, die Augen ziemlich dicht zusammenstehend, die Nasenflügel fein und geschwungen, die Stirn wirkte nicht allzuhoch, weil die Haare dunkellockig hineinfielen. Auch seine Hände waren schmal und lang. Er ähnelte seiner Mutter, die von den spanischen Sephardims stammte.

Je näher er dem Wirtshaus kam, desto deutlicher unterschied er das heiter verworrene Stimmengewirr. Man hatte den großen Saal genommen – zu Haus in der kleinen zweistöckigen Villa hätte man für all die Leute keinen Platz gehabt. Außerdem war es besser so, damit auch die Nichtgeladenen an dem Fest teilhaben konnten. Es schien schon ziemlich hoch herzugehen, es wurde laut gelacht und durcheinandergeschrien. Jetzt spielte die Musik einen Tusch, es wurde stiller, eine einzelne Stimme rief etwas, allgemeines Gelächter folgte, und dann intonierten ungeübte Kehlen ein Lied. Fritz kannte es, es war das Lieblingslied seines Vaters, der ›Kavalier‹, und endete mit dem Refrain:

»Alleweil e bisje Schnupftabak,
Alleweil e bisje Geld im Sack,
Alleweil e bisje Woi,
Alleweil en blanke Knopp am Rock,
Alleweil e silbern Krück am Stock,
Alleweil e bisje foi!«

Altväterlich und langsam klang der Walzertakt aus der offenen Wirtshaustür, durch die schwere bläuliche Rauchschwaden abzogen. An den niedrigen Außenfenstern drängten sich Kinder und drückten sich, um besser sehen zu können, was drinnen vorging, an den Scheiben die Nasen platt. Über der Saaltür war ein großes Schild angebracht und mit Papiergirlanden umrankt. Auf weißem Grund standen in roten Blocklettern die Worte:

IMMER FROEHLICH!

und darunter, schwarz, die Jahreszahlen:

1892–1932

Fritz betrachtete lächelnd die Inschrift. Eine gute Zeit, dachte er. Mit sechsundzwanzig war sein Vater hergekommen, nach den Studien- und Praktikantenjahren ins heimatliche Dorf zurück, und hatte gleich mit der Arbeit begonnen. Dann hatte er bald geheiratet, das kleine Haus gebaut, Kinder bekommen, eines starb, das andre wuchs auf, der Krieg kam und ging zu Ende, er rückte aus und kehrte heim, er tat seine Pflicht. Eine gute Zeit. Ein sauberes, klares Leben. Jetzt würde er noch ein paar Jahre weitermachen – obwohl es schon viel zu anstrengend für ihn war, zu jeder Tages- und Nachtzeit mit seinem kleinen Opelwagen über die holprigen Landwege zu rattern, um einem Bauernkind auf die Welt zu helfen oder ein gebrochenes Bein einzurichten. – Fritz kräuselte die Stirn. Insgeheim spielte er immer noch mit dem Gedanken, die Praxis eines Tages zu übernehmen und sozusagen wie ein ererbtes Geschäft weiterzuführen – obwohl der Geheimrat Bauernfeind ihn anbrüllte, wenn er derartige Gedanken laut werden ließ. Natürlich hatte er in Berlin ganz andere Chancen – darüber hinaus hatte das Abenteuer der Forschung ihn mächtig gepackt. Die Arbeit im Institut, der tägliche Vorstoß ins Unbekannte – das war schon ein Ziel, eine Sache, eine Leidenschaft. Wenn der »Alte« ihn mit seinen unmenschlich klaren und harten Augen ansah und aus einem Mundwinkel heiser vorquetschte: »Ich brauche Sie!« – dann ging es ihm durch und durch, wie jenem berühmten Schlachtroß, das die Trompete von Vionville klingen hört. Aber – er würde heiraten, er würde Kinder haben. Sollte man die in der Großstadt aufwachsen lassen statt hier, in der Heimat – im Götterdorf?

»1892–1932«, stand es vor seinen Augen, und unwillkürlich ließ er, wie man's vom Kino gewohnt ist, die Zahl kalenderhaft überblenden: »1942 – 52 – 62 – 72 –«

Er schüttelte den Kopf, wie wenn man etwas abwirft, und ging hinein. Rundum an den Wänden waren die langen Tische vollbesetzt, während die Musikkapelle seitlich auf einem Bretterpodium thronte und die Saalmitte zum Tanzen freigelassen war.

Am Haupttisch, der mit frischem Weinlaub bekränzt war, sah er den Vater und die Mutter, von den Freunden und Honoratioren umgeben. Sie boten einen festlich-würdigen Anblick, der

Vater im offiziellen schwarzen Rock mit der altmodisch hochgeschlossenen weißen Weste, die Mutter in einem dunklen Seidenkleid mit hellerem Einsatz. Neben ihr saß der Präsident von Mylius mit seinem langen kantigen Schädel und dem graublond gelichteten Haar; neben dem Vater, sichtlich in heiterster Laune, die Präsidentin – Fritz Fröhlichs künftige Schwiegereltern. Dann kam der Bürgermeister, die verschiedenen Orts- und Vereinsvorstände, die Herren von der Domäne und ein paar Weingutsbesitzer aus der Gegend – neben dem katholischen Dorfgeistlichen saß der Bruder des Präsidenten, Professor von Mylius, protestantischer Theologe und derzeit Rektor der nahen Universität, und am Tischende saßen die Freunde, Ignaz Haberschaden mit seiner ebenso neugierigen wie schwerhörigen Mutter, der Fabrikantenwitwe, und Severin von Mylius, der Sohn des Präsidenten. Zwischen den beiden – und dort verfing sich und haftete sein Blick – Regula, Severins Schwester, mit der er seit dem Sommer verlobt war.

All diese Leute um den langen Gasthaustisch hatten derzeit ihre Arme mit den Ellbogen ineinandergehängt und vollführten im Rhythmus des Liedrefrains jene gleichmäßig hin- und herschwingende Pendelbewegung, die man das »Dschunkeln« nannte und die ihnen das Aussehen von Schiffspassagieren gab, welche sich bei hohem Seegang in einer Kette aneinanderklammern.

Ihre Köpfe schwankten wie die von geschüttelten Theaterpuppen, die Gesichter der Herren waren heiter und rötlich erhitzt, die Damen lächelten oder lachten mit einem amüsierten und nachsichtigen Ausdruck, als machten sie aus Gutmütigkeit ein etwas zu kindisches Spiel mit.

Auch an den andren Tischen wurde »gedschunkelt«, aber dort ging es schon wilder zu, am heftigsten trieben es die jungen Mädchen, und man hörte vereinzeltes Aufkreischen und quietschendes Gelächter. Es waren hauptsächlich Weinbauern sowie die Geschäftsleute, Krämer, Lieferanten aus dem Dorf und den Nachbargemeinden, auch die Mitglieder der verschiedenen Vereine, denen Vater Fröhlich angehörte. Die Fahnen der

Schützen, der freiwilligen Feuerwehr und der Alten Krieger waren in den Saalecken aufgestellt. Kellnerinnen und Schankburschen in langen grünen Trägerschürzen liefen mit den Weinkrügen und mit großen Wurstplatten hin und her. Am Eingang stand der Wirt, ein schweinsköpfiger Mann mit winzigen Blinzeläuglein, und beobachtete emsig den Verbrauch. –

Regula hatte sein Eintreten zuerst bemerkt, sie riß mit einer heftigen Bewegung ihre Arme aus den Ellbogen der Nachbarn, warf eine Hand empor und rief etwas, was man im allgemeinen Lärm nicht verstehen konnte. Ignaz und Severin sprangen auf und stießen, mit den Fingern auf die Lippen schlagend, schrille Schreie aus, eine Art Indianergeheul, das Fritz in der gleichen Weise erwiderte. Es schien keinem von den dreien etwas auszumachen, daß sie eigentlich sogenannte erwachsene Männer, unweit der Vierzigergrenze, seien, sie sprangen mit beiden Füßen in die Luft und schrieen wie die Wilden. Jetzt war der alte Fröhlich aufmerksam geworden, er schrie zwar nicht, aber er hörte mit einem Ruck zu »dschunkeln« auf und packte die Hand seiner Frau, daß sie schreckhaft zusammenfuhr: »Der Fritz!!«

Durch den ganzen Saal hin hatte man das Geschrei der Freunde aufgenommen, und es gellte wie in einem Vogelhaus. Die Musik hatte zu spielen aufgehört, Rufe und Stimmengewirr füllten den Raum, während Fritz die Eltern begrüßte, die Mutter auf die Wangen küßte und den Vater kurz umarmte. Dann ging er, die Eltern ihrer Freude und ihrem Staunen überlassend, am Tisch entlang, schüttelte den Gästen die Hände.

Den Freunden schlug er nur kurz auf die Schulter.

»Später«, sagte Ignaz. Die drei zwinkerten einander zu und verstanden sich. Sie würden sich später unauffällig aus der allgemeinen Geselligkeit fortstehlen, sie würden sich heimlich drücken und in einem bestimmten Gartenhaus, dem Treff- und Beratungsort ihrer Knabenzeit, zusammenfinden. Fritz begrüßte seine Braut mit einer gewissen Förmlichkeit, er küßte ihre Hand, und niemand konnte sehen, daß er sie inniger drückte.

»Ich hab' gar nicht gedacht, daß du da bist, Sori«, sagte er.
»Aber ich hab' mir gedacht, daß du kommst!« antwortete sie lachend. Sie sah sehr froh aus, ihre Augen blitzten.
»Du bleibst über Sonntag?« fragte er.
Sie nickte heftig.
»Geh jetzt zu deinen Eltern«, sagte sie – »später ...«
Dabei schloß sie das eine Auge verschwörerhaft, wie Ignaz Haberschaden vorher.
»Später, Sori«, wiederholte Fritz.
Sori hatte man sie schon genannt, als die Freunde noch in die Schule gingen und sie ein sehr kleines Mädchen war. Regula mochte ja ein ungewöhnlich mittelalterlicher Name sein, aber er kam trotz Klangschönheit und alledem für den Gebrauch nicht in Frage. Sie waren damals in dem Alter, wo sie sich gern vor den Stubenmädchen damit wichtig machten, den Hausgenossen lateinische Namen zu geben, die nicht jeder verstand, so wurde Severins Schwester zunächst »Soror« genannt, und daraus entstand Sori. Für ihren Vater, den Präsidenten, war es kennzeichnend, daß er seinen Kindern die anspruchsvollen Namen Severin und Regula gegeben hatte. Er lebte mehr im Mittelalter als in der Gegenwart, obwohl er als hoher Staatsbeamter und gelegentlich sogar als Präsident des Landtags auch in der Politik eine gewisse Rolle gespielt hatte. Er gehörte zu jenen seltenen Männern, für die konservative und traditionelle Gesinnung nicht in Rückschrittlichkeit, sondern wirklich im Willen zur Erhaltung des Wertvollen bestand, ohne sich gegen das Neue und Werdende zu verschließen. Er hatte auch der republikanischen Regierung eine Zeitlang als Minister angehört, mußte dann aber parteimäßigen Einflüssen weichen. Sein aristokratisches Glaubensbekenntnis hieß Ritterlichkeit, und es lag auf der Hand, daß ihm dafür die Vergangenheit beispielhafter erschien als das zeitgenössische Leben. Seit er pensioniert war, befaßte er sich hauptsächlich mit historischen Studien, und sein Steckenpferd war Namensforschung, ganz gleich, ob es sich um Ding-, Orts- oder Familiennamen handelte. – Sori, zehn Jahre jünger als ihr Bruder, wuchs schon in einer Zeit heran, in der es als selbstver-

ständlich galt, daß auch ein junges Mädchen sich beruflich betätigte, zumal sich die Vermögensverhältnisse der Familie in der Nachkriegszeit stark reduziert hatten. Sie besaß zwar keine besondere Neigung dazu, sie war als Kind eher spielerisch und versponnen, aber ihr musikalisches Talent kam ihr zu Hilfe: sie absolvierte den Lehrgang eines Konservatoriums und fand dann an der nahen Universität eine Stellung als Assistentin des Collegium musicum und seines Leiters, eines bekannten Musikhistorikers, so daß ihr das verhaßte Stundengeben erspart blieb. Ihre Begabung reichte nicht über den Durchschnitt, aber sie besaß eine ungewöhnlich lebendige Anpassungsfähigkeit und einen gewissen künstlerischen Schwung. Dabei war sie ausgesprochen hübsch, ja mehr als das: von einem ganz persönlichen und unvergleichbaren, für junge Leute etwas verwirrenden Reiz. Er lag zum Teil in ihrer Stimme, die tief und stark und manchmal von einer gewissen Rauheit war, was zur weichen und blonden Weiblichkeit ihrer Erscheinung einen merkwürdigen Gegensatz bildete, am meisten aber an ihren Augen, die ein wenig schief standen und eine schillernd blaßgrüne Iris hatten, der man in der Dunkelheit Leuchtkraft zugetraut hätte. Fritz nannte sie außer Sori auch manchmal Katzenauge oder Pardel, aber sie mochte das nicht, vermutlich weil sie von Verliebten, die sich an solchen Sonderheiten berauschen, schon öfters so genannt worden war.

Der alte Doktor Fröhlich überließ sich nach Art des Menschenschlags dieser Gegend laut und ungehemmt den Ausbrüchen seiner Freude: er schlug auf den Tisch, stieß immer wieder sein Glas gegen das des Sohnes, wobei er »Prost«, »Salü« oder »Santé« rief, und schrie durch den allgemeinen Lärm hindurch seinen Freunden und Bekannten an den anderen Tischen zu, der große Bauernfeind persönlich habe ihm Glückwünsche senden lassen. »Weißt du, was er gesagt hat?« erzählte ihm Fritz. »Ein Mann, der vierzig Jahre lang einfacher Landarzt war, versteht vermutlich mehr von der Medizin als sämtliche Nobelpreisträger zusammen.«

»Na, na«, sagte der alte Fröhlich, der einen immensen Respekt vor der Autorität wissenschaftlicher Forschung hatte, und schüttelte den Kopf. Aber er strahlte. Seine etwas knollige Nase war leicht gerötet, was mehr von den vielen Fahrten bei Wind und Wetter im offenen Wagen herrührte als vom Wein, den er gut vertrug und den er wie die Weinbauern selbst am Alltag zwar regelmäßig, aber in kleinen Quantitäten genoß. Überhaupt ähnelte er dem Bauernschlag dieser Gegend bis in Äußerlichkeiten. Sein Haar war schlohweiß und borstig, die Gesichtshaut hatte kräftige Luftfarbe, um die kleinen, hellen und lebhaften Augen hatte er einen Kranz lustiger und lachbereiter Fältchen. Nur die Lippen, vom aufgezwirbelten Schnurrbart freigelassen, waren stärker und voller als die der übrigen Landbewohner, deren untere Gesichtshälfte, besonders um Nase, Mund und Kinn, häufig an Römerbüsten erinnerte. Die Züge des alten Fröhlich waren derb, kräftig, von einer gesunden, starkrindigen Verwitterung, doch nicht ohne einen Schimmer von Adel, einer Art von unbetonter Würde, von Ausgeglichenheit, von schöner und einfacher Harmonie, die ihm Erfahrung, Herzensgüte und innere Freiheit verliehen hatten.

Die Mutter, Frau Léonie Fröhlich, war stiller und zurückhaltender in den Äußerungen ihrer Beglücktheit, sie lächelte etwas verträumt und hielt unterm Tisch die Hand ihres Sohnes. Ihre Augen waren schön, groß und nußbraun, das ovale Gesicht unter dem leicht gewellten perlgrauen Haar war glatt und faltenlos, fast ein wenig zu glatt für ihr Alter, ihre Haut auf den Wangen und am Hals hatte einen gelblichen Elfenbeinglanz. Dieses Gesicht war sehr merkwürdig und mit keinem der andren, älteren oder jüngeren Frauen im Saale vergleichbar. Es hatte auch in Momenten der deutlich fühlbaren Freude oder des Lachens stets einen Zug von ahnungsvoller Traurigkeit, die sein Wesen auf geheime Weise ausglich und in sich selbst beschloß, seine Glätte und Offenheit war stets von einem unsichtbaren Schleier gedeckt, der auch ihre Stimme und ihre Art zu sprechen und sich zu bewegen wie mit den Fäden eines Kokons umspann. Sie stammte aus der Stadt, ihre Familie gehörte seit langer Zeit zu den reichsten und gepflegtesten des Landes. Früher waren sie Goldschmiede, dann Juweliere gewesen. Ihre Tradition erzählte, daß einer ihrer Vorfahren im Jahre 1523 dem Maler Albrecht Dürer, als er bei seiner Rheinreise die Stadt besuchte, einen selbstgefertigten Goldbecher voll Wein überreicht hatte – und war das auch nur eine Legende, so bezeichnete sie doch die Sinnes- und Geistesrichtung ihres Hauses, dessen spätere Generationen eine Reihe von Künstlern, Gelehrten und Schriftstellern von internationalem Ruf hervorgebracht hatten. Es mochte für sie, deren Vaterhaus ein Sammelpunkt urbaner Geselligkeit war, darin sich die bedeutendsten Erscheinungen ihrer Zeit begegneten, eine gewisse Überwindung oder mindestens einen Entschluß von tiefgreifender Entschiedenheit bedeutet haben, das einfache dörfliche Leben ihres Mannes zu teilen und darin aufzugehen. Aber sie hatte es gewählt, und so war es das Rechte. Ihr Wesen, obwohl es niemals jenen Hauch von Distanz und persönlicher Abgeschlossenheit verlor, atmete dennoch Zufriedenheit, Einklang mit sich selbst und Gleichgewicht. Außer einer schmalen Perlenkette und dem goldnen Ehering trug sie fast nie einen Schmuck. Mit der Familie von Mylius, deren Landgut an ihren Hausgarten grenzte, verband sie seit Jahrzehnten, mehr noch als ihren Mann, eine Freundschaft, die über das nachbarliche Verhältnis weit hinausging. Sie gründete sich auf gemeinsame Kultur und gemeinsame geistige Interessen; es war, bei aller Verschiedenheit der äußeren Lebensform und der kreatürlichen Substanzen, eine Art von heimlicher Standes- oder Traditionsverbundenheit zwischen ihrer, der städtisch-jüdischen, und jener, der angestammten Landaristokratie. An vielen Abenden oder Sonntagnachmittagen hatte man sich im einen oder anderen Hause getroffen, vielfach zusammen musiziert, und oft, wenn der Doktor Fröhlich von seiner anstrengenden Berufstätigkeit zu müde war, um irgendeine Konzert- oder Kunstveranstaltung in der Stadt zu besuchen, hatte sich seine Frau den Nachbarn angeschlossen. Im Krieg, als die Söhne und dann auch die Väter beider Familien im Feld standen, hatte sich die Freundschaft zwischen den beiden Frauen besonders vertieft, und so war die verwandtschaftliche Bindung, welche jetzt durch die Heirat von Sohn und Tochter bevorstand, der beglückende

Gipfel einer längst befestigten Gemeinschaft. Trotz dieser nun schon familiären Nähe redeten sie einander immer noch mit Sie und mit ihren Titeln an. Mit den Fabrikbesitzern, Herrn und Frau Haberschaden, den Bewohnern der dritten und weitaus luxuriösesten Villa an der Weinstraße ihres Dorfes, war der Verkehr und die Beziehung der beiden andren Familien stets lockerer geblieben, desto stärker die Freundschaft der Söhne, Fritz und Severin, mit dem gleichaltrigen und in seiner Art ganz eigenwüchsigen Ignaz Haberschaden, der von seiner Jugend einen größeren Teil in den Häusern Fröhlich und Mylius verlebt hatte als im elterlichen Heim. Dieser Ignaz Haberschaden war ein so völlig ursprünglicher, im wahren Wortsinn origineller und geradezu zeitloser Charakter, daß man sich ihn überhaupt nur schwer als Abkömmling einer bestimmten Familie und Produkt einer bürgerlichen Tradition vorstellen konnte: er wirkte von Kind auf ganz fertig und selbstbeschlossen, gleichsam durch Urzeugung auf die Welt gekommen, dem strömenden Wasser entstiegen oder aus der Paarung eines mythologischen Daimon mit einer Baumnymphe geboren; er war auf der Erde zu Gast und schien mit Luftwurzeln begabt. Er gehörte zu den Menschen, die überall, in jedem Stand, jeder Schicht oder Klasse, ohne weiteres daheim sind, wenn sie es wollen, und doch nirgends wirklich angesiedelt. Er war durchaus ein Typus, den man »bodenständig« nennt – wenn er bei der Weinlese half, konnte man ihn von den Dorfleuten nicht unterscheiden –, aber man hätte ihn sich ebenso »bodenständig«, das heißt zugehörig und dem Lebensrhythmus der Umwelt angepaßt, auch unter Marseiller Hafenarbeitern, kanadischen Holzfällern oder – um einen Sprung zu machen, der für seine Spannweite kennzeichnend ist – englischen Komödianten der Shakespearezeit vorstellen können. Obwohl er dunkelblond war und blaue Augen hatte, konnte man bei seinem Gesicht an einen Zigeuner denken. Die Augen lagen tief, Nase und Kinn sprangen heftig vor, jede Einzelheit war stark herausgemeißelt oder tief eingebuchtet, und doch hatte das ganze Angesicht eine gewisse unfaßbare Wandlungsfähigkeit, die es immer wieder anders und neu erscheinen ließ. Dieser Ignaz Haberschaden war sozusagen das spirituelle Ferment jenes jugendlichen Dreibunds gewesen, sein guter oder sein böser Geist, je nachdem. Er war ein Einzelgänger und hatte andrerseits eine magnetische Anziehungskraft und einen enormen Einfluß auf Menschen. Bei Schulausflügen war er häufig wegen »unerlaubter Absonderung« bestraft worden – er haßte größere Ansammlungen. Mädchen gegenüber besaß er schon in ziemlicher Jugend das weite Herz und die Wahllosigkeit eines Seemanns. Sein Beruf stand zu alledem in einem fast grotesken Gegensatz: er war Privatdozent für Geschichte. Allerdings galt er in akademischen Kreisen als eine höchst umstrittene Persönlichkeit, und mit seinen ersten schriftstellerischen Publikationen hatte er weit über die Fachwelt hinaus Sensationserfolge, die seinem Namen einen geradezu abenteuerlichen Klang verliehen. Sein Vater, der Fabrikant, war übrigens sehr früh verstorben, und seine Mutter, eine merkwürdig naive und etwas groteske alte Dame, lebte mit häufig wechselnden Gesellschafterinnen ziemlich zurückgezogen in der großen Villa.

Der alte Fröhlich hatte seinen Sohn am Arm gepackt und ihn zu einem kleinen Tisch in der Saalecke geführt, auf dem allerlei Geschenke aufgebaut waren, die er zu seinem Jubiläum bekommen hatte. In der Mitte stand ein kleines Ölgemälde in einem einfachen glatten Ebenholzrahmen. Der Vater nahm es wie eine Kostbarkeit in die Hände und hielt es dem Sohn in die richtige Entfernung von den Augen.

»Schau dir das an!« sagte er gespannt.

Das Bild stellte ein schmales altes Fachwerkhaus dar, an die Lehne eines Weinbergs gebaut, von blühenden Kirschbäumen umstanden.

»Das Großvaterhaus!« rief Fritz in ungespielter Begeisterung. »Und noch dazu wirklich gut gemalt!« fügte er zu, indem er die Augenlider zusammenkniff.

»Ja«, sagte der Vater mit nachdrücklichem Stolz in der Stimme, »sie haben sich's was kosten lassen, sie haben sich den Schimmelweiß verschrieben, der hängt schließlich im Staatsmuseum. Die Lehrerin war ja schwer beleidigt«, flüsterte er lachend, »sie meint nämlich, sie hätte das geradesogut gekonnt!«

»Und woher weiß denn der Schimmelweiß, wie das damals ausgesehen hat?« fragte Fritz kopfschüttelnd. Das Haus war nämlich längst abgerissen; es hatte auf einem Gelände gestanden, das die Fabrik zu ihrer Vergrößerung aufgekauft hatte.

»Ja«, erklärte der Vater, »sie haben einen Ausschnitt aus einem alten Dorfbild photographiert. Du weißt doch, der Tischbein hat hier gemalt, und damals stand ja das Häuschen noch!«

Sie lachten beide.

»Es stand noch, als ich zur Schule kam«, sagte Fritz, und starrte auf das Bild. Ihm war, als sähe er die schattenhafte Gestalt des lang verstorbenen Großvaters, wie er am Freitag abend unter die Türe trat und, nach einem alten Brauch seiner Vorväter, an die Dorfarmen den »Zehenten« verteilte – genau zehn Prozent von dem, was er überschlagsweise in der Woche verdient haben mochte.

»Das Großvaterhaus«, wiederholte er mit einem nachdenklich frohen Lächeln.

»Dreh's um«, sagte der Vater und reichte ihm das Bild.

Fritz wendete es.

Auf dem Karton, der die Rahmung verband, war ein weißer Zettel aufgeklebt, darauf stand in Rundschrift – dies nun zweifellos ein Produkt der Lehrerin und nicht des museumwürdigen Meisters – zu lesen:

»Dem Vorbild als Arzt und Mann
in Dankbarkeit
die treue Gemeinde.«

»Schön«, sagte Fritz.

Er war ein wenig gerührt.

»Ja«, sagte der Vater, »schön.«

Er schnaubte die Nase.

Dann nahm er ihm das Bild aus der Hand und lehnte es sorglich wieder an den kleinen Holzpult, den man zur Aufstellung aus dem Schulhaus genommen hatte.

»Jetzt sollten wir mal einen großen Kirsch trinken«, rief er, um die Aufwallung des Gefühls und die damit verbundene Scham zu überbrücken.

»Bravo«, sagte Fritz, »mir ist ganz darnach.«

Sie gingen zum Schanktisch, ließen sich unter allerhand Scherzen mit dem wohlgelaunten Wirt die Doppelgläser füllen und steckten sich lange schwarze Brasilzigarren an.

Im Saal entstand plötzlich eine brodelnde Bewegung, Stuhlrücken, Räuspern, Ruhe- und Bravogeschrei: der Präsident von Mylius hatte sich nämlich erhoben und an sein Glas geklopft.

»Gottseidank«, flüsterte Fritz dem Vater zu, »er hat kein Manuskript!«

Der Präsident war dafür bekannt, daß ihm die Gabe der freien Rede nur in beschränktem Maße verliehen war, so daß er sich in solchen Fällen stets kurz und primitiv ausdrückte. Mit einem Manuskript in der Hand war er jedoch ein ausgesprochener Versammlungs- oder Gesellschaftsschreck, er pflegte sich dann abgründigen Meditationen hinzugeben und in die graue Vorzeit hinabzusteigen.

Jetzt aber stand er da, frei, aufrecht, ungezwungen, wie ein Mann, der wirklich etwas zu sagen hat, was ihm von Herzen kommt, und sich nicht lange auf die passende Form besinnen muß.

»Liebe Freunde«, begann er, »ich hatte nicht die Absicht, heut eine Rede zu halten, Sie sehen das daran, daß ich nichts aufgeschrieben habe...«

Leises Lachen unterbrach, und er lachte mit.

»Nein«, fuhr er fort, »ich dachte mir, was du deinem alten – wie will ich das nennen – Lebensnachbarn Fröhlich heute zu sagen hast, das ist etwas, das sich zwei Männer am besten allein und unter vier Augen sagen, oder aber, was sie vielleicht gar nicht auszusprechen brauchen – und was ein Händedruck umschließt. Aber« – er suchte ein wenig nach Worten – »nun ja«, rief er aus, »der Neunundzwanziger hat mir wie einem alten Star die Zunge gelöst« – wieder unterbrach ihn leises und zustimmendes Gelächter – »denn er ist ein Befreiungswein«, sprach er weiter. »In diesem Jahr 29 haben die Franzosen unser rheinisches Land verlassen...« – »Bravo!« unterbrach eine hohe Tenorstimme. »...aber davon will ich nicht reden«, besann der Präsident sich rasch, »sondern, es handelt sich heute ganz allein um unseren Freund Fröhlich. Ihm ist heute schon so viel Schönes gesagt worden, daß er, wie ich sehe, bereits Kirschwasser trinkt.« (Gelächter).

»Ich aber möchte nur ein paar Worte über seinen Namen, den Namen Fröhlich äußern. Es braucht niemand zu erschrecken, ich werde nicht mytho- und auch nicht etymologisch werden, ich mache es ganz kurz. Ich denke mir, einer der Vorfahren unseres Freundes, der ihm ähnlich war, hatte noch keinen Familiennamen, und er kam zum Landgrafen und sagte ihm: Durchlaucht – benennen Sie mich! Da sah ihn der Landgraf an und sprach: Jeder Mann soll nach seinem besten Vermögen genannt werden. Dein bestes Vermögen ist ein fröhliches Herz. Du könntest Freundlich, Ehrlich, Löblich, Redlich heißen – das alles aber ist eingeschlossen in unsrem deutschen Gotteswort vom fröhlichen Herzen. Ein fröhliches Herz: das ist ein Herz voll Güte, voll Treue, voll Mut, voll Gläubigkeit, das ist ein Herz, welches immer voll genug ist, um zu schenken und mitzuteilen, es ist ein Herz ohne Falsch und ohne Arglist, ein weites Herz, von einem tapferen Geist behütet, das Herz eines Kindes, in einer männlichen Brust. Deshalb sollen deine Nachkommen Fröhlich heißen, damit sie Freude und Stolz für unser Land bedeuten. Lieber Freund Fröhlich, so sprach der Landgraf, vor grauen Zeiten, Sie aber haben unter uns Lebenden und in unser aller Mitte seinen Spruch mit all Ihrem Sein und Tun bestätigt. Dafür danke ich Ihnen – dafür dankt Ihnen das Land!«

Der Präsident hob sein Glas, während von allen Seiten begeisterte Zustimmung laut ward.

»Und jetzt«, rief er aus, »lasset uns mit den Fröhlichen fröhlich sein!«

Die Musikanten waren leise auf ihre Tribüne geklettert und hatten die Blechinstrumente angesetzt, ein brausender Tusch erscholl, die Gläser klirrten, alles war aufgesprungen, man sang: »Hoch soll er leben« oder »Fröhlich soll er heißen« und stieß miteinander an.

Der Vater war, von Fritz gefolgt, zum Präsidenten geeilt und drückte ihm beide Hände. Dann ging er von Tisch zu Tisch, weil jeder mit ihm anstoßen wollte. Als er zu seinem Platz zurückkam, war er von einem kleinen mageren Mann begleitet, dessen verkniffenes und ein wenig schiefes Gesicht in ein schütteres graublondes Spitzbärtchen auslief.

»Schau!« rief Fritz. »Der Herr Apotheker Schroth, das ist eine Überraschung!«

»Aber gewiß«, sagte der Apotheker und meckerte etwas verlegen, »es ist doch selbstverständlich –«

»Aber«, rief der Präsident von Mylius und kniff ein Auge zu, »was werden Ihre Herren Söhne sagen?«

Die beiden Söhne des Apothekers und bis zu einem gewissen Grade auch er selbst waren als wütende Antisemiten und rabiate Parteipolitiker bekannt. »Meine Söhne«, sagte der Apotheker mit unterwürfigem und ziemlich krampfhaftem Lächeln, »die meinen es doch nicht so... Man macht schließlich Ausnahmen.«

»Zu gütig«, sagte Fritz und wandte sich ab.

Aber der alte Fröhlich, in Gebelaune, reichte dem Apotheker ein volles Glas und schlug ihm auf die Schulter.

»Jeder nach seiner Façon!« rief er aus. »Und Pfälzer Wein für uns alle! Ich freue mich, daß Sie gekommen sind! Wir Deutschen müssen jetzt zusammenhalten, das ist wichtiger als der Parteienzank!«

Man setzte sich wieder, und es wurde ein wenig politisiert, man war sich einig, daß Deutschland eine feste Autorität brauche, um wieder stark zu werden, und einer der lautesten Rufer nach diesem Ziel war der Doktor Fröhlich.

Die Musik hatte inzwischen einen festlichen Marsch gespielt und begann jetzt, auf allgemeinen Zuruf, mit einem altmodischen Rheinländer. Einzelne Paare standen auf, gingen Arm in Arm in der Saalmitte kreisum, bis sich genügend Tänzer und Tänzerinnen eingefunden hatten. Ein Prokurist von der Fabrik, im schwarzen Cutaway, fungierte als Tanzordner, und auf sein Händeklatschen stießen die jüngeren Burschen einen schrillen Juchzer aus und begannen ihre Mädchen zu schwenken. Bald tanzte alles, vorläufig noch in einem halbwegs gemessenen Rhythmus. Die Weinbauern hatten sich große saubere Taschentücher um die rechte Hand gewickelt, welche sie ihren Tänzerinnen auf den Rücken der Seidenblusen oder um die Taille legten.

Inhalt [Entwurf der Fortsetzung]
[Erstes Kapitel]

Es wird heftiger getanzt. Ignaz Haberschaden hat ein entzückendes Mädchen aufgetan, sie hat einen geradezu südländischen, sizilianischen Zauber, sie wirkt »verschlafen und temperamentvoll zugleich«, sie ist ziemlich groß und schwarz gescheitelt und hat trotz fülliger Figur ganz zarte Fesseln und Handgelenke und liegt in Haberschadens Arm, als schwebe sie, ganz leicht hintüber gebogen, die Augen halb geschlossen, die Lippen halb offen, den Kopf leicht seitlich geneigt. Iganz ist mit ihr so »intensiv«, als habe er sich nie für ein anderes weibliches Wesen interessiert, einige Burschen werfen böse Blicke, die »feineren Leute« schütteln die Köpfe, und die Freunde grinsen und sagen: Ignaz ist von sich selbst überwältigt, sobald er merkt, daß er auf ein Mädchen wirkt.

Der »Tanzordner« ruft einen Ehrentanz für den Jubilar und seine Familie aus – die älteren Leute haben bisher zugeschaut, aber mit einer gewissen hold angeregten Teilnahme, die sich aus Erinnnerungen und Gegenwart und leichter Beschwipstheit lieblich zusammenbindet – sie spreizen sich erst ein wenig gegen das Tanzen und lachen sehr, aber dann steht mit ausgesprochener Würde und Grandezza der alte Fröhlich auf und bietet der Präsidentin den Arm, alles klatscht Beifall, der Präsident engagiert mit hofballhafter Noblesse Frau Fröhlich, und der Bruder des Präsidenten – der Theologe aus Heidelberg, der Protestant und heimliche innere 48er, der Mann mit dem Schlapphut und dem Burschenschafterherzen, der völlig hoffnungslos unreale und antireale Über-Deutsche – engagiert Frau Haberschaden, die ihn in ihrer Jugend unglücklich liebte. Fritz tanzt mit Sori, sie sprechen kein Wort, aber ihre Berührung wird immer mehr mit Spannung geladen – Haberschaden führt wieder sein Mädchen, obwohl das bei dieser offiziösen Runde ganz unpassend ist, und Severin tut seine deutsche Offizierspflicht und dreht die unwahrscheinlich schwere und schwitzende Frau des Bürgermeisters.

Die alten Paare, Fröhlichs und die Präsidenten, tanzen bezaubernd – so kann man es heute nicht mehr, auch wenn man es in der alten Weise tut – das hat einen Stil, der vergangen ist oder erst wieder ganz neu geschaffen werden müßte... Was da so umhertanzt, all die netten oder unnetten jungen Leute eines heutigen, modernen Dorfs, das hat gar keinen Stil, so wie es keine Tracht oder Form oder Sitte hat, das tanzt so herum, wie's eben geht und wie's »schick« ist, ein bißchen modern, ein bißchen bodenständig, ein bißchen à la nègre und ein bißchen gretchenhaft – es ist ganz stillos, wie ihre Warenhauskostüme und ihre Stoffe und ihre Schuhe und ihr von Filmen beeinflußtes Makeup – aber trotzdem riechen ihre Haare immer noch nach Brennschere und Brillantine wie eh und je, und sie sind – wenn auch ohne Stil – so doch nicht ohne Charme und ohne Glanz und ohne Zauber – es braucht nur eine erlösende Formel gefunden zu werden – und all das h a t wieder seinen, den echten, den lebendigen, den immer und in jeder Erscheinungsform klassischen Stil des natürlichen gelösten Lebens – –

Die alten Paare lassen in strahlender Heiterkeit vom Tanz ab – und die Jungen beginnen zu »drehn«, das ist eine besonders schwindlig machende Schnellwalzerart, es ist ein großer Wirbel und Dunst und Lärm, und man wechselt mitten im Tanz die Partner, die Freunde benutzen diese Gelegenheit, um sich Zeichen zu geben und abzuhauen – Severin tanzt mit seiner Schwester, Fritz mit Haberschadens Mädchen, Haberschaden mit seiner Mutter, die keinen Schluß finden kann, sie bewegen sich alle zur Tür hinaus und tanzen in den dunklen offenen Hof, wo in einer Ecke große Bierwagen stehen, Fässer mit Stadtbier und Eis abgeladen werden, denn der Wirt weiß: heut gibt's Durst, der mit Wein nicht mehr zu stillen ist –

Draußen vertauschen sich die Paare wieder und – obwohl Ignaz nur ungern von seinem hinreißenden Mädchen läßt, worauf aber die Freunde gar keine Rücksicht nehmen, ziehen sich Severin und Ignaz plötzlich aus dem Gewühl und verschwinden im Dunkel – Richtung Gartenhaus –

Fritz und Sori, die natürlich mit zur Verschwörung gehört (und auch im Gartenhaus dabei sein wird), haben sich wieder vereint und tanzen von den andren weg und sind plötzlich bei den gerade völlig verlassenen, allein im Dunkel stehenden Bierwagen, und mit einer ganz abrupten und ihn selbst überrennenden Heftigkeit umarmt und küßt Fritz in dieser finsteren Hofecke seine Braut und küßt ihr die Lippen wund, und sie ist völlig hingegeben – und sie werden ganz still, und die Musik hat aufgehört, und man hört auf einmal nur noch das schraubende Mahlen der Pferdezähne, denn man hat den Gäulen Hafersäcke vorgebunden, und riecht den scharfen Duft der erhitzten Pferde.

Zweites Kapitel

Das Gartenhaus. Das ist Severins Reich, und hier wird Severin zum ersten Mal genau beschrieben. Hier hat er – das Gartenhaus steht auf dem Grundstück seiner Eltern, aber schon halb auf dem der Fröhlichs und war nie benutzt seit den Zeiten des Großvaters Fröhlich und ist halb verfallen – seine heimliche Jugend verlebt – hier ist er hart am Selbstmord vorbeigekommen, und hier hat er seinem Ausbildungshauptmann, einem unbewußt schwulen und völlig verstiegenen kriegsuntauglichen Reserveoffizier und in Zivil Korrepetitor – den »Nibelungeneid« abgelegt... (der noch jetzt in ihm frißt, obwohl er nicht mehr genau sagen könnte, was das eigentlich bedeutet hat...) – hier haben auch die ersten Zusammenkünfte und die späteren Schul- und Jugendverschwörungen der drei stattgefunden – sowie Haberschadens erste Liebesabenteuer mit Dienstmädchen oder Kellnerinnen. (Von Haberschaden sagen böse Mäuler, daß sein Erfolg bei Frauen im Quadrat mit ihrer Minderwertigkeit wachse, er aber behauptet, daß nur dort wahre feminine Hochwertigkeit noch zu finden sei und daß man nur da auf seine Kosten, als Mann, komme.)

Fritz kommt mit Sori dazu. Ignaz hat ein neues Manuskript dabei – und liest vor – dabei verwandelt er sich vollständig, er hat nichts mehr vom Hintertreppen-Don-Juan – er ist ein ganz von Leben und Geist erfüllter, ein vollkommener Mensch.

Was er geschrieben hat, nennt er seine »erste historische Arbeit«, weil es sich um erlebte Geschichte handelt, nur das ist wahrhaft verantwortliche Geschichtsdarstellung. Seine früheren Arbeiten, die sich auf die Hohenstauffen und den mittelalterlichen Kampf um das große europäische Reich bezogen und auf genauesten Quellenkenntnissen und kühnsten Kombinationen beruhten, bezeichnet er als »Legenden«.

Das hier aber ist: Geschichte. Unser Leben.

Vorlesung des Prologs. –

Die Affenhochzeit

»Fährtensucher«, sagte Nikoline zu ihrem Mann, der gerade, hemdsärmelig, aus dem Atelier trat, »zieh deinen Rock an, du mußt jetzt gehn.« – »Wohin zum Teufel?« sagte Fährtensucher und stampfte mit dem Fuß, denn er wollte sich eigentlich nur Zündhölzer für die Pfeife holen und dann weitermalen. »Du wolltest das Geschenk kaufen«, sagte Nikoline, ohne sich davon einschüchtern zu lassen, daß er nun mit beiden Füßen stampfte und schreckliche Flüche ausstieß, untermischt mit wilden Drohungen gegen Frau, Kinder, Verwandte, Bekannte und die menschliche Gesellschaft überhaupt. Nikoline schüttelte nur den Kopf. »Robert«, sagte sie, »sei doch nicht komisch!« – Das brachte ihn erst recht zur Raserei. »Wie kommst du dazu, mich mit Robert anzureden?!« schrie er. »Was habe ich dir denn getan?« – Dabei hieß er wirklich Robert, Robert Rottenbach, und hatte auch nichts Grundsätzliches gegen seinen Namen einzuwenden. Aber es war in dieser Ehe ein heimliches Gesetz, sich niemals mit dem richtigen Namen anzureden, und geschah es doch einmal, so galt es als Zeichen von Kälte und Unzärtlichkeit. Man rief sich mit den verschiedensten Kriegsnamen, die je nach Stimmung, Umgebung, Jahreszeit wechselten und die man im Lauf des Zusammenlebens sich selbst oder einander gegeben hatte. Größtenteils stammten diese Namen aus der Welt des kindlichen Abenteuers, doch hatten sie alle auch irgend etwas mit der Wirklichkeit zu tun. Auf Reisen zum Beispiel hieß Robert ›Kartengänger‹, da er seinen Ehrgeiz hineinsetzte, in fremden Städten und Geländen Weg und Steg nach der Karte zu finden, und lieber zwei Stunden in die Irre ging, als einen Schutzmann oder Chauffeur zu fragen. Auch der ›Fährtensucher‹ war nicht ganz aus der Luft gegriffen, denn er konnte im feuchten Boden oder im Schnee jede Tierspur bestimmen und brachte damit bei Ausflügen oder Spaziergängen seine Frau zu leiser Verzweiflung. Sie wurde seltsamerweise Hieronymus,

Jacobus oder Schnauzbart genannt, und man hatte sich so daran gewöhnt, daß man nichts Lächerliches oder Absonderliches mehr dabei fand. Und es braucht wohl jede Ehe und jede gute Gemeinschaft überhaupt einen Zug zu Albernheit, kindischen Geheimnissen und Lausbüberei. – Ebenso plötzlich, wie Roberts Wut- oder Verzweiflungsanfälle aufflackerten, pflegten sie zu verrauchen. »Es wird heute so nichts mit der Schmiererei«, sagte er und machte eine bockige Kopfbewegung zum Atelier hin, aus dessen angelehnter Tür, vermischt mit Pfeifenrauch, ein dünner Firnisgeruch drang. »Das Wetter ist nicht darnach. Es stinkt nach Frühling!« sagte er dann. – »Aha«, sagte Nikoline nur, denn sie wußte, daß jeder seiner Zornesausbrüche und überhaupt, was es an spärlichen Ärgernissen mit ihm gab, unmittelbar mit seiner Arbeit zusammenhing und mit ihrem Wachsen oder Stocken. »Es stinkt nach Frühling«, wiederholte Robert mit Wohlbehagen und schien seine Worte auf der Zunge zu schmecken. »Alles, was echt ist, stinkt«, sprach er weiter, indem er seinen Rock anzog. »Alles Großartige stinkt«, behauptete er noch und sah sehr vergnügt aus: »Zum Beispiel: der Mensch!« fuhr er fort. »Wenn einer was ist und was kann, dann stinkt er nach sich!« Er setzte seinen Hut auf. »Verstehst du?« – drängte er. »Natürlich«, sagte Nikoline und hatte einen zerstreuten Gesichtsausdruck. »Dann ist's gut«, sagte Robert und wendete sich zur Tür. »Übrigens«, kam er nochmals ins Zimmer zurück, »wieviel soll ich denn ausgeben?« – »Es muß schon was Anständiges sein«, sagte Nikoline, »er hat deinen ganzen Unzuchtsprozeß geführt und macht unsere Wohnungssachen und alles und hat noch nie eine Rechnung geschickt.« – »Tausend Mark haben wir noch«, sagte Robert, »und wenn ich die widerliche Wand bemale, gibt's dreitausend. Dann fahren wir weg«, sagte er und schnupperte zum offenen Fenster. »So, und die Kinder?« sagte Nikoline. »Die Kinder werden in den Schornstein gehängt und geräuchert«, antwortete Robert versonnen und sah Bergwälder im Schimmer des Vorfrühlings, windgerillte Seen, Föhnleuchten und stürzende Schmelzbäche. »Die Kinder werden eingepökelt und als Jungschweinernes verkauft«, wiederholte er und überzählte die Geldscheine, die er aus der Tasche zog. »Soll ich hundert ausgeben?« fragte er. – »Hundertfünfzig«, sagte Nikoline, »und wegfahren werden wir im Frühling auf alle Fälle. Die Kinder sollen froh sein, wenn sie uns einmal los sind!« – »Richtig«, sagte Robert, »sie leiden überhaupt schon an krankhaftem Familiensinn.« Damit ging er. Nikoline schloß die Flurtür hinter ihm, dann warf sie einen Blick ins Atelier, in dem eine Art von Unordnung herrschte, die keineswegs schlampicht, sondern eher zweckvoll, belebt und natürlich wirkte. In der Mitte war ein großer Rahmen gespannt, und die Leinwand war mit einigen skizzenhaften Andeutungen bedeckt. Quer darüber hatte Robert mit verwischbarer Kohle das Wort ›Bockmist‹ geschrieben. Nikoline betrachtete es gedankenvoll. Es handelte sich um einen Auftrag: für das Klubhaus eines großen Industrieunternehmens die Wände auszumalen. Der Hauptentwurf sollte bis morgen abgeliefert werden. Aber es war noch nichts Faßbares zu erkennen. Man hatte ihm gewisse Richtlinien gegeben: Szenen aus dem Alltag der Industrieangestellten oder aber die Symbole des Wirtschaftslebens sollten freskenhaft dargestellt werden. Nikoline sah im Raum umher: überall lagen Blätter mit Pflanzen, Tieren, menschlichen Gestalten und Gesichtern, vor allem Bauern- und Kindergesichtern. An der Wand hingen Landschaften, wirkliche und geträumte. Manche waren wüstenhaft oder kahl wie polare Küsten, andre wucherten wie tropische Urwälder. Dazwischen sehr einfache Schildereien: ein Feldrand, ein Weg mit Holzstoß, eine Magd, die Kartoffeln schälte, ein apfelessendes Kind. Der Entwurfrahmen stand kühl und quadratisch, voll prätentiöser Nüchternheit, mitten in dieser vielbelebten Welt.

Robert war schon ein ganzes Ende gegangen, ohne daß ihm der Zweck seines Weges zu Bewußtsein kam. Der Himmel war sonderbar milchig bewölkt, aber im Norden, wo es keine Wolken mehr gab, lag ein so klares, flüssiges Licht, als ob die weite, grüngläserne See ihren Widerschein emporstrahle. Auch roch die Luft, trotz vorzeitiger Wärmewellen, die, in die kühlere

Wolkenzone streichend, sonderbare Lichtwirbel erzeugten, so frisch und salzig bitter, daß man glauben konnte, es begönne wirklich gleich am Rand der Stadt Berlin das große nördliche Meer. In dem Stadtteil, in dem Robert wohnte, war heute Markttag, und er schlenderte mitten durch die Verkaufsstände: Fisch, Gemüse, Kartoffeln, Fleisch und Blumen wurden ausgeboten wie auf dem Markt einer Kleinstadt. Auf der breiten Fahrstraße, rechts und links von den Trambahngleisen, hielten strohbedeckte Bauernwagen mit kleinen, struppigen Pferden, zwischen denen sich die Autos mühsam durchschlängelten. Aber viele Bauern brachten ihre Ware auch auf Lastkraftwagen oder in den Beiwagen ihrer Motorräder. Robert blieb stehen und sog sich die Augen voll mit Einzelheiten, Bögen, Bewegungen. Dann sah er wieder zum Himmel mit seiner kühlen weißen Flockigkeit. Er dachte daran, daß man, ohne irgend etwas von der Erde zu bemerken, nur einem Stückchen Wolkenhimmel und seinem Licht ansehen müsse, was für eine Jahreszeit und fast welche Stunde es sei. Und daß alle Kunstübung nur darauf ausgehe, das Licht nachzuschaffen und die Linie, die Quellen der Bewegung. »Wollense'n Hund koofen?« zischte ihm plötzlich jemand mit scharfer Flüsterstimme ins Ohr. Robert schrak zusammen und sah in ein paar stechende, hastige Augen. Ein unrasierter Mensch stand dicht neben ihm und lupfte einen weiten sackartigen Mantel: der Kopf eines ziemlich jungen, graumelierten Pinschers lugte hervor, mit feuchter schwarzer Gumminase und lustigem, nur jetzt etwas befremdetem Gesichtsausdruck. »Jelejenheit«, flüsterte der Mann aufgeregt. »Fuffzich Emm. Prima Rasse, garantiert stubenrein. Könnse gleich mitnehmen, Halsband hat er ooch.« Robert tätschelte den Kopf des Hundes, und dabei fiel ihm wieder ein, daß er weggegangen war, um für einen Freund ein Hochzeitsgeschenk zu kaufen. Hundertfünfzig Mark, hatte Nikoline gesagt. Doch ein bißchen viel eigentlich. Robert fand es, wenigstens für diesen Augenblick, sehr komisch, daß man jemandem, der heiratet, und noch dazu ein reiches Mädchen, und der schon allein nicht arm ist, auch noch Geschenke machen soll. Aber das ging gleich wieder vorbei, dafür tauchte blitzartig der Gedanke auf, den Hund zu kaufen: wenigstens für zwei Tage hätte man dann einen Hund, länger duldete Nikoline ihn doch nicht in der kleinen Stadtwohnung, und dann könnte man ihn als Hochzeitsgeschenk verwenden. Aber dem hastigen Hundeverkäufer waren alle diese Überlegungen zu umständlich. Mit einem Ruck, der Roberts Hand fortstieß, schloß er plötzlich wieder den Mantel über dem zurückzuckenden Hundeköpfchen. »Woll'nse oder woll'nse nich?« drängte er. – »Nein«, sagte Robert energisch. Es schien ihm doch richtiger, dem jungen Paar nicht mit einem Pinscher zum Polterabend zu kommen, und überhaupt waren die Eltern der Braut sehr konventionelle Leute, die wohl auch auf normale und übliche Hochzeitsgaben Wert legten. Der Mann mit dem Hund hatte kurz kehrtgemacht und verschwand im Gewühl, während schon ein Blauer langsam und mißtrauisch heranschritt. Robert schüttelte den kurzen Traum, mit einem kleinen Hund nach Hause ins Atelier zu gehen, von seiner Stirn und bestieg einen Autobus nach dem Kurfürstendamm. Auf dem offenen Verdeck des Autobusses sitzend, vom raschen Luftzug umknattert, hing er zunächst mit großer Ausführlichkeit dem Traum von einer Segelfahrt auf einem schwedischen Sund nach. Er stellte sich das Kreuzen vor frischer Brise so deutlich vor, daß er, in einer Kurve, den Kopf tiefer duckte, um nicht von der umschwingenden Segelstange getroffen zu werden. Als dann der Schaffner kam, gerann die flimmernde Wasserfläche des Sunds in den glattgefahrenen Asphalt des Wittenbergplatzes, und als der Wagen die Tauentzienstraße entlangfuhr, an den vielen Auslagen vorbei, bedachte Robert ernsthaft die Lage.

Es handelte sich also um ein Hochzeitsgeschenk für seinen Freund Georg, der, weil er aus Süddeutschland stammte, von all seinen näheren Bekannten Schorsch genannt wurde. Georg Kulp war ein verhältnismäßig junger Rechtsanwalt, der in Berlin rasch Karriere gemacht hatte und vor allen Dingen als besonders verständnisvoller Berater von Künstlern, Musikern, Malern, Dichtern und Schauspielern in ihren oft komplizierten Rechtsproblemen, denen die meisten ziemlich hilflos gegenüberstanden, bekannt geworden war. Robert wurde von ihm vor einigen Jahren in dem berühmten Unzuchtsprozeß verteidigt, der ihm damals viel Ärger bereitet, in der Folge aber seinen Namen und Ruf und vor allem die Anziehungskraft seiner Arbeiten ungemein erhöht hatte. Wie vielfach das Krautschießen eines äußeren Erfolges von Mißverständnissen gedüngt wird, war es auch hier: es gab eine Zeit, da es in gewissen Kreisen, für die Roberts Kunst am wenigsten geschaffen war, zum guten Ton gehörte, ein Blatt des unzüchtigen Malers im Salon zu haben. So war er seitdem aus den gröbsten Geldsorgen heraus, ja er verdiente sogar zeitweise recht gut, und er machte mit dem Geld das Klügste, was er tun konnte: er gab es aus, von seiner Frau und vielen unbemittelten Freunden freudig unterstützt, und legte es in guter Laune, Lebensfreude und angenehmen Erinnerungen auf lange Sicht und hohe Zinsen an. Die Blätter selbst, derentwegen man damals ihm und seinem Verleger den Prozeß gemacht hatte, waren alles eher als unzüchtig, himmelweit von Schlüpfrigkeit oder Zweideutigkeit entfernt: Zeichnungen und Aquarelle, aus dem leibhaftigen Dasein von Pflanze, Tier, Ding und Mensch, aus den elementaren Vorgängen der Natur, mit einer unmittelbaren, reinen Anschauung und mit einer fast religiösen Weltliebe erfaßt und gebannt. Georg Kulp hatte ihn damals herausgepaukt, und seitdem hielten sie gute Freundschaft, obwohl sie von Temperament und Lebensart völlig verschieden waren. Jede Woche einmal erschien Georg Kulp im Atelier droben und verbrachte einen Abend mit Robert und seiner Frau, manchmal auch mit Robert allein, und das waren die Abende, an denen sie, wie sie sagten, das Lagerfeuer anzündeten und endlose, zähe und heftige Männergespräche führten. Dann und wann waren einige Freunde Roberts dabei, die in Heizer, Oberheizer, Schürer, Bewacher und Beschauer des Lagerfeuers eingeteilt waren, es wurde dann unter Einzel- und Gruppengesprächen sehr viel Schnaps getrunken, und gegen Morgen sangen sie Soldatenlieder und störten die Bewohner der unteren Stockwerke aufs empfindlichste. Nikoline ging dann frühzeitig ins Bett und schlief mit ›Oropax‹ in den Ohren, so gut es eben ging. Oft waren alle noch da, wenn sie und die Kinder morgens aufstanden, und sie deckte dann einen großen Frühstückstisch und kochte ungeheure Mengen von Kaffee und Eiern. Das ganze Lagerfeuer saß fromm und etwas abgekämpft nach Art braver Schulknaben um die Frühstückstafel herum. Mit der Zeit hatte es sich ganz von selbst herausgebildet, daß Georg Kulp alle praktischen Angelegenheiten Roberts, seine Kauf- und Mietverträge, seine Steuersachen und sogar die Balancierung seines Ausgabenbudgets betreute und verwaltete. Er gehörte sozusagen zur Familie, wie das Großhirn zum Kleinhirn, er war immer da, wenn man ihn brauchte, und hatte selten etwas ausgesprochen Wichtigeres vor. Daher wirkte seine Verlobung und nun die nicht mehr aufzuhaltende, endgültig festgesetzte Heirat ziemlich niederschmetternd auf die beiden, und besonders Robert haßte die Braut, noch bevor er sie kennengelernt hatte. Das Kennenlernen schmolz dieses Gefühl nicht um, und obwohl alle Leute, sogar Nikoline, sagten, sie sei nett, fand Robert sie schauderhaft und unerträglich. Sie war ein Mädchen aus sehr guter Familie, und wenn Robert auch keineswegs etwas gegen väterliches Geld und anständige Erziehung einzuwenden hatte, so desto mehr gegen eine gewisse Haltung, die das Aufwachsen in der ›besseren‹ Gesellschaft des westlichen Berlin mit sich bringt. Rasches Urteil, immer bereit und allzu leicht sagbar, auch über Dinge, denen der eigne Horizont, die eigentliche menschliche Substanz längst nicht gewachsen ist, dazu eine Art von äußerer Sicherheit, hinter deren Schutzhülle man nicht erst vorzudringen brauchte, um zu ahnen, wie schwach ihr inneres Gerüst sei, und ein tierischer Mangel an Wissen jeder Art, überdeckt durch eine schwabblige Fülle von wahllos eingeschlungenem Bildungsgut, kennzeichneten sie. Daß die Braut, in einer bewußt ironischen Umbildung ihres richtigen Vornamens, Lenina genannt wurde, machte sie in Roberts Augen nicht anziehender, und ihre ehrlichen Versuche, in seiner Gegenwart natürlich, anspruchslos, liebenswürdig und schmiegsam zu sein – denn sie fühlte wohl seine Abneigung und wollte ihn als Freund ihres Mannes erobern –, wurden von ihm als eine Elementarstufe betrachtet, aus der sie sich erst in zwanzigjähriger Bußübung emporodienen müsse. Dabei bemerkte Robert oft einen Zug von Echtheit und gewinnender Frische in ihrem Wesen, und er schalt sich selbst einen Pharisäer, Zeloten, Dogmatiker. Aber mit der Vernunft und dem guten Willen ist in solchen Fällen, wo es nur um Neigung, Witterung, Empfindung geht, nichts auszurichten.

Schon aus diesen Hintergründen heraus war es eine nicht ganz einfache Aufgabe für ihn, den beiden ein Hochzeitsgeschenk zu kaufen. Nikoline hatte sich, vielleicht aus pädagogischen Gründen, bestimmt aber in weiser Voraussicht, davor gedrückt: es handle sich um *seinen* Freund, sagte sie, und da müsse auch er selbst sich einmal anstrengen. Robert seinerseits haßte das Einkaufen, soweit es sich nicht um Dinge aus seinen speziellen Interessengebieten drehte: um Aquarien etwa oder Zimmerstutzen, Blumen, alte Glasflaschen und alkoholische Getränke – und wenn er einmal einkaufen ging, dann tat er es allein und auf keinen Fall in weiblicher Begleitung. Das hypnotisierte Hinstarren der Frauen auf ausgelegte Modeartikel, ihr abschätzender Blick auf die Preistafel, das konzentrierte und gleichzeitig zerstreute Auge, mit dem sie die Schaufenster großer Geschäftshäuser überfliegen, reizte seine Wut und seine Spottlust. Als er nun an der Gedächtniskirche ausstieg und auf der linken Seite des Kurfürstendamms stromaufwärts strich, ergriffen ihn Angst und Ekel vor seinem Unternehmen. »Die haben doch alles«, sagte er vor sich hin. »Die können doch gar nichts brauchen!« – Und er dachte mit Abscheu an die gediegene Wohnung im alten Westen und das solide Müggelseelandhaus der Kulpschen Schwiegereltern. »Sie werden sich einrichten«, dachte er, »und dann sind sie gerichtet.« Er blieb vor dem Ledergeschäft von Rosenhayn stehen, bestaunte den Portier, der ihn mit einer magischen Handbewegung in den Laden zu zaubern versuchte. »Es gibt nichts zu kaufen«, sagte er hartnäckig und verzweifelt. Auf die nächstliegende Idee, dem Freund ein Bild oder eine Zeichnung zu schenken, kam er gar nicht, weil sie eben viel zu nahe lag. Eine recht hübsche junge Frau, die rasch aus einem Auto stieg und ins Geschäft wollte, stolperte über seinen Fuß und knurrte leise. Er entschuldigte sich auf italienisch, und die Frau sah sich, merklich besänftigt, nach ihm um. Da streckte er ihr die Zunge heraus, worauf sie entsetzt die Flucht ergriff. Immerhin hatte ihn ihr Kleider- oder Haargeruch etwas aufgemuntert, und er ließ sich nun im Strom anderer Besucher in den Laden hineinspülen. Ziellos ging er umher, sah ungeheure Mengen aufgeschichteter Aktenmappen, Ledertaschen, Hutschachteln, Handkoffer, Zigarrenetuis, Schreibtischeinrichtungen und komplizierte Futterale für sehr kleine Bleistifte oder silberne Zahnstocher und begann müßige Betrachtungen über den Rhythmus von Angebot und Nachfrage, von Bedürfnis und Bedarfserzeugung anzustellen, die andere schon gründlicher und mit ebensowenig praktischem Resultat durchgeführt hatten. Der Geruch des jungen Leders begeisterte ihn sehr, aber die Stimmen, Geräusche und die animalische Wärme all der vielen Menschen machten ihn schläfrig und stumpf. Die Verkäuferinnen waren alle sehr beschäftigt und bemerkten gar nicht, wenn jemand, der nicht laut nach ihnen schrie, lange an ihrem Warentisch herumstand. Einmal stieß ihn sogar eine, der er im Wege war, ziemlich barsch beiseite, indem sie ihm den Ellbogen, unter dessen Winkel sie ein Paket hielt, in den Magen rammte. Er verbeugte sich tief vor ihr, worauf sie ganz rot wurde und wütend weiterlief. Gleich darauf fragte ihn ein gepflegter Herr mit unsagbar glattem Haupthaar und noch bedeutend glätterem Angesicht nach seinen Wünschen. Er suche einen frischen Lachs, sagte Robert, aber lebendig, stubenrein und ohne Gräten. Da sei er wohl falsch hier, sagte der glatte Herr, ohne eine Miene zu verziehen, auch ohne jedes Befremden, und wandte sich von ihm weg. Nach diesem entscheidenden Mißerfolg verließ Robert das Geschäft und betrat nebenan den vornehmen Laden von Scherk. Hier herrschte exklusive Ruhe. Ein mächtig aufgewölbter Persianermantel saß auf einem Stuhl und äußerte unerfüllbare Wünsche, die ganz bestimmte Schleifung von Kristallflakons und das ganz bestimmte orientalische Holz für einen Toilettenschrank mit eingebautem Zerstäuber betreffend. Ein älterer Herr sprach leise und begütigend mit dem Prachtstück, als ob er darinnen ein Gesicht oder eine Art Kopf oder Hirn vermute. Eine sehr streng angezogene Dame trat auf Robert zu und schaute ihn fragend an. Sie hatte schöne graue Augen, und Hände, die er am liebsten gleich gezeichnet hätte. Er nahm, ohne sich weiter umzuschauen, ein kleines Fläschchen Parfüm, Chanel Nr. 5, für seine Frau, und ließ sich dann, nachdem er sich so als ernsthafter Käufer legitimiert hatte, ziemlich alles zeigen, was es in dem Laden gab. Aber er betrachtete nicht die Gegenstände, sondern immer nur die Hände dieser Frau, und als er schließlich, mit seinem Parfümfläschchen, hinausging, schien sie recht böse auf ihn, aber doch ein wenig geschmeichelt. Sie dankte hoheitsvoll für seinen Gruß und zog sich, als er, nochmals grüßend, an ihr und der geöffneten Tür vorbeischritt, ohne Not das straff sitzende Kleid zurecht. Und als Robert nun weiterging, bald rechts, bald links den Kurfürstendamm hinauf, mußte er, ob er wollte oder nicht, allen Vorübergehenden auf die Hände gucken, und er zeichnete im Geist ein Rembrandtsches oder Dürersches Lebenswerk an Händen, Greifern, Klauen, Flossen, zärtlichen, heftigen, begabten, vertrockneten, edlen und niedrigen Menschenhänden vor sich hin. So kam er immer weiter, dann und wann trat er in ein Geschäft, um nichts zu finden; in einem zauberischen Glasladen, Heller, auf der rechten Seite, erstand er sechs hellbraune, dünnschalige, achteckige Schnapsgläser für sich selbst, bei Staub auf der linken Seite kaufte er einen Badeanzug, für den Fall, daß er doch ans französische oder spanische Mittelmeer reisen sollte, und in einem Chinoiseriegeschäft japanische Papierblumen, die sich im Wasser auflösen, für die Kinder. Schließlich bog er in irgendeine Seitenstraße und dann in noch eine, nur von der Absicht getragen, die flüchtig aufgetauchte schräge Vorfrühlingssonne möglichst im Gesicht zu haben; ging immer rascher, pfiff, dachte an tausend Dinge zugleich und gar nicht mehr an das Hochzeitsgeschenk, den drohenden Polterabend und den Auftrag vom Industrieverein. Plötzlich stand er wie gebannt vor einem kleinen Laden, der mitten in einer stilleren Wohnstraße lag und auf dessen Tür in weißer Schrift ›Zoologische Handlung‹ aufgemalt war. Im Schaufenster Aquarien, mit wehenden Wasserpflanzen und algenbehauchten Scheiben, Wärme- und Lichtanlagen für die Exoten und gleitendem, pfeilendem, schwebendem Getier. Er sah das weinrote, tiefblaudurchbänderte Geleucht eines Makropoden im Hochzeitsstaat, den Perlmutterglanz still schwärmender, zebrastreifiger Skalaras, die bebende, durchsichtig lichtgrüne Schweifspitze des kämpferischen Schwertträgers, das breitrunde, käuende Maul des opalisierenden Mondfischs. Dahinter die Vögel in großen und kleinen Bauern: Schmetterlingsfinken, dutzendweise auf einer Stange zusammengeschmiegt, mit himmelblauen und zartrosa Halsflecken, Dompfaffen, das schwarze Köpfchen selbstbewußt und mit liebenswürdigem Ernst über dem vorgewölbten schönroten Bauch und dem herrlichen Hellgrau des Rückens drehend, eine chinesische Nachtigall, aus glucksender Goldkehle schlagend, klugäugige Schamadrosseln, die sich schnalzend verbeugten, ruhlose Stieglitze mit bunt flitzendem Gefieder, kobaltblaue Sittiche, paarweise aneinandergepreßt und rastlos auf ihre Nachbarn und Mitbewohner schimpfend, und einen großen, weißen, gelbschopfigen Kakadu, der in das pausenlose Geschrille, das bis auf die Straße zu hören war, ein immer gleiches, unverständliches Wort schrie. Im Schaufenster war ein kleines Pappschildchen angebracht, auf dem handschriftlich zu lesen stand: ›Lebendes Fischfutter, täglich frisch‹. Es fiel Robert ein, daß er für seine Fischzuchten zu Hause nicht mehr genug Daphnien besitze, und er war froh, einen Grund zu haben, um das lockende Geschäft zu betreten. »Haben Sie Flöhe?« fragte er, als er hereinkam. Die Verkäuferin, eine ältliche, etwas verquollene Person in einem schmuddeligen Ärztekittel, verstand sofort. »Lebende Daphnien oder jetrocknete?« fragte sie zurück. »Lebendige«, sagte Robert, »und möglichst viele.« – »Habense'n Glas mit?« sagte die Frau. »Sonst kostet's fuffzig Pfennije Pfand.« Robert antwortete nicht. Er hatte etwas entdeckt.

Langsam und wie gezogen ging er in die hinterste, ziemlich dunkle Ecke des Ladens. Ein paar Augen hatten von ihm Besitz ergriffen, ein Paar Augen mit heller, wäßrig grauer Iris und großen, dunklen Pupillen, von denen ein doppelter Blickstrahl, wie ein unsichtbares, federndes Gleis, schnurgerade in Roberts Augen ging. Und jetzt, als er nah herankam, streckte sich ihm ein kleines, braunes, weiches, sehr menschenhaftes Händchen mit einer gleichsam zerstreuten und doch ganz dringlichen Gebärde entgegen. Robert nahm das Händchen, das zuerst schlaff in der seinen lag und sich plötzlich mit dem Druck einer für seine Kleinheit unheimlichen Kraft, wie sie ähnlich in Säuglingshänden steckt, um seine Finger schlang. Gleichzeitig ein leiser, zwitschernder, langsam anschwellender Begrüßungslaut, dann ein kurzes lachendes Aufschnattern, und dann ein lautloser, weicher Satz: zur Schulter hinauf. Aber die Kette, an der das Äffchen an einem Halsband festgemacht war, reichte nicht aus: es wurde zurückgerissen, kam mit allen vieren auf seine Stuhllehne, richtete sich auf den Hinterbeinen auf und begann jämmerlich zu rufen: »Zipp, zipp, zipp, zipp ...« so ähnlich klang es und endete in einem ziemlich schrillen und äußerst verlangenden Schrei. Robert ging noch näher und begann, das Tier zu streicheln, das nun mit den Lippen an seinen Fingern schmatzte und eine Hand in seinen Rockärmel klammerte, als wolle es ihn nie mehr loslassen. »Ein Rhesusaffe?« fragte er über die Schulter. – »Is'n Weibchen«, sagte die Frau, während sie mit einer Art Kohlenschaufel Daphnien aus einer kleinen Wassertonne in ein Geleeglas scheppte. »Heißt Colombine.« – »Colombine!« sagte Robert und machte die Kette los. Im gleichen Augenblick saß das Tierchen auf seiner Schulter und kraulte ihn in den Haaren. »Sehnse«, sagte die Frau vorwurfsvoll, »wenn man se losmacht!« – »Bei mir kann sie suchen«, sagte Robert. – »Die sucht keine Läuse nich«, belehrte ihn mürrisch die Frau, »die sucht Schuppen. Das schmeckt denen.« – »Ich weiß«, sagte Robert. »Wie alt ist sie denn?« – »Die is jung!« antwortete die Frau mit einem rätselhaften Ton. »Zutraulich is se! Wennse sich mit die einlassen, die kriegense nich mehr los!« Die mürrische Stimme der Frau hellte sich ein wenig auf. »Colombine«, sagte sie. »Sei nich so zudringlich, laß man den Herrn seine Haare.« Aber Colombine hörte ihr gar nicht zu und war vollauf beschäftigt. Die

Frau kam näher. »Ob de runtergehst!« sagte sie ziemlich freundlich zu dem Tier. Das aber klammerte sich plötzlich mit beiden Ärmchen um Roberts Hals und begann wieder jämmerlich zu ziepen und zu zwitschern. »Die will von Ihnen nich wech«, sagte die Frau, »die hat Ihnen nu mal erkannt!« – »Erkannt...« wiederholte Robert, und dann sagte er plötzlich: »Was soll's denn kosten?« – »Eins fuffzig die Daphnien, es gibt ja noch keine draußen um die Zeit«, sagte die Frau, »und fuffzig Pfennije Pfand.« – »Nein«, sagte Robert mit etwas unsicherer Stimme, »ich meine: Colombine?!« – »Die?« sagte die Frau und wurde plötzlich gierig. »Die is so zahm, so zutraulich is die, mit der könnse alles machen!« – »Das liegt mir fern«, sagte Robert ernsthaft. »Ich möchte nur mal den Preis wissen. Nehmen kann ich sie nicht.« – »Fressen tut se, was Se ihr geben«, ratschte die Frau, »und jesund is se, fühlense mal die Fettpolster! Die is klug wie'n Hund, sag ick Ihnen, also jenau wie'n Mensch is die!« – »Und kosten tut sie gar nichts?« sagte Robert kopfschüttelnd. – »Hundertfuffzig«, sprach die Frau beiseite. »Aber mein Mann jibt se nich her. Der is janz verrückt mit dem Tier, rein verrückt is der. Nee, der jibt se nich her! Es ist dies der beste Affe, den wir hatten!« sagte sie plötzlich in steifem, gewähltem Hochdeutsch. – »Schade!« sagte Robert und machte eine kleine Bewegung mit dem freien Arm, als wolle er das Äffchen herunternehmen. In diesem Augenblick biß Colombine ihn mit ihren kleinen Schneidezähnchen ins Ohr. Sie knappte ihm von unten das Ohrläppchen zusammen und hielt es einen Moment lang fest, es tat aber gar nicht weh und war eher wie eine heimliche Zärtlichkeit oder ein Zeichen. Und statt das Tier von seiner Schulter zu nehmen, griff Robert mit der freien Hand in seine Rocktasche. »Packen Sie mir mal ein paar große Tüten voll Erdnüsse und Affenbrot«, sagte er, »und rufen Sie eine Taxe bei!« Er zählte drei Fünfziger ab und legte sie auf den Tisch. »Eine Decke können Sie mir vielleicht leihweise mitgeben? Wenn Sie wollen, zahle ich auch ein Pfand dafür!« – »Is nich nötig!« sagte die Frau hastig und strich das Geld ein. »Die kleene Schlafdecke könnse mit behalten, da is se dran jewöhnt!« Colombine nahm ihm die

Schlafdecke, die er hochhob, aus der Hand, riß sie an sich und schlug ihm ihre zerfetzten Zipfel um die Nase. Dann legte sie ihre Lippen dicht an seine Ohrmuschel und schnatterte leise auf ihn ein.

Als er nach Hause kam und Nikoline ihm die Tür öffnete, war sein Mantel vorne sonderbar gebaucht. »Ruf mal die Kinder!« sagte er. – »Wieso?« sagte Nikoline und starrte ihn mit offenem Mund an. Er lupfte den Mantel unter dem ein schrill zwitschernder Laut hervordrang. »Sie heißt Colombine«, sagte er leise und schuldbewußt, »sie könnte deine Schwester sein. Georg wird sich sicher furchtbar freuen. Aber ich glaube«, fügte er etwas verschämt hinzu, »sie ist schon sehr verliebt in mich!«

Colombine wurde im Atelier untergebracht, und zwar setzte man sie zunächst auf ein kleines Schränkchen, in dem Robert Farbenkästen, Blöcke und sonstige Malgeräte aufbewahrte. Das Halsband mit dem Kettchen hatte man ihr vorläufig nicht abgenommen und den Karabinerhaken des Kettchens an dem Hebel des Heizkörpers, der sich dicht neben dem Schränkchen in gleicher Höhe befand, angehängt. Um sie herum häufte man eine Menge Futter, und man stellte eine kleine Schale mit warmer Milch vor sie hin, die Colombine sofort, ohne davon getrunken zu haben, in großem Bogen gegen ein frisches Ölgemälde schmiß. Die Schalen der Erdnüsse, die sie fleißig knackte, warf sie nach allen Seiten in den Raum, und als sie plötzlich ein menschliches oder vielmehr äffisches Bedürfnis ankam, hockte sie sich recht artig auf den äußersten Rand des Schränkchens und beschenkte die Heizung. Sie habe einen natürlichen Reinlichkeitssinn, erklärte Robert seiner staunenden Familie, was daraus hervorgehe, daß sie nicht auf das Schränkchen, das sie schon als ihre Wohnung begriffen habe, sondern von dem Schränkchen herunter mache, wo ja für sie die Außenwelt anfange und was nicht anders aufzufassen sei, als wenn ein Mensch eben austrete. Aber das Kästchen mit Sägemehl, das er dann rasch beschaffte, stülpte sie sich zuerst über den Kopf und warf es dann nach den Kindern. Überhaupt war ihr Verhalten zu den Kindern höchst feindselig. Sie schien in ihnen eine Art unlauterer Konkurrenz zu erblicken und fletschte die Zähne, sobald sie in die Nähe kamen. Als Roberts vierjähriges Töchterchen sie trotzdem streicheln wollte, wurde sie nur durch seinen hurtigen Zugriff daran gehindert, dem Kind mit vorgestreckten Nägeln und entblößtem Gebiß ins Gesicht zu springen. »Es ist ganz gut so«, sagte Robert, »die Kinder würden das Tier sonst küssen, und das ist ungesund!« Nikoline war seit dem Einzug des Äffchens ziemlich erstarrt und beharrte, ohne Widerspruch laut werden zu lassen, in einer Art passiver Opposition. Dieses Verhalten war vollauf gegenseitig. Colombine zeigte der Frau gegenüber zwar nicht die ausgesprochen eifersüchtige Abneigung, die sie den Kindern entgegenbrachte, aber sie wurde ganz still, steif und vornehm, sobald Nikoline in die Nähe kam, wie eben wohlerzogene Frauen, die sich nicht leiden können, nicht gleich aufeinander loskeifen, sondern sich ihre Verachtung durch eine königliche Haltung darzutun wissen. Ganz ohne Maß und von einer geradezu schauerlichen Eindringlichkeit war dagegen ihre Passion für Robert. Sie starrte ihn unentwegt an, ließ ihn keine Sekunde aus den Augen, beobachtete jede seiner Bewegungen und schaute bei allem, was sie selbst tat, sogar beim Fressen und beim Gegenteil, unablässig in sein Gesicht. Sie lachte und schwätzte mit ihm und geriet geradezu in Ekstase, wenn er sie streichelte oder zu sich nahm. Immer versuchte sie, seine Hand, seine Haare oder wenigstens einen Rockzipfel von ihm zu erwischen, und sobald er den Rücken drehte, begann sie jämmerlich zu schreien. Zum Mittagessen war Robert sowieso zu spät gekommen, aber es wäre auch nichts daraus geworden: bei seinem ersten Versuch, das Atelier aus irgendeinem Grund zu verlassen, sprang Colombine trotz der Halskette von dem Schränkchen herunter, baumelte, schrillend und gurgelnd, an der Heizung ein Stück über dem Boden und hätte sich beinahe erwürgt. Robert brachte sie daraufhin zu ebener Erde in der Ecke neben dem Sofa unter, von dem sie sofort einen Stoffstreifen und einige Quasten abriß. Auch dieser neue Standort nutzte ihm nichts: er mußte sich jetzt zu ihr auf die Erde setzen, sonst sprang sie wie eine Wahnsinnige hin und her, gegen die Wand, gegen das Sofa, ja sogar mit dem Kopf voran gegen den Fußboden, so daß Robert ernstlich Angst um sie bekam. Sobald er zu ihr zurückkam, beruhigte sie sich und tat, als ob nichts gewesen wäre. Sie blinzelte ihn dann vertrauensvoll an, indem sie die fleischfarbene Haut ihrer Lider mehrmals ganz rasch und kurz über die Pupille zog, und heftete einen so feuchten, unverhohlen beglückten, ja anbetenden Blick auf ihn, daß er nicht widerstehen konnte. Das Abendbrot nahm er allein im Atelier, auf einem niedrigen Hocker sitzend, in der rechten Hand die Gabel, während er mit der linken kleine Apfel- und Bananenstückchen an Colombine verabreichte. Nikoline hatte an diesem Abend eine Freundin da, und die beiden Frauen aßen im Wohnzimmer allein. Später kamen sie mit einer Flasche Wein herüber und setzten sich neben Robert und das etwas gekränkte Äffchen auf das Sofa. Um den Duft Colombines einigermaßen zu übertäuben, rauchten sie viele Zigaretten, während Robert, aus Furcht, es könne der schwere Rauch für die Lungen des Tieres ungesund sein, sich seine Brasilzigarre verkniff. Er saß nun auf der Sofakante, und das Äffchen, von der Halskette befreit, auf seinem Schoß. »Du wirst wohl deinen Beruf aufgeben müssen«, sagte Nikoline nach einiger Zeit. – »Wieso?« fragte Robert gereizt. – »Wegen Colombine«, sagte sie. – »Unsinn«, sagte Robert. »Die muß sich nur erst ein bißchen eingewöhnen.« – »Aha«, sagte Nikoline, »du willst sie also tatsächlich behalten!« – »Sprich nicht mit mir wie mit einem Untersuchungsgefangenen«, sagte Robert, »und stelle keine Suggestivfragen. Colombine ist das Hochzeitsgeschenk für Georg und seine Braut.« – »Das junge Paar kann sich gratulieren«, sagte Nikoline. – »Kann es auch«, rief Robert. »Ich wollte, man hätte uns ein Äffchen geschenkt statt einer geschmacklosen Blumenvase und einem Sektkühler!« – »Macht denn Georg keine Hochzeitsreise?« fragte nun die Freundin. – »Ich weiß nicht«, sagte Robert verlogen, »und wenn ja, dann nehmen wir eben das Äffchen solange in Pension!« – »So«, sagte Nikoline kühl und landete wieder beim Ausgang des Gespräches: »Dann kannst du solange deinen Beruf aufgeben!« – Robert antwortete nicht und starrte auf seinen Entwurfsrahmen, auf dem immer noch unverändert das Wort ›Bockmist‹ stand. – »Morgen muß ich sehr früh aufstehen«, sagte er nach einer Weile. »Am Nachmittag kommt der Kerl vom Industrie-Klub. Da muß wenigstens etwas angedeutet sein. Vielleicht«, sagte er und räusperte sich ein wenig, »vielleicht schlafe ich gleich hier!« – »Mit Colombine!« sagte die Frau, und die Freundin lachte. Robert überhörte es. »Ich möchte sie gern zeichnen«, sagte er nach einer Weile. – »Für den Industrie-Klub?« fragte Nikoline. – »Du bist unerträglich«, sagte er. »Aber vielleicht kann man wirklich auf dem Industriebild einen Affen anbringen!« – »Als Symbol der freien Wirtschaft!« sagte Nikoline. Das Äffchen schaute sie vorwurfsvoll an und murrte leise. Im übrigen saß es jetzt ganz ruhig und spielte nur manchmal mit zerstreuten Händchen an Roberts Krawatte herum, während es sich mit den Hinterhänden an seinem Gürtel hielt. Es wurde nicht mehr viel gesprochen, und die Freundin verabschiedete sich bald, denn sie spürte, wie sich die Luft im Raum, trotz der großen Dimensionen des Ateliers, in jeder Beziehung mehr und mehr verdickte. Nikoline begleitete sie hinaus, sah nach, ob die Kinder schliefen, und kam dann noch einmal zurück. »Fährtensucher«, sagte sie im Eintreten und wollte fortfahren, aber der machte ihr ein heftiges Zeichen mit dem Kopf und zischte: »Psst!« – Auf den Zehenspitzen kam Nikoline heran. Das Äffchen war eingeschlafen. Zusammengerollt, halb auf dem Rücken, die eine Hand unterm Köpfchen lag es in Roberts Arm, und sein Atem pfiff ganz leise bei jedem Zug. »Eigentlich«, flüsterte Nikoline, »ist es doch sehr lieb!« Robert antwortete nicht. Mit jener leicht komischen Behutsamkeit, die kräftigen Männern eigen ist, wenn sie etwas sehr Zartes tun, hob er Colombine, ohne ihre Lage zu verändern, auf beide Hände und legte sie auf das zerschlissene Deckchen, dem man noch ein altes Kissen und vorsichtshalber eine Gummiplane untergeschoben hatte. Das Tier ließ es ganz still geschehen und rührte sich nicht. Beide betrachteten es eine Zeitlang, wie es kurz, aber regelmäßig atmete. Dann faßte Nikoline Roberts Hand. »Komm«, sagte sie leise, und Robert nickte, schon seinen Körper wendend. In diesem Augenblick schlug

Colombine die Augen auf. Sie tat gar nicht erstaunt, und es sah überhaupt nicht nach Erwachen aus, sondern so, als habe sie sich nur schlafend gestellt und alles, was vorging, ganz genau beobachtet. Sie regte sich kaum und blieb in der gleichen Stellung liegen, aber sie heftete den großen, etwas traurigen Blick bittend, vertrauend und nicht ohne Vorwurf auf Roberts Gesicht. »Wir machen das Licht aus«, flüsterte Nikoline, »dann wird sie schon wieder einschlafen!« – Robert ging zum Schalter, drehte ab. Aber gleichzeitig mit dem Knipsen des Schalters schrie Colombine schrill und jämmerlich auf. Und ehe noch Robert das Licht wieder einschalten konnte, hörte er auch Nikoline aufschreien, der etwas rasend Bewegtes an den Beinen vorbeigefahren war, und im selben Moment spürte auch er schon etwas an seinem Bein, zerrend und reißend an seiner Hose, das Licht flammte auf, und schon sauste das Äffchen an seinen Kleidern in die Höhe, turnte ihm auf die Schulter und klammerte sich um seinen Hals. Vorsichtig, nach minutenlangem Streicheln, brachte er es auf sein Lager zurück und legte ihm nun doch wieder das kleine Halskettchen an. Colombine ließ es sich ruhig gefallen und lächelte ihm zu. Dreimal versuchte er, das Licht zu löschen und mit seiner Frau hinauszugehen: aber sofort begann wieder das Schreien, Weinen, Ziepen, Jammern und Winseln. Robert stand ratlos da. »Ich müßte wenigstens bleiben, bis es wirklich fest eingeschlafen ist«, sagte er. – »Kleine Kinder läßt man sich ruhig einmal ausschreien«, meinte Nikoline. »Sie hören dann schon von selbst auf!« – »Ja«, sagte Robert, »aber kleine Kinder haben mehr Geist und weniger Seele!« Nikoline ging hinaus und kam nach einigen Minuten mit Roberts Decken und Kissen zurück. »Übrigens«, sagte sie dann, während sie ihm auf dem Sofa das Bett zurechtmachte, »was schenken wir denen jetzt wirklich morgen zum Polterabend?« – »Ich weiß noch nicht«, sagte Robert, »vielleicht Colombine!« – Sie zuckte ungläubig die Achseln. »Gute Nacht, Fährtensucher«, sagte sie dann. – »Gute Nacht, Jacobus!« Sie ging. Er lag dann noch lange, beim Schein des Leselämpchens, ausgekleidet auf dem Sofa und beobachtete das Äffchen, das im Bewußtsein seiner Nähe ruhig atmete, zeitweise schlief und nur dann und wann noch mißtrauisch und sehnsuchtsvoll die Augen aufschlug. Schließlich schien es fest eingeschlafen, der Ausdruck seines Körpers und seines kleinen ältlichen Gesichtchens hatte etwas Gelöstes, Gestilltes, Hingegebenes. Nur die eine Hand hielt noch im Schlaf einen Zipfel von Roberts herunterhängender Bettdecke umschlossen. Robert betrachtete es lange, bevor er abdrehte. »Was hast du nur an mir?« sagte er leise und nicht ohne Rührung auf das atmende Körperbündel hinunterschauend. »Was denkst du dir in mich hinein?« sagte er – – »Täusche dich nicht, Colombine! Ich bin wie alle! In drei Tagen werde ich dich verleugnen.«

Die ersten Stunden des nächsten Vormittags genügten, um die Wohnung in ein Schlachtfeld zu verwandeln, auf dem Colombine wie eine Gottesgeißel wütete. Die Morgenluft und das schöne helle Frühlingswetter draußen schienen alle Kräfte der Zerstörung in ihr zu entfesseln. Es begann damit, daß sie, als Robert rasch einmal zum Briefkasten ging, sein noch unbenutztes Frühstückstablett ziemlich gründlich abräumte und dann, bei einem Versuch, Fische zu fangen, das Aquarium, auf dessen Glasrand sie sich geschwungen hatte, von der Fensterbank schmiß. Robert trat gerade ein, und Colombine flog ihm sofort zärtlich und schuldlos an die Brust. Aber der Anblick der überall im Atelier umherschwimmenden Wasserpflanzen und der hilflos am Boden zappelnden Prachtfische brachten ihn zum Überkochen, er schüttelte Colombine wutentbrannt ab und rannte nach ihrer Kette, um sie festzulegen. Sie jedoch ahnte Verrat und entsprang zum erstenmal ihrem Freund, witschte durch die offene Ateliertür in die Wohnung und begann dort, mit ihren Verfolgern ein lustiges Fangspiel zu treiben. Um elf Uhr waren ein Wandbrett mit Küchengeschirr und die Glasflaschen auf Nikolines Toilettentisch zu beklagen, der Kronleuchter, der nicht die Elastizität einer windgeschaukelten Baumkrone hatte, heruntergestürzt, ein Kind in den Finger gebissen, das andere an den Haaren gezaust, mehrere Blumentöpfe vom Fenster gefegt, eine silberne Zuckerdose samt Inhalt in den Hof geworfen, und in der Küche heulte sich Anna, das Mädchen, die Augen aus. Schließlich war es Robert gelungen, Colombinens Verzeihung für alles Geschehene zu erlangen, und sie hatte sich denn auch freiwillig mit ihm ins Atelier zurückbegeben.

Als Nikoline gegen Mittag einmal ins Atelier schaute, war das erste, was sie sah, eine halbgeleerte Flasche Kognak auf dem Zeichentisch und daneben ein Wasserglas. Robert stand vor dem Entwurfrahmen, in einer recht gezwungenen Haltung, das Äffchen schaukelte auf seiner Schulter und wurde von ihm mit der linken Hand am Bein festgehalten. »Wenn ich's an die Kette lege«, sagte er, und seine Stimme klang etwas rauh, »weint es, wenn ich's freilasse, schmeißt's das Aquarium hinunter, und wenn's auf meiner Schulter sitzt, kann ich nicht arbeiten. – Aber«, fügte er hinzu, mit einem schrägen und leicht flackernden Blick, »es geht ihm gut.« – Das Äffchen zwitscherte dazu und zupfte ihn am Ohr und an den Haaren. Nikoline trat näher und sah flüchtig auf den Entwurfrahmen hin. Das Wort ›Bockmist‹ hatte er nun weggewischt, aber sonst war nichts allzu Deutliches zu erkennen. Die Schraffierung im Hintergrund konnte Regen oder auch rußige Fabrikluft bedeuten, und die Umrisse eines Riesenschlots, eines Hochhauses und einer Lokomotive standen ohne Zusammenhang darin umher. »Um fünf kommt der Industrieverein«, sagte Robert mit einem verzweifelten Ton in der Stimme. »Sperr sie doch ein«, sagte Nikoline, »wenn es an ihr liegt. Vielleicht ins Badezimmer!« – »Es liegt nicht an ihr!« schrie Robert und stampfte. Er schrie ohne Rücksicht auf Colombine, die ihm entrüstet auf die Nase schlug. »Ich kann den Dreck nicht machen!« schrie er. »Es geht einfach nicht, ich kann das nicht auf Kommando, ich will auch gar nicht, was geht mich das alles an, ich huste auf die ganze Wirtschaft, ich habe nichts damit zu schaffen, was ist denn das für eine belämmerte Religion!« Er ging drohend auf Nikoline zu, das Äffchen fletschte die Zähne. »Ist das vielleicht eine Religion?« fragte er herausfordernd. – »Nein«, sagte Nikoline, »das behauptet auch niemand.« – »Doch!« fauchte Robert. »Die behaupten das! Für die ist Wirtschaft eine Religion! Für mich nicht!!« schrie er. –

»Dann laß es doch sein!« sagte Nikoline, immer noch sehr ruhig. – »Und die dreitausend Mark?!« rief Robert und warf sich rücklings auf das Sofa, strampelte mit den Beinen. Colombine war voll Entsetzen über diesen Ausbruch brutaler Verzweiflung von ihm weg und auf einen Stuhl gesprungen, dort richtete sie sich auf die Hinterhände auf, starrte ihn an und jammerte laut. Nikoline trat zu Robert hin. »Fährtensucher«, sagte sie sehr lieb. »Stell dich doch nicht so an. Wenn du's nicht machen kannst, dann läßt du's bleiben. Verreisen können wir trotzdem. Du machst dann einfach Zeichnungen für den ›Uhu‹ und die ›Illustrirte‹. Wahrscheinlich kauft auch Bergius deine ›Spielenden Fische‹. Er kommt doch nächste Woche her!« Robert richtete sich auf und sah düster vor sich hin. »Du, Schnauzbart«, sagte er nach einer Weile und sah auf das Äffchen hinab, das nun zu seinen Füßen saß und sich in unzweideutigem Liebesbedürfnis am Knöchel über seinem Halbschuh rieb. »Ich glaube, wir können sie doch nicht behalten. Sie macht mich ganz krank.« Er stand auf, ging, von Colombine auf dem Fuße gefolgt, zum Zeichentisch, schüttete Kognak in das Wasserglas und trank einen Schluck. »Sie hat mich zu gern«, sagte er. »Es geht nicht. Ich müßte wirklich meinen Beruf aufgeben.« Colombine sprang auf den Tisch und versuchte, ihm das Glas aus der Hand zu nehmen. »Nein«, sagte Robert, »es geht nicht. Ich kann ihr nicht widerstehn. Sieh nur, wie sie mich anschaut!« – »Meinst du«, sagte Nikoline zögernd, »wir sollten sie denen wirklich als Hochzeitsgeschenk mitbringen?« – »Warum nicht?« sagte Robert. »Die haben noch keine Kinder, aber drei Dienstboten, und die Person« – damit meinte er die Braut seines Freundes –, »die Person hat ja überhaupt nichts zu tun! Dort wird sie's gut haben.« – »Aber die Liebe!« sagte Nikoline. – »Die Liebe höret nimmer auf«, erwiderte Robert rätselhaft. »Außerdem können wir jetzt gar nichts anderes mehr kaufen. Sie hat hundertfünfzig Mark gekostet.« Er streichelte das Äffchen, das sich vertrauensvoll in seine Hand schmiegte. »Wie du meinst«, sagte Nikoline und lächelte ein wenig. – »Na«, meinte Robert, »ich werd mir's noch überlegen. Das Essen läßt du mir rüberbringen, ich will durcharbeiten.« Er nahm Colombine auf die Schulter und schritt zum Entwurfrahmen zurück. »Ich kann sie auch nicht allein lassen«, fügte er noch hinzu. Dann packte er einen großen Kohlestift, als wolle er damit zum Bajonettangriff vorgehen.

Um fünf Uhr pünktlich schellte es bei Maler Robert Rottenbach an der Flurtür. Zwei Herren in dunklen Mänteln und mit runden harten Hüten auf dem Kopf standen draußen. Das Mädchen ließ sie gleich ins Atelier eintreten, ohne daß sie vorher ablegten, denn es gab drinnen einen Kleiderständer für kurzfristige Besucher. Nikoline hatte sich nicht blicken lassen, sie war damit beschäftigt, sich im Badezimmer die Haare zu waschen, um abends bei der Hochzeitsgesellschaft in besonders festlichem Blond zu strahlen. Nach kurzer Zeit schien es ihr, als höre sie aus dem Atelier laute, erregte Stimmen und seltsam heftige Geräusche, wie wenn auf den Tisch geschlagen oder mit harten Gegenständen geworfen werde. Neugier und Sorge trieben sie im Frisiermantel und mit offenen Haaren auf den Gang hinaus und vor die Tür des Ateliers. Drei Stimmen erschollen gleichzeitig, zwei davon in tiefen, begütigenden Untertönen, während die dritte, die Roberts, das Terzett beherrschte und allzu laut, etwas übertrieben, ja geradezu betrunken klang. Unbekümmert um die Wirkung, um Zustimmung oder Widerspruch, schien er von seinem eigenen Redestrom berauscht und war offenbar gerade auf einem rhetorischen Höhepunkt angelangt, den er durch Faustschläge gegen den Entwurfrahmen kenntlich machte. »Bitte sehr«, hörte man ihn brüllen, »wenn Sie von mir Ihre Wand bemalt haben wollen, dann kriegen Sie einen Wald voll Affen! Einen Urwald mit lebenden Affen kriegen Sie von mir, hier ist die Skizze, an der ich einen vollen Monat Tag und Nacht gearbeitet habe! Wenn Sie wollen, kann ich Ihnen auch noch die Lieblingsorchideen Ihrer Verhältnisse hineinmalen, oder den Wellensittich Ihrer Frau Gemahlin, das ist für Ihre Industrieangestellten erhebender als ihr bescheidenes Alltagsleben oder die traurigen Symbole eurer anrüchigen Wirtschaft! Jawohl!« Er hob die Stimme noch mehr, ja er schien jetzt mit Genuß zu predigen. »Bauen Sie doch endlich den finsteren Aberglauben ab«, donnerte er, »daß die Wirtschaft etwas Großartiges sei! Großartig ist der Mensch und die Natur, und die Wirtschaft hat eine untergeordnete, dienende Funktion! Sie hat überhaupt erst einen Sinn, wenn sie der menschlichen Freiheit dient! Jawohl!!!« In diesem Augenblick entstand drinnen ein furchtbares Gepolter und Gerumpel, von Ausrufen und Wutschreien und von dem lauten, sieghaften Kreischen Colombines durchgellt. Nikoline öffnete ein klein wenig die Tür und schaute durch den Spalt: drinnen bot sich der Anblick einer vollendeten Katastrophe. Der Entwurfrahmen war umgestürzt und lag am Boden, daneben die fast geleerte Kognakflasche und das zerbrochene Glas. Colombine sauste, mit einem runden, dunklen Gegenstand in der Hand, über Tische, Stühle, Schränke und Bilder, Robert und die beiden Herren im Tempo der wilden, verwegenen Jagd hinterher, und jetzt turnte das Äffchen mit rasender Schnelligkeit an der langen Gardinenschnur hoch, die vom geöffneten Oberlichtfenster herabhing. Gleich darauf prallte Nikoline zurück und wurde fast von den beiden Herren überrannt, die, ihre Mäntel auf dem Arm, in wutschnaubender Hast das Atelier verließen. Der zuerst Herausstürmende bemerkte sie gar nicht, während der zweite vor ihr, die nicht mehr rasch genug entweichen konnte und ihren Frisiermantel mit den Händen über der Brust zuhielt, eine verlegene Verbeugung machte und dann, unverständliche Worte murmelnd, dem Vorausgeeilten folgte. Nun trat Robert aus dem Atelier und hielt die immer noch aufgeregt schnatternde Colombine an die Brust gedrückt. Er strahlte. »Sie hat dem Speckhals seinen Hut weggerissen«, sagte er, »und durchs Oberlicht auf die Straße geworfen!« Er lachte dröhnend. »Die Brüder bin ich los!« – Nikoline schaute ihn an: sein Kopf war etwas gerötet, und er schwitzte. »Schau«, sagte er, »was ich denen gemalt habe!« Er richtete den Entwurfrahmen wieder auf. An Stelle der Schlote und Hochhausgerüste war mit Farbstiften ein merkwürdiges Geflecht von Urwaldbäumen und Schlinggewächsen hingeworfen, darinnen sich Colombine in vier oder sechs verschiedenen Stellungen und Größen tummelte. »Colombine hat die Situation gerettet«, sagte er. »Ich habe nämlich furchtbare Reden geschwungen!« Erschöpft und leise schwankend, schritt er durchs Atelier, setzte sich auf einen Stuhl. »Die dreitausend Mark sind mir wurscht«, sagte er. »Aber...« Er redete nicht weiter und begann für das Äffchen eine Banane zu schälen.

Während der nächsten beiden Stunden verhielt sich Colombine ungewöhnlich ruhig. Es war, als spüre sie den drohenden Abschied, die Trennung, die Veränderung. Sie atmete kurz und schwer, sah Robert unablässig mit traurigen Augen an und schien in ihr Schicksal ergeben, wie wenn jemand weiß, daß es kein Handeln gibt und daß er den Mächten, auf die er vertraut, nur blindlings gehorchen kann oder am Widerstand zugrunde gehen. Robert wich nicht von ihr, er fütterte sie, streichelte sie, schwätzte mit ihr, und oftmals hatte er sie dicht an seinem Gesicht, bohrte den Blick in ihre Pupillen und lauschte an ihrem Herzschlag, als wolle er ihr Geheimnis herauszwingen. Schließlich stand er auf. »Schluß jetzt«, sagte er und ging hinüber, um seinen Smoking anzuziehen, denn es war schon halb acht, und auf acht Uhr war man zum Polterabend geladen. Colombine hockte still und verstört in ihrer Ecke.

Nun hatte Roberts Frau die unwandelbare Eigenschaft, wenn man eingeladen war oder ins Theater wollte oder überhaupt bei abendlichen Anlässen irgendwelcher Art, mit dem Ankleiden nicht fertig zu werden, und zwar völlig unabhängig davon, ob sie zu einem frühen oder späten Zeitpunkt damit angefangen hatte. Nicht daß sie sich etwa in besonders übertriebener Weise herrichtete oder eine unmäßige Zeit vorm Spiegel verbrachte. Im Gegenteil: das eigentliche Fertigmachen, das Frisieren, Anziehen und der ganze äußere Aufputz, was Robert das »Überholen der Karosserie« nannte, ging in verhältnismäßig klar gegliederten und zielbewußt durchgeführten Etappen vor sich. Aber es waren unsichtbare Mächte am Werk, innere Widerstände, heimliche Geister der Opposition oder die Gespenster längst verblichener Gouvernanten, die sie mit der Gewalt von mystischen Erleuchtungen plötzlich dazu trieben, in Haarnetz und Strümpfen, sonst ziemlich unbekleidet, ihre Haushaltungsbücher durchzurechnen oder einen achtseitigen Brief zu schreiben. Merkte sie dann plötzlich, daß es viel zu spät war, dann brach eine furiose Tätigkeit aus, bei der alle Familienangehörigen, außer Robert, das Mädchen, die Kinder, ja sogar die Portiersfrau zu Dienstleistungen und Handreichungen herangezogen wurden. Die bösen Geister hatten in solchen Augenblicken viele notwendige Dinge auf raffinierte Weise versteckt, und es entstand ein wildes, regelloses Suchen in sämtlichen Schubladen und Schrankfächern der Wohnung, etwa nach dem einzigen Paar zu dem Kleid passender Handschuhe, dem Täschchen, der Bernsteinkette, den Überschuhen, der Haarspange, dem Schal und zum Schluß sogar nach dem Taschentuch und der Puderdose. Robert wurde in solchen Fällen militaristisch und erklärte seiner Frau mißbilligend, man merke wieder einmal, daß sie nicht gedient habe. Dauerte es sehr lang, begann er sogar den Weltkrieg zu preisen und den enormen erzieherischen Wert eines nächtlichen Alarms, eines feindlichen Durchbruchs und eines ungeregelten Rückzugs. Diese Gedankenverbindung lag allerdings nah, denn beim Verlassen der Wohnung glich das Ankleidezimmer einer unter Granatfeuer evakuierten Stadt: verstreute Kleidungsstücke, ausgeschütteter Puder und die aufgerissenen Schrank- und Kastentüren kennzeichneten den Fluchtweg. Im Lauf der Jahre war es zu einer starren Konvention geworden, daß Robert eine gute halbe Stunde vor dem notwendigen Zeitpunkt des Aufbruchs, ohne sich erst lange vom Stande der Dinge zu überzeugen, zu schimpfen und zu brüllen begann, er tat dies rein gewohnheitsmäßig und ohne Leidenschaft, so wie man einem Droschkengaul, auch wenn er von selbst läuft, »Hüh« zuruft, weil er nervös wird, wenn der gewohnte Laut ausbleibt. Nikoline rechnete so sicher mit diesem Gebrüll aus dem Nebenzimmer wie mit dem Amen in der Kirche, und es ersetzte ihr geradezu die Uhr: sie wußte, wenn Robert schrie, es seien nur noch fünf Minuten und er ginge jetzt, konnte man bequem mit einer kleinen halben Stunde rechnen. Heute blieb nun, obwohl das Suchen und Springen in ihrem Ankleidezimmer einen besonderen Grad von Turbulenz erreichte, das Gebrüll Roberts, der Ausbruch seines militärischen Wortschatzes und seiner versteckten Korporalsgelüste, vollständig aus. Nikoline war geradezu beunruhigt und begann sich wirklich zu eilen. Als sie, schon fertig angezogen, in Roberts Schlafzimmer schaute, sah sie ihn, im Smoking, mit dem Hut auf dem Kopf, auf seinem Bettrand sitzen, eine Flasche Mosel neben sich, aus der er ohne Glas getrunken hatte, und das Äffchen, das er in sein seidenes Halstuch gehüllt hatte, an seiner Brust. »Schau sie mal an«, sagte er. »Ich weiß nicht, was mit ihr ist. Glaubst du wirklich, daß sie es ahnt und deshalb trauert?« Colombine hockte ganz still und hatte ein merkwürdig versunkenes Gesicht, so als lausche sie auf Vorgänge in ihrem Innern. »Vielleicht hat sie Bauchweh«, sagte Nikoline, »du hast ihr sicher zuviel Obst gegeben.« In diesem Moment erscholl ein Geräusch, das Nikolinens Theorie ohne jeden Zweifel bestätigte. Und gleichzeitig fuhr Robert hoch. »Verflucht!« sagte er. »Die Weste! Das Hemd auch! Ich muß das Hemd wechseln!« Er setzte Colombine mitsamt dem gleichfalls besudelten Seidenschal in ein Waschbekken, wo sich der bedauerliche Vorfall prompt wiederholte, und begann, mit den Zähnen knirschend, den Kragen und das mühsam festgezimmerte steife Hemd zu öffnen. »Wenn ich das gewußt hätte«, sagte Nikoline, ohne zu bedenken, daß es ohnehin schon um zwanzig Minuten zu spät war, »hätte ich mich nicht so furchtbar zu eilen brauchen.« – Robert arbeitete wie ein Klempner an seinem frischen Frackhemd. »Und ich dachte«, sagte er keuchend, »sie habe Seelenkummer! – Aber vielleicht ist es beides«, tröstete er sich. – »Es war kein edler Abschied, Colombine – aber du hast ihn mir immerhin erleichtert.«

Am Nachmittag war es schon recht warm gewesen, und jetzt dampfte die Stadt aus allen Poren der Steine und des Asphalts in eine dunkelblaue, klare Nacht hinauf. Mitten im aufgelockerten Dunst von Benzin, Menschenbrodem, Parfüm und Straßenstaub roch es plötzlich nach Frühling. Feuchte Luftschauer mit Knospen- und Wurzelhauch strichen vom Tiergarten her. Die volle runde Mondscheibe, vom Stadtrauch getrübt, schwamm dunkelfärbig wie eine durchgeschnittene Blutorange ganz tief und schwer über den westlichen Dächern. Die rasch abkühlende frühe Nacht verstärkte alle Geräusche und regte sie mächtig auf: die Stadt hallte von Autohupen, Zeitungsausrufern, Trambahnsignalen und dem Rollen der ober- und unterirdischen Bahnen, als stünde sie auf einem neuen, riesigen, weitschwingenden Resonanzboden. Selbst die Schritte der Fußgänger knallten lauter und pochten wilder durch die stilleren Straßen, ja die Erde schien unter dem Pflaster zu klopfen, zu hämmern, zu stoßen, zu rumoren. Es wäre kein Wunder, wenn an einem solchen Abend der Asphalt großer Plätze, von unten tausendfach durchbohrt und gesprengt, sich mit einer wuchernden Grasnarbe bedecken, Maulwurfshaufen zwischen den Gleisen der Trambahn aufspringen, Schmelzbäche, laternen- und pfeilerknickend, von den Treppen der Bahnhöfe herab über die Bürgersteige brausen würden, um in den Schächten der U-Bahn zu vergurgeln. Als Robert und Nikoline in einer Taxe durch den Tiergarten fuhren, schrien die Amseln, nur sich selbst hörend, unbekümmert um das Getöse der Stadt. Robert hatte das Fenster heruntergedreht und schnaufte die Luft ein. »Es ist ganz gleich«, sagte er zu Nikoline, »ob wir verreisen können oder nicht. Schön ist es überall, wo man gern ist. Wozu in die Natur? Wo du hinspuckst, ist lauter Natur! Diese Stadt ist herrlich! Mir ist ja so wohl«, sagte er und reckte die Glieder, »daß ich den Industrie-Klub los bin!« Er sang ein paar Töne von irgendeiner Melodie und schaute auf Colombine hinunter, die man nun vorsichtshalber in einer vom Portier rasch beschafften großen Weinkiste untergebracht hatte. Die Kiste stand im Auto vor ihren Füßen, und es war ein altes Tuch drübergespannt, an dessen Löchern Colombine schon eifrig herumbohrte. »Wart nur«, sagte Robert, »wenn wir dort sind, dann kommst du wieder raus!« Er lachte bübisch. – »Ich habe das Gefühl«, sagte Nikoline, »du wirst dich heute abend besaufen!« – »Nein«, sagte Robert, »bin schon besoffen!« Das stimmte aber nicht, er war nur etwas angerauscht und aufgeräumt. Um zu einem richtigen Rausch zu kommen, brauchte er schon einige Zeit und beträchtliche Mengen. Nikoline sah ihn besorgt von der Seite an. »Bitte«, sagte sie, »laß das Äffchen nicht gleich im Empfangszimmer los. Es wäre kein guter Witz. Das Tier muß es büßen!« Robert senkte beschämt den Kopf. »Du hast recht«, sagte er. »Ich habe mit dem Gedanken gespielt. Es wäre natürlich verfehlt. Man kann das dem Tier nicht antun. Nein«, sagte er und sprach wieder zu Colombine hinunter, »du bleibst an deinem Kettchen, und ich bringe dich irgendwo unter, wo du deine Ruhe hast.« Colombine hatte inzwischen ihr Ärmchen durch das größte Loch in dem Tuch gezwängt und streckte unter leisem, eindringlichem Ziepen die Hand nach ihm aus. Er reichte ihr seine Hand, und sie hielt sie nun, ohne sich weiter zu regen, heiß umklammert, bis sie vor dem festlich erleuchteten Haus in der alten Privatstraße ankamen. Ein Hausdiener stand vorm äußeren Eingang und regelte die Auffahrt der Autos. Die meisten schienen allerdings schon da zu sein, denn in stolzer Zeile parkten viele prachtvolle Privatwagen am Gitter der Vorgärten entlang. Einige wenige Nachzügler schlurrten noch herbei, stolperten eilig die hell beleuchtete Freitreppe hinauf und ließen sich von den weiß behaubten Mädchen in die Garderobenräume führen. Dieser Polterabend stellte die eigentliche gesellige Hochzeitsfeier des jungen Paares dar: die Trauung selbst wollte man anderntags draußen im Landhaus und nur im engsten Familienkreis begehen. So war heute alles geladen, was dem Bräutigam oder der Braut, ihren und seinen Eltern und Verwandten irgend nahestand, hauptsächlich aber, außer der näheren und ferneren Familie, die Leute, mit denen die Brauteltern gesellschaftlichen Verkehr pflegten, vermutlich also sehr feine Leute, bestimmt aber sehr reiche. Auch fehlten nicht einige Kapazitäten und Têtenreiter aus Georgs Berufskreisen, berühmte und berüchtigte Anwälte mit ihren berühmten und berüchtigten Gattinnen, sogar ein paar höhere Akademiker waren da, denn Georg hatte seine Laufbahn als Assistent eines großen Staats- und Völkerrechtslehrers begonnen. Georgs Eltern, die als kleine Wein- und Obstgutsbesitzer in einem pfälzischen Dörfchen lebten, waren auch herbeigeholt worden und hatten einige der nächsten Verwandten, vor allem Georgs verheiratete

Schwester und deren Mann, mitgebracht. Vom Lagerfeuer waren außer Robert nur zwei der bedeutendsten Schürer und Oberheizer eingeladen, ein älterer, dicker und etwas verrückter Regisseur, der jedes Jahr in einem anderen Stadtteil eine Bühne übernahm und sofort verkrachte, weil er persönlich viel zu nett war, um ein Theater leiten zu können – und ein junger Arzt, der als riesig begabt galt, aber mit seiner Praxis nicht vorwärtskam, weil er mit seinen Patientinnen immer gleich Verhältnisse anfing und deshalb aus den Komplikationen und Wirrnissen gar nicht mehr herausfand. Der Regisseur hieß mit seinem Kriegsnamen (andere wurden am Lagerfeuer nicht gebraucht) nach einer berühmten Karl May-Figur ›Tante Droll‹, und den Arzt nannten sie ›Yorrik, den Piraten‹. Robert selbst wurde mit dem klingenden Häuptlingsnamen ›Tokvi Kava, der schwarze Mustang‹ oder auch der ›Schrecken der Bleichgesichter‹ gerufen. Zu bemerken ist noch, daß das Lagerfeuer nur aus gewichtigen Männern bestand: es wog kaum einer der Zugehörigen unter hundertsiebzig Pfund, die meisten aber mehr als hundertachtzig. Sie aßen und tranken gern, und dies war ein unentbehrliches Charakteristikum ihrer Sinnes- und Geistesart. Außer den Lagerfeuerfreunden waren als Outsider noch einige bekannte Musiker, die im Haus der Schwiegereltern verkehrten, und eine sehr hübsche und prominente Schauspielerin, der Georg ihre nie abreißenden Prozesse führte, unter den Gästen.

Das Haus stand im alten Westen und war eines jener noblen, stillen Gebäude aus der gediegenen reichen Bürgerzeit. Innen aber war es vor wenigen Jahren völlig renoviert worden, unter Hinzuziehung der modernsten Architekten, Maler, Einrichtungskünstler. Man hatte zwar übertriebene oder einseitige Stilexperimente vermieden, aber es war in geschickter Anordnung alles untergebracht, was in der letzten Zeit als modern oder geschmackvoll galt. Indirektes Licht, großflächige, helle Wände, glattpolierte Holzfüllungen, eingebaute Kamine, in denen man echte Buchenscheite verheizte, zweckhafte Möbel aus Holz, Glas oder Nickel, nur alle etwas zu groß in den Dimensionen; wenige Bilder, gut aufgehängt, hauptsächlich Originale von

Slevogt und Kokoschka; in den Ecken lauerten gotische Madonnen, und der Wintergarten war von einem berühmten Meister phantastisch ausgemalt. Kurzum: es war, wie Robert sich auszudrücken pflegte, zum Kotzen geschmackvoll, und man konnte sich dem Eindruck nicht entziehen, daß man bei längerem Aufenthalt in diesen Räumen der unheilbaren Bleichsucht oder einer lebenslänglichen Melancholie verfallen müsse. Die Gäste hatten sich im vorderen Empfangszimmer versammelt, das an den Wintergarten anschloß, während in den hinteren Räumen die Speisetafeln, jede etwa für zehn Personen gedeckt, aufgestellt waren. Der Speiseraum wurde von dicken gelben Kerzen beleuchtet, und es lag ein sehr kostbarer Duft von verbrennendem Wachs und von den vielen Tulpen und Narzissen der Tischdekoration, noch von keinem Speisengeruch verdorben, in der Luft. Obwohl Robert Colombine am Halskettchen festhielt und sie untenher jetzt in einen Plaid gewickelt hatte, gestaltete sich sein Auftritt mit ihr zu einer kleinen Sensation. Während die Herren mit hochgezogenen Augenbrauen und etwas peinlich berührt zu ihm hinschauten, drängten sich von allen Seiten die Damen herbei, um das Tier zu bewundern und zu liebkosen. Colombine, durch einen solchen Ansturm von Massenzärtlichkeit und fremden Gerüchen außer Fassung gebracht, verhielt sich zunächst still und hockte ganz erstarrt, aber gerade als Robert sich schließlich zum Brautpaar und den hausherrlichen Schwiegereltern durchgeschlagen hatte, machte sie einen entschlossenen Ausbruchsversuch und begann verzweifelt und durchdringend zu kreischen. Robert konnte sie zwar am Halskettchen festhalten, aber sie hielt auch ihn fest, und zwar an seiner Smokingkrawatte. »Ihr werdet Freude an ihr haben«, röchelte Robert, während sich die Krawatte in einen langen, halswürgenden Strick verwandelte. »Sie ist vollständig zahm!« Colombine bekräftigte das durch Kettenrasseln und wilde dämonische Grimassen, wobei es ihr gelang, sich von dem Plaid zu befreien und die Hinterhände in Roberts Weste einzukrallen. Robert schaute in die Gesichter der Beschenkten: Georg war ziemlich erstarrt, während Lenina, die Braut, in ein schallendes, etwas hysterisches Gelächter ausbrach. »Süß«, rief sie immer wieder, »einfach süß!« Beide hüteten sich wohlweislich vor einer sofortigen Übernahme der Morgengabe. »Ich glaube«, sagte Robert und deutete auf den großen Tisch im Hintergrund, auf dem Hochzeitsgeschenke in allen Größen und Werten aufgebahrt lagen, »hier ist sie nicht ganz am Platz. Habt ihr irgendeinen stillen Ort, wo man sie vorläufig unterbringen kann?« – »Komm«, sagte Georg nur und schritt energisch voraus. Robert folgte, durch das Zimmer mit den gedeckten Tafeln hindurch, an einer Reihe von Serviermädchen vorbei, die gerade mit gefüllten Sektbechern auf silbernen Tabletts aufmarschierten, dann durch einen langen Gang, der die vordere mit der rückwärtigen Wohnung verband und der von den vielfachen Gerüchen der Küche erfüllt war. »Neben der Küche ist ein Badezimmer fürs Hauspersonal«, sagte Georg. »Da wird er am besten bleiben.« – »Er? Wer?« fragte Robert. – »Der Affe«, sagte Georg mit einem erstaunten und etwas gereizten Ton. – »Es ist ein Weibchen«, belehrte ihn Robert. »Sie heißt Colombine.« – »Ach, wie nett«, erwiderte Georg und öffnete die Badezimmertür. Die Wanne war mit Wasser und schwimmendem Eis gefüllt, und es lagen viele Weinflaschen darin. »Die Leute müssen natürlich hier aus und ein gehen«, sagte Georg. – »Das macht nichts«, meinte Robert. »Du mußt ihnen nur sagen, daß sie sie nicht losmachen. Vielleicht binden wir sie an den Heizkörper fest und legen die Decke hierher!« Er brachte Colombine, die seinen Arm eisern umklammert hielt und absolut nicht von ihm lassen wollte, in der Ecke zwischen Klosett und Heizung unter. »Erdnüsse und Bananen haben wir mitgebracht«, sagte er und entleerte ein Paket, das er unter den Plaid geklemmt hatte. »Und ein Schälchen Wasser läßt du ihr hinstellen, aber nicht zu kalt!« – »Natürlich«, antwortete Georg etwas nervös, denn er wollte rasch zur Gesellschaft zurück. Robert sah Colombine an, die beide Hände nach ihm ausstreckte und schwieg. »Ich glaube, je rascher ich weggehe, desto besser ist es«, sagte er, »sie hängt nämlich schon sehr an mir, obwohl wir uns erst seit gestern kennen!« – »Ja, komm nur!« sagte Georg und zog ihn hinaus. Als sie die Tür hinter sich geschlossen hatten, ging drinnen ein schrilles Jammern und Klagen los. Sie schritten hastig den Flur entlang. »Übrigens«, sagte Georg unmittelbar vor ihrem Eintritt in die vorderen Räume, »ich dank dir schön!« Robert sah ihn an. »Es ist etwas Lebendiges«, sagte er, »und ich denke, solange ihr keine Kinder habt –« Georg lachte: »Es ist wenigstens eine ganz gute Vorbereitung darauf!« – »Oh«, sagte Robert, »Kinder sind gar nichts dagegen! Um das Äffchen muß man sich wirklich ein bißchen kümmern!«

Als sie hereinkamen, wurde gerade zu Tisch geführt. In feierlichem Aufzug betrat man paarweise den Speisesaal, die beiden Elternpaare, wechselseitig vertauscht, vornean. Der alte Kulp mit seinem frischen roten Gesicht unter dem weißen Haarschopf wirkte gar nicht bäurisch, sondern viel eher wie ein Edelmann von altem Schlag unter all den reichen Leuten aus der neuen Stadt. Er führte mit Grandezza die Brautmutter, die den feierlichen Gang durch einen tänzelnden, wiegenden Schritt ironisierte, um ja nicht etwa hausfraulich, unzeitgemäß oder gar bürgerlich zu wirken. Überhaupt galt merkwürdigerweise in diesen Kreisen das Wort und der Begriff ›bürgerlich‹ als größter Schimpf, demgegenüber aber nicht mehr, wie in früheren Zeiten, als Wunschvorstellung der Adel des Blutes oder Geistes stand, sondern eine allgemeine, unklare und unverbindliche Libertinage, von der sich niemand ein ehrliches Bild machen konnte. Das Ideal dieser Gesellschaft war, aller Hüllen entkleidet, der erfolgreiche Hochstapler, und im Grunde genommen wollte jeder für sich allein, ganz ohne Bindung an das Gesetz und das Schicksal seiner Kaste, eine unabhängige ›Persönlichkeit‹ darstellen. Gerade dadurch aber trug das Antlitz dieser Schicht einen so besonders unpersönlichen, charakterlosen und genormten Zug. Leute wie die Kulps aus der Pfalz, die noch sich selbst, ihre Gewohnheiten, Sitten und Wesensgrenzen ernst nahmen, stachen von der glatten, traditionslosen Oberfläche dieser Gesellschaft ab wie echte Bilder von glänzenden Öldrucken und hatten in der altväterlichen Würde ihrer Kleidung und Haltung etwas geradezu Junges, Frisches und Lebensvolles.

Der mittelste Tisch war für die jüngeren Leute bestimmt.

Dort saß das Brautpaar mit Georgs Schwester und Schwager, und nach rechts und links gruppierte sich das Lagerfeuer. Der ›Tante Droll‹ hatte man ein sehr junges und farbloses Mädchen aus reichem Hause beigesellt, das zur Bühne wollte und immer auf der Jagd nach Beziehungen war – Yorrik, der Pirat, führte eine junge Frau, Cousine der Braut, der das Bedürfnis nach deftigen Redensarten und lockeren Tischgesprächen im Gesicht geschrieben stand – Nikolinens Tafelnachbar war ein Cellist von der Staatsoper, der ihr gleich erzählte, er habe nicht zu Mittag gegessen, um jetzt mehr stopfen zu können – und Robert hatte die Schauspielerin Nona Schmitt, auf deren von illustrierten Blättern und von Premieren bekannte Erscheinung sich viele Blicke richteten.

Die Freunde vom Lagerfeuer hatten ihren Becher Sekt mit einem Zug geleert und schauten sich, während die klare Schildkrötensuppe serviert wurde, suchend und verlangend nach allen Seiten um. Robert, der Georg am nächsten saß, stieß ihn verschiedentlich mit der Stiefelspitze ans Schienbein und deutete dabei mit dem Todeszeichen der römischen Cäsaren – Daumen nach unten – der Reihe nach in die vielen schönen, aber leeren Gläser, die vor ihm standen. Georg jedoch schien nichts zu bemerken und unterhielt sich angelegentlich mit seinem Schwager aus der Pfalz. Schließlich ging Tante Droll zur direkten Methode über. »Sag mal, Georg«, sagte er, »wann bekommen wir nun endlich was zu trinken?« – »Es gibt vier verschiedene Weine und Pommery«, sagte Georg, »und ihr sollt heute überhaupt nicht so viel saufen!« – »Wieso«, sagte Robert, »wer heiratet hier, wir oder du? – Du sollst heute nicht so viel saufen, wir nicht!« Noch bevor Georg, der von einer auffälligen und ihm sonst gar nicht artverwandten Gereiztheit war, antworten konnte, beugte sich Lenina, die Braut, zu den Freunden vom Lagerfeuer vor. »Ich habe das kommen sehen«, sagte sie, »und habe dementsprechend vorgesorgt. Robert, nehmen Sie mal die mittelste der drei Wasserkaraffen und riechen Sie daran!« Robert tat's, und sein Gesicht verklärte sich. »Helene«, sagte er, denn er vermied es, teils aus Bosheit, teils aus Taktgefühl, sie Lenina zu nennen, »Sie sind doch ein ganz famoses Mädchen.« – »Hast du etwa daran gezweifelt?« sagte Georg scherzhaft. – »Natürlich«, erwiderte Robert, während er sich, den Freunden und der Schauspielerin Nona Schmitt aus der Karaffe in die Wassergläser goß. »Wodka«, sagte er und setzte an. Er nahm einen Schluck und schnalzte befriedigt. »Das ist gut für die Nerven«, sagte er zu Nona Schmitt und prostete ihr zu. – »Nein«, sagte die Schauspielerin, der das alles zu glatt ging. »Ich möchte ein Pilsener Bier!« – »Hörst du, Georg!« sagte Robert und stieß mit den Freunden an. Georg tat, als höre er nichts. »Ich will ein Pilsener Bier haben«, sagte Nona Schmitt mit der Miene des schmollenden Trotzköpfchens. Da ihr nun aber wirklich niemand mehr zuhörte und sich das ganze Lagerfeuer in lauten sachverständigen Äußerungen über die Qualität des Wodkas erging, brach sie die Szene ab und ergab sich gleichfalls dem klaren Feuerwasser.

Mittlerweile war die Suppe abserviert worden, und die Moselgläser wurden gefüllt. Aus der rückwärtigen Tür strömte die feierliche Prozession der Serviermädchen – es war nämlich eine Besonderheit des Hauses, daß nur von Mädchen, niemals von Kellnern, bedient wurde. – Das heftige Rot der Hummerscheren und der zarte Fleischton aus den geöffneten Schalen leuchtete von den Schüsseln, die sie auf der flachen Linken trugen. In einem völlig unpassenden Augenblick klopfte der Hausherr ans Glas. Es entstand eine ärgerliche Stille, in der man die noch ungesättigten Mägen knurren zu hören glaubte.

»Liebe Freunde und Verwandte«, begann er im kühlen Tone eines Vorsitzenden und Mitglieds unzähliger Aufsichtsräte, »es ist mir eine herzliche Freude, euch alle an diesem unserem festlichen Vorabend in meinem Hause willkommen zu heißen. – In dieser Stunde der Not, die uns allen die schwersten Opfer auferlegt«, er stockte einen Moment und fixierte nervös die Serviermädchen, die wie zum Appell in Reih und Glied an der Wand standen, »in dieser Zeit der Weltwirtschaftskrise, die arm und reich in gleicher Weise heimsucht«, wieder stockte er eine Sekunde, und Robert äußerte schon zu seiner Nachbarin die Befürchtung, er sei in eine falsche Rede gekommen, »ist es«, fuhr der Redner fort, und seine Stimme bekam Fanfarenklang, »ein ungewöhnliches und ganz besonderes Glück, ein solches Freudenfest feiern zu können, wie es der Himmel uns heute beschieden hat. Denn was gibt es für uns Eltern Schöneres und Wünschenswerteres als das Glück und das Wohlergehen unserer geliebten Kinder?« ... Im Verlauf der folgenden Sätze, die sein Ohr aufnahm, ohne sie dem Bewußtsein weiterzugeben, beobachtete Robert das Brautpaar. Während Georg mit leicht gerunzelter Stirn, ernsthafter Miene und etwas verträumten Augen vor sich hin schaute, hatte Lenina den Kopf tief gesenkt und schien sich zu schämen. Robert fand, nicht nur des Wodkas wegen, daß sie eigentlich ein sehr klares menschliches Gesicht habe und daß er ihr manches in Gedanken abbitten müsse. Plötzlich horchte er auf, und auch die andern hoben die Köpfe: in eine jener merkwürdig abrupten Pausen hinein, in denen der Redner sich auf den Gegenstand seiner Ansprache zu besinnen schien und die eine lastende Stille verursachten, hörte man einen fernen, leisen, doch ungewöhnlich penetranten Laut. Robert suchte Nikolinens Blick, die tröstend nickte, aber doch vorsichtshalber den Finger auf die Lippen legte. ›Das arme Vieh‹, dachte Robert und beschloß, sofort nach dem Hummer dem Äffchen einen Besuch abzustatten. Inzwischen hatte der Redner heimgefunden. Wie von einem Alpdruck befreit, ließ man die letzten Worte auf sich einströmen: »– mir ein dringendes Bedürfnis, euch allen im Namen meiner Familie für euer Kommen meinen Dank auszusprechen, indem ich mein Glas erhebe und in den Ruf ausbreche: unsere lieben Gäste, sie leben ...« – Eine Musik, die sich jetzt erst im Nebenzimmer eingefunden hatte, übertönte das Hoch, die Gläser klirrten, und der Hummer schwebte von allen Seiten den Harrenden entgegen.

Schon vor dem Eis waren die Freunde vom Lagerfeuer betrunken. Lenina hatte, über den Wodka hinaus, alles getan, was sie für ihre Pflicht als künftige Gattin einer Lagerfeuercharge ansah. Von jedem Wein, der eingeschenkt und für gewöhnlich höchstens einmal nachgegossen wurde, ließ sie noch zwei bis drei Flaschen extra an den Tisch bringen, und da es sich um ziemlich schwere Weine handelte und zwischendurch der Wodka lebhaft reihum ging, war der Erfolg durchschlagend. Der Cellist neben Nikoline, der offenbar am wenigsten trainiert war, hatte schon recht verglaste Augen und ein merkwürdig verschwollenes Gesicht, er erzählte ihr mit lallender Zunge zum fünftenmal denselben uralten Musikerwitz, lachte dazu mit einer hühnerartig gackernden Stimme und versank zwischendurch in einen Zustand völliger Gelähmtheit, vermutlich, wenn ihm einfiel, daß er nachher noch spielen sollte. Yorrik, der Pirat, schien seine Tischdame bedeutend besser zu unterhalten. Sie machten bereits den Eindruck, als säßen sie allein in der separierten Nische eines Nachtlokals. Ohne sich noch im geringsten um die übrige Gesellschaft zu kümmern, steckten sie die Köpfe und, wie man an den Bewegungen des Tischtuches merkte, auch die Knie immer enger zusammen und tuschelten so intensiv, wie wenn es im Tonfilm um den Verrat militärischer Geheimnisse geht. Von Zeit zu Zeit lachten sie schallend auf, stießen miteinander an und tranken ihre Gläser aus. Tante Droll glänzte übers ganze Gesicht vor Wohlbehagen, schlürfte und schmatzte kennerisch an den Weinen herum und zog die Pfälzer Verwandtschaft in ausgedehnte Fachgespräche über Jahrgänge, Lagen, Gewinge, Jugend, Alter, Entwicklung, Übergang, Flaschenkrankheit, Korkschäden und Temperaturfragen der Weine. Das ehrgeizige Mädchen neben ihm versuchte vergeblich, das Gespräch auf Kunst und Theater zu bringen, worauf er aber nur mit einem sehr häßlichen, jedoch in der Bühnenwelt alltäglichen Umgangswort reagierte. Nona Schmitt hingegen sprach Robert in Form von anekdotischen Erzählungen ihre sämtlichen Erfolgsrollen vor und schilderte ihm auf temperamentvolle Weise ihre Krachs mit Regisseuren, Theaterdirektoren und ungehorsamen Kollegen. Er hielt sich schadlos, indem er mächtig trank und ihr von Zeit zu Zeit in den Rückenausschnitt faßte. Georg hatte anfangs voll Entsetzen den Gang der Dinge beobachtet und durch Fortschicken erst halb geleerter Flaschen zu bremsen versucht, dann aber, da er die weitere Entwicklung als unaufhaltsam erkannte, faßte er den Beschluß, sie ihrer Eigengesetzlichkeit zu überlassen und wenigstens seinerseits Haltung zu bewahren. Sein Gesicht zeigte immer noch den teils besorgten, teils verträumten Ausdruck, den es bei der ersten Rede angenommen hatte, wozu mit der Zeit ein etwas gegenstandsloses, eingefrorenes Lächeln trat. Die Braut hingegen war ziemlich munter und beteiligte sich lebhaft an den Umtrünken und Zusprüchen des Lagerfeuers. Es waren zwischendurch noch mehrere Reden gehalten worden, die sich mit Liebe und Ehe beschäftigten und diese Zustände teils mit einer grünen Wiese, teils mit einer Baumschule oder auch mit einer Brutanstalt verglichen – man hatte auch schon ein von einem Vetter verfaßtes Couplet gesungen, in dem die Braut als diebisch, verlogen und naschhaft, der Bräutigam als sexueller Wüstling gekennzeichnet war, und die Onkels hatten ihm in zwinkerndem Einverständnis, als gehörten sie alle derselben Menschengattung an, mit »alter Junge« und ähnlichen Ausrufen zugetrunken. Jedesmal, wenn eine Rede stieg, eilten sämtliche Serviermädchen stoßtruppartig herbei, wohl um beim Schlußtoast hurtig die leeren Gläser nachzufüllen. Während der Rede oder des Vortrags aber standen sie in einer langen Reihe, Robert zählte vierzehn Stück, reglos und unbeteiligt an der Wand. Die Anführerin war eine magere ältliche Person, die aussah wie eine von ihrer Pension lebende Offizierswitwe, und die Queue bildeten zwei ganz junge Aushilfsmädchen, von denen die eine ungewöhnlich hübsch war, klein, zierlich, mit schlanken Fesseln und runden, brombeerfarbenen Augen. Diese Augen flogen immer wieder zu dem Tisch des Brautpaars hin und umtasteten es mit einer so forschen Eindringlichkeit, als seien hier die geheimen Sternenwege des menschlichen Lebens zu ergründen.

Jetzt aber, als schon der Pommery entkorkt wurde und die Kapelle nebenan, die bisher mit den innigsten und abgespieltesten Weisen der klassischen Musik dem Sinn des Festes Rechnung getragen hatte, auf den schrillen, mänadisch jauchzenden Befehl der Hausherrin Jazz und Tango zu spielen begann, jetzt schlug der Hausherr selbst wieder ans Glas und kündigte dem durchaus uninteressierten, größtenteils schläfrig angegessenen

Publikum eine besondere Sensation an. Eine weltberühmte Persönlichkeit sei soeben eingetroffen, um dem Brautpaar einige rätselhafte Träume zu deuten und ein paar lebenswichtige Lehren mit auf den Weg zu geben. Es wurde verständnisinnig gelacht und gedruckte Textblätter wurden von Hand zu Hand gegeben, auf denen, gesperrt und rot unterstrichen, das Wort ›Mitsingen!‹ stand. »Schauderhaft«, sagte Lenina, »das ist natürlich Tante Yulla!« – Tante Yulla, eine Schwester der Brautmutter, hatte Medizin und Psychologie studiert, eine Zeitlang in Wien gelebt und dann, nach kurzer Ehezeit, die mit kopfloser Flucht des gequälten Gatten endete, die pädagogische Laufbahn ergriffen. Sie wirkte in einem Heim für schwachsinnige Kinder, wo sie immerhin etwas weniger Schaden anrichten konnte, als es bei gesunden der Fall gewesen wäre, und galt in der Familie als eine unerhört kühne Persönlichkeit und eine geistige Kapazität. Lenina hatte mit der Hellsichtigkeit des Entwicklungsalters schon sehr früh ihre ungewöhnliche Minderwertigkeit durchschaut und haßte sie. Sie starrte in das Textblatt und wurde blaß bis in die Lippen vor Wut und Scham. Auch die Freunde vom Lagerfeuer waren aufmerksam geworden, und ihre Weinseligkeit wich jählings einer heftigen Trutzlaune. Nun spielte die Musik drinnen präludierend die Melodie: »Ich will euch was erzählen...«, nach der die Verse gedrechselt waren, und es erschien unter Applaus und Gelächter, während die Saaltöchter schon wieder ihre Front einnahmen, eine Gestalt von barbarischer Geschmacklosigkeit. Um die schlechte, aber unverkennbar weibliche Figur war ein schwarzer Gehrock mit langen Männerhosen gezwängt, und das Gesicht war mit Glatzperücke, Brille und weißem Spitzbärtchen in das eines greisen Gelehrten verwandelt. »Professor Freud«, jubelten die Gebildeten, und man versuchte ganz rasch, die Pfälzer Verwandtschaft über die dargestellte Person und ihre Bedeutung aufzuklären. »Ekelhaft!« sagte Lenina, und es sah aus, als wolle sie aufspringen und hinausrennen. Georg legte den Arm um ihre Schulter und wollte sie beruhigen, aber sie schüttelte ihn wütend ab. Da beugte sich Robert ernsthaft und kameradschaftlich zu ihr hinüber. »Sollen wir stören?« fragte er. Tante Droll und Yorrik hatten es gehört, nickten begeistert. Lenina reichte ihm freudig über den Tisch weg die Hand. »Um Gottes willen«, sagte Georg, »ihr werdet doch nicht – es geht doch vorüber – man muß doch schließlich – an diesem einen Abend...«

»Halt's Maul, stinkender Coyote«, sagte Robert, und in diesem Augenblick hatte die Musik das Vorspiel vollendet, der erste Beifallssturm sich gelegt, und Tante Yulla begann, mit gezierten Kopf- und Armbewegungen, ihren Vortrag. Unter leiser Klavierbegleitung sang sie, noch ohne Beteiligung des Publikums, mit einer fetten und doch scharfen Stimme, die erste Strophe. Sie lautete:

»Die Psycho-Analyse,
Die hat es uns gelehrt,
Daß als Komplex man büße,
Was man als Kind entbehrt.
So haben viele Leutchen einen Ehestandskomplex,
Vielleicht hat unser Bräutchen auch ein ähnliches
Gewächs!«

An dieser Stelle, noch vor dem Einsatz des Refrains, begannen die Freunde vom Lagerfeuer, denen das Blut zu Kopf gestiegen war, mit schallenden Stimmen und unter Füßestampfen und Fäustetrommeln das unsterbliche Soldatenlied abzusingen:

»So leb denn wohl, wir müssen Abschied nehmen,
Die Kugel wird ins Flintenloch gesteckt,
Und unser allerschönstes junges Leben, Hurra, Hurra,
Liegt in dem Krieg wohl auf das Schlachtfeld
hingestreckt!«

Sie sangen brüllend die ganze Strophe durch und dann noch eine, ohne sich um das allgemeine Entsetzen und die ringsum entstehende Verwirrung zu kümmern. Dann aber erhob sich Tante Droll, trat mit dem Sektglas in der Hand vor und grölte, indem er mit spöttischen und boshaften Gesten auf Tante Yulla deutete:

»Freud – euch des Lebens, solang noch das Lämmchen glüht,
Pflegt die Neurose, eh sie verblüht!«

Begeistert fielen Robert und Yorrik ein, der Vers wurde mehrmals wiederholt. Nona Schmitt, die zwar nicht begriff, worum es ging, aber bei einer so wirkungssicheren Sache nichts zu riskieren glaubte, schmetterte mit, und sogar Lenina stimmte ein, während Georg mit hilflosen Gebärden den Schwiegereltern und der Gästewelt seine Unschuld und seine Bestürzung auszudrücken versuchte. Dort hatte die peinliche Szene ein allgemeines Durcheinander und eine große Ratlosigkeit ausgelöst. Manche Gäste glaubten zwar noch, es handle sich um ein abgekartetes Spiel, es gehöre dies alles mit zum lustigen Vortrag, und lachten gezwungen, aber andere hielten das explosive Ereignis für den Elementarausbruch einer in dieser Zeit und in diesen Kreisen übermäßig gefürchteten politischen Massenbewegung und wollten die Flucht ergreifen. Die meisten nahmen das Ganze als eine besoffene Ungezogenheit, eine Art rüpelhaften Studentenulks, und es bemerkte niemand, daß hier eine Revolution des guten Geschmacks, des Geistes und Herzens, des menschlichen Taktgefühls marschierte. Tante Yulla in ihrer schandmäßigen Maske stand zuerst wie vom Donner gerührt, und dann, nachdem sie eine Zeitlang mit aller ihr verfügbaren Stimmschrillheit vergeblich durchzudringen versucht hatte und ihre verzweifelten Schreie nach Ruhe und Ordnung ungehört verhallt waren, stürzte sie zu ihrer Schwester, der Hausherrin, und keifte mit krampfigen Gesten auf sie los, während ihr schon nervöse Tränen über die mit Leichnerfett und Puder beschmierten Wangen in den angeklebten Bart rollten. Hier nun erwies sich Leninas Mutter, die Hausfrau, als eine routinierte und den Wechselfällen des gesellschaftlichen Kriegsglücks vollauf gewachsene Strategin. Mit einem energischen Wink und scharfem Augenblitz brachte sie ihren Gatten zum Schweigen, der im allgemeinen Radau ohne jede Wirkung sein Glas fast zerklopfte und »Silentium!« schrie, gleichzeitig flüsterte sie der ältesten Servierdame, die sofort als Ordonnanz und Befehlsempfängerin zu ihr geeilt war, eine knappe Weisung ins Ohr, worauf diese in Richtung zur Musik davonstürzte, dann erhob sie sich ostentativ, nickte graziös nach allen Seiten, reichte ihren Tischnachbarn die Hände und löste die Tafel auf. Die Musik hatte unterdessen, auf ihre Anordnung, die von den Freunden immer noch siegreich behauptete Weise »Freut euch des Lebens« aufgenommen, und unter diesen Klängen, die sogar das Lagerfeuer beschwichtigten und seiner Kundgebung die Reibfläche und den Elan nahmen, zog man in regellosen Gruppen, plaudernd und lachend, in die Nebenräume, wo die Rauch-, Kaffee- und Likörtische aufgebaut waren. Die Hausherrin beobachtete mit dem kalten, undurchdringlichen Lächeln eines chinesischen Generals die Räumung der Kampfzone, im stolzen Bewußtsein, eine ernsthafte Komplikation oder gar einen spießbürgerlichen Krach vermieden zu haben. Ihrer Schwester im Freud-Kostüm, die mit erneuten Wutschreien Revanche fordern wollte, zischte sie nur ins Ohr: »Verschwinde!« – Dann folgte sie gelassen ihrem Gästeheer.

Der Mokkageruch, der aromatische Rauch edler Zigarren, das wohligmilde Brennen guten alten Kognaks und die Klänge gedämpfter Tanzmusik erzeugten bald eine allgemeine harmonische Stimmung des Burgfriedens, der Nächstenliebe und des Gottvertrauens. Die Gespräche drehten sich um schöne, angenehme, weltfreundliche Gegenstände, um Landhäuser, Schiffsreisen, Wintersport, Mode, Musik und den neuen Emil Ludwig; nur einige ganz schlechte Menschen hielten noch mit heimtückisch verkniffenen Gesichtern an ihren Tischdiskussionen über Finanzwirtschaft, Reichsbankpolitik oder das Phantom der Abrüstung fest. Das Lagerfeuer hatte sich zunächst aufgelöst, und seine einzelnen Glieder wandten sich wieder individuellen Betätigungen zu, nur trafen sie sich von Zeit zu Zeit ganz von selbst am Standort der Schnäpse und des Whiskys. Robert nahm Lenina beiseite und reichte ihr ein großes Glas Kognak. »Komm«, sagte er, »du bist ein feiner Kerl, wir wollen du sagen!« – Sie schlangen die gebeugten Arme ineinander, leerten so ihre Gläser und gaben sich einen Kuß. »Lene«, sagte Robert und sah ihr in die Augen, »sorg mal dafür, daß unser Georg wieder ein Mann wird!« – »Es wird schon wieder werden«, sagte sie. »Schau dir mal seinen Vater an! Der ist noch richtig!« – Der alte Kulp, der nichts von Schnäpsen hielt, hatte sich sein Weinglas und eine besonders gute Flasche mit ins Rauchzimmer genommen und stand, weißbehaart und rotbäckig glühend wie ein Herbstapfel unter Schnee, mit Tante Droll zusammen, in dem er einen Gesinnungsfreund gefunden hatte. Sie erzählten einander Geschichten von berühmten Weinproben und Kellerbesuchen, stießen von Zeit zu Zeit mit ihren Römern an und klopften sich lange gegenseitig auf die Schultern. Georg trat zu Robert und Lenina. »Eigentlich«, sagte er, »habt ihr ganz recht gehabt.« – »Das hättest du früher merken können«, sagte Lenina erzieherisch, und Georg nickte beschämt. Robert lenkte von dem Thema ab: »Was sagt ihr denn zu Colombine?« – »Zu wem?« fragte Georg verwundert. – »Nun, zu eurem Äffchen!« – Es entstand eine kleine Pause. Dann lachte Lenina. »Es war eine große Überraschung«, sagte sie. »Vielleicht wäre es draußen im Landhaus ganz gut aufgehoben!« – Robert nickte nur und ging dann langsam nach hinten.

Im Speiseraum waren die Tische schon abgedeckt und wurden nun zusammengeschoben. Man fegte den Parkettboden ab, weil hier später getanzt werden sollte. Durch den langen Gang, der zur Küche führte, liefen Mädchen und Hausdiener hin und her. Es zog und roch nach Essen und Spülicht. Ein seltsames, stoßweises Schluchzen bebte und schepperte von rückwärts her, bald in hohem Diskant, bald in tiefen, gurgelnden Kehllauten. Eine Seitentür war nur angelehnt, Robert schob sie ein wenig auf und schaute hinein. Es war ein hell erleuchtetes Schlafzimmer. Auf dem Bett lag bäuchlings in konvulsivischen Zuckungen Tante Yulla, immer noch im professoralen Gehrock, aber ohne Perücke und mit wirren, verstrubbelten Haaren. Die Anführerin der Serviermädchen, die seit einer Ewigkeit in der Familie bedienstet war, stand neben ihr und streichelte behutsam ihre verkrampften Hände. »Beruhigense sich mal, Frau Yulla«, hörte man sie immer wieder sagen, »et is ja nich so schlimm, die Herrschaften haben Ihnen einfach nich verstanden! Das war zu hoch für so 'ne Tischjesellschaft!« Aber Yulla heulte immer wieder auf, biß in die Kissen und verwühlte sich in ihren Schmerz und ihre Schande. – Leise ging Robert weiter. Vor dem Badezimmer des Personals blieb er stehen, lauschte. Kein Ton war zu hören! Behutsam öffnete er die Tür. Da bot sich ihm ein merkwürdiger und unerwarteter Anblick. Eine alte Dame in schwarzem Seidenkleid kniete bei Colombine auf dem Boden, streichelte sie und hielt ihr eines Händchen in den ihren. Robert trat näher, Colombine sah flüchtig zu ihm auf, zwitscherte ein wenig, wandte sich aber sofort wieder der alten Dame zu. Die erhob sich, das Äffchen auf dem Arm haltend. Robert verbeugte sich vor ihr. Er kannte sie wohl, hatte sie aber vorher in der Gesellschaft nicht bemerkt und noch nicht begrüßt. Sie war die Gattin eines berühmten Staats- und Völkerrechtslehrers, der auch in der Politik und im öffentlichen Leben der Nation eine wichtige Rolle spielte. Robert sah ihn im Geist vor sich: gepflegt, nobel, sehr reserviert und eigentlich etwas zu gut aussehend, als daß man ihm ohne weiteres eine wirklich große wissenschaftliche Bedeutung zutraute. Er war nicht unter den Gästen des Polterabends, seine Frau war allein gekommen, denn sein vielbeschäftigtes Dasein brachte es mit sich, daß er zwar überall angesagt wurde, aber fast nirgends erschien, und vielleicht lag darin das Geheimnis seines ungewöhnlichen staatsmännischen Erfolges. Seine Frau hatte unter ihrem weißen Scheitel ein sehr merkwürdiges, ziemlich faltiges Gesicht, das mit den dunklen Brauen und dem etwas gelblichen Teint ein wenig exotisch wirkte und, besonders durch ihre großen, tiefliegenden Augen, fast schön aussah. Robert betrachtete ihre schmale, blasse, sehr zärtliche Hand, mit der sie das Äffchen streichelte. »Gefällt sie Ihnen?« sagte er dann. Die Dame nickte. »Ich habe ihr ein bißchen Gesellschaft geleistet«, sagte sie. »Ich glaube, man wird sich hier wenig um das Tier kümmern.« – »Ja«, sagte Robert. »Das fürchte ich auch. Es war wohl eine ziemliche

Dummheit von mir.« – Die alte Dame sah ihn an und lächelte ein wenig. »Hatten Sie das Äffchen schon länger?« fragte sie. »Zwei Tage«, sagte Robert, »aber es hing schon schrecklich an mir. Jetzt«, lachte er, »scheint es mir untreu zu werden.« – »Wollen Sie's nicht lieber wieder mitnehmen?« sagte sie und sah ihn an. »Nein«, antwortete Robert. »Es geht nicht. Ich kann sie nicht halten«, sagte er und schüttelte energisch den Kopf, »so gern ich möchte. Ich müßte meinen Beruf aufgeben!« – Colombine hatte beide Ärmchen um den Hals der Dame geklammert und steckte den Kopf in den Spitzenkragen ihres Kleides. – »Wollen Sie das Tier nicht mir überlassen?« sagte sie plötzlich. »Ich habe Platz und kann mich auch drum kümmern. Sie müßten mir natürlich sagen, was es gekostet hat«, fügte sie hinzu und lächelte. »Das ist ja nicht so wichtig«, sagte Robert, »aber es wäre wundervoll, wenn Sie sie wirklich nehmen könnten!« – »Ich nehm sie gern«, sagte die Dame. Robert sah sie dankbar und begeistert an. »Allerdings«, sagte er plötzlich, »dann hab' ich ja wieder kein Hochzeitsgeschenk für Georg und Lene!« – »Warum schenken Sie ihnen nicht ein Bild oder ein Blatt von sich?« fragte die Dame. »Das würde ihnen sicher am meisten Freude machen.« – »Donnerwetter«, sagte Robert. »Wieso bin ich darauf nicht von selbst gekommen!« Es war wie eine späte Erleuchtung, und er schüttelte ganz betroffen den Kopf. »Ist es also wirklich abgemacht?« fragte die Dame. »Natürlich«, sagte Robert, »was werden die sich freuen, wenn sie das Kind wieder los haben!« Sie lachten, und Colombine schnatterte verträumt. »Ich möchte jetzt nach Hause gehen«, sagte die Dame, »und nehme sie am besten gleich mit!« – »Wenn es Ihnen recht ist«, sagte Robert, »begleite ich Sie! Wegen der Kiste und der Decke und der Futtertüten. Es ist überhaupt kein ganz leichter Transport.« – »Es ist nicht nötig«, sagte sie. »Ich habe meinen Chauffeur da.« – »Doch«, sagte Robert, »ich komme mit. Meine Frau wird sich freuen, wenn wir hier früher weggehen. Ich saufe sonst nämlich bis in den hellen Morgen. Und außerdem«, sagte er, »möchte ich so gerne sehen, wo sie dann zu Hause ist!« – »Ich freue mich, wenn Sie mitkommen«, sagte die Dame. »Waren Sie nicht früher schon einmal in unserem Hause?« – »Doch«, sagte Robert, »bei Ihrem Sohn. Das ist aber schon viele Jahre her, da studierte er noch.« Sie nickte. Robert ging auf den Gang und rief eines der Mädchen an, das er kannte. »Holen Sie mal unauffällig meine Frau«, sagte er. »Und dann rasch unsere Mäntel und die Affenkiste. Wir gehen gleich hinten raus, damit es niemand merkt!«

Die großen Ebereschen vor dem Portal knisterten im Nachtwind. Zwei Chauffeure in dicken Mänteln stapften auf und ab. Der eine rauchte eine kurze Stummelpfeife, der andere ging sehr vornübergebeugt und kaute beständig an seinem hängenden Schnurrbart. »Na, Fritze, was meinste«, sagte der mit der Pfeife. »Ob's unser oller Herr noch mal schaukelt?« – Der andere glotzte ihn verständnislos an. – »Na, bleibt er nu Reichspräsident oder nich?!« fragte der erste eifrig. »Mensch«, sagte der andere nur und schaute von ihm weg, »deine Sorjen!« – Hinter einem der hohen breitstämmigen Bäume, eng an die Rinde geschmiegt, standen zwei Gestalten fast unbeweglich im Dunkeln. Sie sprachen nichts miteinander, aber sie küßten sich auch nicht, starrten sich nur ins Gesicht und preßten ihre Körper zusammen. Plötzlich ein schriller Pfiff vom Portal her, und die Stimme des Hausmeisters: »Nummer siebzehn! Ankurbeln!!« Die Gestalten hinter dem Baum lösten sich hastig. Der Chauffeur stürzte, seinen Mantel zuknöpfend, zu seinem Wagen hin, das hübsche kleine Serviermädchen flitzte um die Hausecke zum Hintereingang. Sie prallte fast auf Robert, der mit Nikoline und der alten Dame eben vom hinteren Eingang her kam. Er schleppte die leere Kiste, und seine Taschen steckten voll Futter. Colombine hatte sich unter dem Pelzmantel ihrer neuen Liebe eingerichtet. So schritten sie rasch und wie auf einer romantischen Flucht dem schnurrenden Wagen zu. Das Mädchen blieb stehen und guckte ihnen nach.

Das Haus der Dame lag im neuen Westen, nicht allzu weit von der Gegend, in der Robert wohnte. Nein, sie wollten nicht mehr ablegen, sagte Nikoline, nur noch bei der Unterbringung des

Äffchens behilflich sein und dann gleich nach Hause gehen. Die Dame schien auch nichts anderes erwartet zu haben, in Mantel und Spitzenkopftuch schritt sie voraus in den ersten Stock. Colombine hatte sich während der Fahrt völlig ruhig verhalten und knautschte auch jetzt nur leise, aber befriedigt vor sich hin. »Sie ist wohl todmüde«, sagte Robert, nicht ohne einen leisen Anflug von Eifersucht. »Wenn sie ausgeschlafen hat, wird es schon wieder losgehen!« – »Hier kann sie sich austoben«, sagte die Dame und öffnete eine Tür. Sie trat mit dem Äffchen ein, während Robert und Nikoline auf der Schwelle stehenblieben. Das Zimmer war vollständig leer, die Rolläden heruntergelassen, hellere Flächen an den etwas nachgedunkelten Wänden bezeichneten die Stellen, an denen früher Bilder gehangen hatten. Robert, einen Schritt ins Zimmer tretend, betrachtete nachdenklich diese quadratischen Flecken, die mit den vorhanglosen Fenstern zusammen dem Raum einen besonderen Ausdruck von Leere und Verlassenheit gaben. »Wenn ich mich recht erinnere«, sagte er nach einer Weile, »hat doch Ihr Sohn in diesem Zimmer gewohnt. Ich habe ihm damals die Bilder gehängt!« – Die Dame antwortete nicht, drehte die Heizung auf, die leise zu zischen begann. »War das nicht sein Zimmer?« fragte Robert noch einmal. »Doch«, sagte die Dame, ohne sich zu ihm umzudrehen. »Mein Sohn ist vor einem halben Jahr gestorben.«

Sie stand mit dem Rücken zur Tür und streichelte das Äffchen, das ihren Hals mit beiden Armen umschlungen hielt. Robert hatte unwillkürlich Nikolinens Hand gepackt. Dann ging er hin, nahm die Futtertüten aus seinen Taschen, legte sie neben dem Heizkörper auf den Boden. »Am liebsten frißt sie Bananen«, sagte er. »Aber ich habe keine mehr da.« Sie nickte, antwortete nicht. Er dachte einen Augenblick nach, dann beugte er sich nieder, küßte ihr die Hand. Sie stand noch unbewegt und ohne sich umzudrehen, als die beiden das Zimmer verließen und die Tür leise hinter sich zumachten.

Der Mond war nun ganz hoch und strahlenklar, die klebrigen Knospen der Kastanienbäume funkelten wie lauter kleine Flammen. Draußen wartete noch das Auto, um sie nach Hause zu bringen. »Komm«, sagte Robert zu Nikoline. »Wir wollen zu Fuß gehen.« – »Ja«, sagte sie. »Es ist gar nicht kalt!« – Er hängte sich bei ihr ein, und sie schritten aus.

Eine Liebesgeschichte

Wissen Sie aber auch, was die Liebe sie lehrte, dem Rittmeister zu sein?

LESSING

Der Rittmeister Jost Fredersdorff, der als junger Leutnant bei den Brandenburger Kürassieren Roßbach und Leuthen mitgekämpft hatte und am Tag nach dem Torgauer Sieg wegen Tapferkeit vorm Feind dekoriert und befördert worden war, verbrachte den Silvesterabend des Jahres 1767 in der Wohnung seines Regimentskameraden, eines Grafen von Prittwitz.

An diesem Abend lernte er die Schallweis kennen.

Lili Schallweis war nicht gerade mehr jung, aber sie gehörte zu der Art von Frauen, die sich von Mitte der Zwanzig bis in die Vierzig hinein an Gestalt und Angesicht kaum verändern. Von Natur aus zu leichter Fülle neigend, blieb doch ihr Körper stets straff und nervig gespannt, und um Fesseln und Kniekehlen, vor allem aber von den Hüften aufwärts zu Schultern und Nacken hin hatte sie etwas von der wendigen Biegsamkeit eines Reitpferdes aus guter Zucht. Manchmal, wenn sie müde oder verstimmt war, verschwammen ihre unteren Augenlider in bläuliche Schattentiefe, und es spielten kleine, flüchtige Falten um ihre Nasenflügel und um die Bögen der Stirn. Dann wieder, und besonders zu später Nachtstunde oder bei lebhafter Unterhaltung, zeigte ihr Gesicht, von den weich fallenden lichtblonden Haaren gerahmt, die Frische und den kräftigen Farbton eines gesunden Landkindes. Auch ihre Hände, schmalfingrig und schön geformt, waren in der Mitte mehr kraftvoll und fest als zart. Man wußte nicht viel über ihr Leben, nur, daß sie früher mit einer wandernden Theatertruppe aus Süddeutschland gekommen war und eine Zeitlang als Geliebte eines hohen Offiziers in Berlin gewohnt hatte. Später war sie mit einem andern Offizier, der eines Zweikampfs wegen versetzt worden war, nach Brandenburg gekommen. Der aber hatte dort geheiratet, und sie lebte seitdem ganz offensichtlich von den Zuwendungen ihrer häufig wechselnden Liebhaber. Jetzt war sie die erklärte Freundin des Grafen Prittwitz.

Graf Prittwitz, der an diesem Abend einige unverheiratete Kameraden zu Gast hatte, unter denen die Schallweis als einzige Frau den natürlichen Mittelpunkt bildete, war das, was man unter Frauen, damals wie heute, einen ›interessanten Mann‹ zu nennen pflegt. Sein schmales dunkles Gesicht, das schon mit vierzehn Jahren etwas müde und lebenskühl gewirkt haben mochte, zeigte jene Mischung aus Weichheit und eigensüchtiger Härte, die immer eine dunkle, gefährlich verhaltne Hintergründigkeit, eine leidenschaftliche Unruhe des Gefühls auszudrükken scheint, auch wenn sich nichts dergleichen dahinter verbirgt. Er galt unter den Kameraden als feiner Kerl, als schneidig, amüsant und vorurteilslos. Aber es wäre doch nie einer auf den Gedanken gekommen, sich ihm etwa in einer schwierigen Situation anzuvertrauen, einen besonderen Freundschaftsdienst oder gar eine aufopfernde Tat von ihm zu erwarten. Das war es wohl, was ihn reizvoll und anziehend machte: man war sich seiner nicht ganz sicher, ohne doch Grund zu haben, ihm zu mißtrauen. Manchmal konnte er, ganz aus der Luft heraus, von einer kindlichen Herzlichkeit des Sichfreuens, Wohlbehagens, Genießens sein, von einer stürmischen und berauschten Heiterkeit, die mitriß und ansteckte. Besonders seine Erfolge bei Frauen trug er mit einer so heftigen Selbstbegeisterung zur Schau, mit so viel unverhohlener Freude am Triumph, am Besitz und an der Eitelkeit, daß man ihn glänzend und sympathisch fand und niemand ihm sein allzu leichtes Glück mißgönnte. Er bekleidete, obwohl auch noch ziemlich jung, die Charge eines Majors und galt, schon infolge seiner Familienbeziehungen, als Anwärter auf eine große Karriere.

Lili Schallweis spielte an diesem Abend bei ihm ein wenig die Hausfrau, sorgte für die Bewirtung der Gäste und auch für den Wein, denn ab elf hatte man den Burschen freigegeben, damit sie sich am Mitternachtsfest der Mannschaften beteiligen konnten.

Es war schon recht viel getrunken worden, und es wurde laut geredet und gelacht, als die Uhrzeiger allmählich auf zwölf zu rückten und man schon da und dort aus den Straßen der kleinen Stadt das Aufzischen von Feuerwerkskörpern und das Johlen verfrühter Neujahrsgratulanten vernahm.

Obwohl alle Gäste, außer Fredersdorff, der selten zu Prittwitz kam, die Schallweis längst kannten – der eine oder andere sogar ziemlich gut –, gab doch die Tatsache ihrer Anwesenheit dem Abend ein besonderes und leicht erregtes Gepräge. Zwar versuchte niemand, mit ihr vertraulich zu werden, man fiel auch nicht in den Ton reiner Herrengeselligkeit, aber es herrschte doch keineswegs die Zurückhaltung in Rede und Benehmen, die im Beisein einer richtigen Dame üblich ist. Gerade dieses Gemisch von Ausgelassenheit und leiser Reserve, von Wahrung der äußeren Form und allgemein lächelndem Einverständnis lockerte die Stimmung mehr und mehr auf und erfüllte die Luft unmerklich mit Spannungen und prickelnder Geladenheit. Prittwitz trank seinen Gästen tüchtig zu und schien ein wenig zu gleichgültig, wenn sie Lili den Hof machten. Ging sie aber einmal in die Küche, um Getränke nachzuholen, beugte er sich rasch vor und lobte, von den andern sachverständig unterstützt, ihren Gang und ihre Figur, ihre Haut und ihre sonstigen Vorzüge.

Der junge Jost Fredersdorff saß ziemlich einsilbig dabei. Er war an sich kein allzu gesprächiger Mensch, obwohl seinem Alter entsprechend heiter und gern gesellig. An diesem Abend aber verschlug ihm etwas die Luft. Sooft er, mit oder ohne Absicht, die Schallweis anschaute, glaubte er seinen Blick erwidert zu fühlen, und zwar nicht in einer beziehungsvollen oder pikanten Art, sondern kühl, forschend, nachdenklich. Auch wenn er nicht hinsah, glaubte er oft den kühlen Strahl dieser Augen auf seiner Stirn oder seinen Lidern zu spüren. Das beunruhigte ihn so sehr, daß es ihm schwerfiel, der Unterhaltung zu folgen. Sein Gesicht bekam etwas gezwungen Abweisendes, Steifes, Frostiges, und man fragte ihn schon gelegentlich scherzhaft, ob er sich fürs neue Jahr eine Audienz beim König oder den Beisitz beim

Obersten Militärgerichtshof vorgenommen habe. Als die Schallweis einmal durchs Zimmer ging, um eines der Wandlichter zu putzen, konnte er sich nicht enthalten, ihr mit dem Blick zu folgen. Prittwitz unterbrach plötzlich das Gespräch der andern, lehnte sich in den Sessel zurück und deutete lachend auf ihn. »Jost fängt Feuer!« sagte er mit übertrieben amüsiertem Tonfall. Die andern grinsten. Fredersdorff verlor die Fassung nicht und wurde auch nicht rot. »Warum nicht?« – sagte er nach einer kleinen Pause, mit einer höflichen Kopfneigung zu Lili, die sich ihnen wieder zugewandt hatte und auf den Tisch zukam. Sie blieb vor Jost stehen und sah ihn wie geistesabwesend an.

In diesem Augenblick ertönte von der Garnisonkirche das Glockenspiel, das den Stundenschlag einleitete. »Achtung!« rief Prittwitz und füllte rasch die Gläser. Alle standen auf, auch Lili blieb stehen, wo sie stand. Von der Kaserne her schmetterte eine Signaltrompete mit scharfem, glänzendem Ton, und auf den ersten Schlag der zwölften Stunde begannen die Glocken zu brausen, Schüsse donnerten empor, und die Posaunen bliesen den Lobchoral nach der Schlacht. »Es lebe der König!« rief Prittwitz mit lauter, etwas knarrender Stimme, und alle Herren zogen ihre Degen, berührten die Spitzen der Klingen hoch in der Luft, die von blankem Metall und Kerzenschein funkelte. Lili war einen Schritt zurückgetreten und sah zum Fenster hin, bis die Stille im Zimmer und das Scheppern und Klappern der Waffen, die man in die Säbelscheiden zurückschob, verklungen war. Dann, als die Gläser klirrten unter lautem, lachendem Zuruf und alle sich, in einer freimaurerischen Gepflogenheit, die damals unter den preußischen Offizieren üblich war, umarmten und den Bruderkuß tauschten, trat sie zu Prittwitz und legte ihm die Hand auf die Schulter. Der nahm ihren Kopf und küßte sie auf die Lippen. Dann preßte er sie an sich und streichelte ihre Arme und ihren Hals, während ihr Kopf fast in seinen Rockaufschlägen verschwand. Die andern traten mit den Gläsern herzu und verlangten, mit ihr anzustoßen. Sie drehte sich herum, ihr Gesicht war ernst, bleich und verschattet. »Jetzt wird Lili euch den Schwesterkuß geben«, sagte Prittwitz lachend und schob sie dem Nächststehenden zu. Der faßte sie um die Hüften und küßte sie respektvoll auf beide Wangen, nicht anders, als er es mit einer Nichte oder Cousine aus gutem Haus getan hätte. Aber als er sie schon losgelassen hatte, schien er zu bereuen, beugte sich hastig noch einmal auf ihr Gesicht und küßte sie auf den Mund. »Bravo!« rief Prittwitz. »Courage, meine Herren!« Nun küßte sie jeder, wohin er wollte, und Lili lächelte schweigend dazu. Auch Fredersdorff küßte sie auf den Mund und spürte, daß sie die Lippen fest geschlossen hielt.

Prittwitz hatte den Fenstervorhang aufgezogen und öffnete nun. Draußen war die Regimentskapelle aufmarschiert, die in dieser Stunde jedem der Offiziere vor seiner Wohnung ein Ständchen brachte. Die Herren traten ans Fenster und grüßten hinab, riefen wohl auch ihrem Tambourmajor ein paar Worte hinunter und taktierten, von der Nachtkälte berührt, mit den Körpern die hitzige Marschmusik. Jost war bei Lili im Zimmer stehengeblieben, er hielt sein Glas noch in der rechten Hand, schaute zu den andern hin, und plötzlich spürte er, wie sie mit beiden Händen seine herabhängende Linke ergriff und an ihre Brust preßte. Er sah ihr ins Gesicht. Sie hatte die Augen geschlossen, und ihre Lippen sagten lautlos ein Wort, das er nicht verstand. Das dauerte nur einen Herzschlag lang, dann ging sie rasch von ihm weg, und er trat ans Fenster.

Zufällig kam er neben Prittwitz zu stehen, und zufällig folgte sein Auge dessen Blick. Der haftete auf der zurückgelehnten Glasscheibe des Fensters, in deren blanker Schwärze sich groß, deutlich, mit allem Licht und Schatten, das Zimmer spiegelte. Fredersdorff starrte in die Scheibe, und ihm war, als sähe er darinnen noch sich selbst und neben sich Lili Schallweis, ihre Hand, ihren Mund und ihre geschlossenen Augen. Tatsächlich sah er nur noch einen Schimmer von ihrem Kleid, denn sie verließ jetzt den Raum durch die rückwärtige Flurtür. Nun drehte Prittwitz den Kopf zu Fredersdorff und sah ihm ins Gesicht. Der erwiderte seinen Blick voll und ruhig. Prittwitz sah aus wie immer, nur im samtigen Braun seiner Iris und in den großen schwarzen Pupillen schien ein dreieckiges, spitzes, grellweißes Licht zu stehn. So verharrten beide noch einen Augenblick, während die andern Herren schon zum Tisch zurücktraten, dann schlug Prittwitz mit der flachen Hand ganz leicht auf Fredersdorffs Rockärmel. »Komm«, sagte er und schloß das Fenster, zog den Vorhang vor. Von drunten Trommelwirbel und Marschtritte der abziehenden Musik. Sie gingen zum Tisch, setzten sich. Lili erschien in der Tür. Sie hielt einen großen Schöpflöffel in der Hand, und es wehte ein Geruch von heißem Rotwein und Rum ins Zimmer. »Jetzt kommt die Siebenjährige!« rief sie, und die Offiziere applaudierten begeistert. Die ›Siebenjährige‹ nannten sie eine ganz besonders stark gebraute Feuerzangenbowle, mit der sie sich in den Quartieren der sieben Kriegswinter das ewige Warten auf Friedrichs säumige Zahlmeister und auf den Beginn der Frühjahrskämpfe verkürzt hatten. »Kommen Sie, Graf«, rief Lili zu Prittwitz hin. »Das Anbrennen trau ich mich nicht!« Die Bowle mußte brennend auf den Tisch gebracht werden, indem man draußen einen ganz und gar mit Arrak übergossenen, vorher in Rum getränkten Zuckerhut, der, in eine Zange geklemmt, über der dampfenden Flut lag, anzündete und dann bei verlöschten Lichtern die bläulich umflammte Schüssel hocherhoben hineintrug.

»Nein«, sagte Prittwitz. »Ich habe zuviel getrunken. Geh du, Jost.« – Der schüttelte den Kopf. »Ich kenn mich nicht aus mit dem Bowlemachen«, sagte er. – »Das ist mir neu«, sagte Prittwitz. »Oder du mußt seit Böhmen einiges verlernt haben!« – Beide blieben steif sitzen, sahen sich an. »Inzwischen verdampft der schöne Alkohol«, sagte ein anderer mißbilligend. – »Also bitte!« sagte Prittwitz, ohne sich zu rühren. – »Kommen Sie schon, Herr Rittmeister!« rief Lili von der Tür her. »Der Rum wartet nicht länger!« Fredersdorff stand auf. »Bravo«, rief einer, »Jost kann den Rum nicht warten lassen!« Er zog dabei das U von Rum in die Länge und lachte dann ganz allein über seinen spärlichen Witz. »Mach's gut, Jost!« rief Prittwitz hinter ihm her, als der zur Tür ging. »Und nicht zu schwächlich! Viel Feuer! Viel Brennstoff! Nicht mit dem Pulver sparen!« brüllten die andern durcheinander. »Licht aus!« kommandierte Prittwitz, und der jüngste Leutnant sprang auf und löschte im Zimmer die Kerzen. Einen Augenblick lang ward es fast feierlich still. Man hörte ferne Musik und das Kreischen einer Weiberstimme von irgendwo. Dann ging die Tür auf, und mit starkem, schwerem Geruch schwebte die Bowle, von unsichtbaren Armen getragen, flackernd und züngelnd herein. In dem springenden, ungewissen Lichtschein, der nun am Tisch entstand, sah man das weiße Kleid der Schallweis schimmern und daneben in schwarzem Umriß Fredersdorffs hohe Gestalt.

»Wo bleibt das Lied?« sagte Prittwitz mit gelangweilter Stimme.

Ein tiefer Baß stimmte an, die andern fielen ein. Das Lied, das einmal in einer durchsoffenen Kriegsnacht lustig und jung gewesen sein mochte, schlappte wie ein bekrückter Veteran durch die Stube:

»Das Feuer muß brennen,
Und die Liebe brennt auch –«

Während des Liedes war Lili hinausgegangen, nun kam sie mit einem Span zurück und zündete wieder die Lichter an. Fredersdorff tauchte den Schöpflöffel in die mählich abflackernde Bowle und füllte die hohen, dicken Punschgläser.

»Hast du sie auch gekostet?« fragte Prittwitz. Jost antwortete nicht, vielleicht hatte er die Frage überhört. Er reichte eben der an den Tisch tretenden Lili ein volles Glas. Prittwitz hatte angesetzt, nippte. »Pfui Teufel!« brüllte er plötzlich und setzte das Glas hart auf den Tisch, so hart, daß die heiße Flüssigkeit im Bogen herausspritzte und Lilis weißes Kleid an der Brust, aber auch ihren Ausschnitt und ihren Arm traf. Sie schrie leise auf, fuhr zurück. Die andern sprangen auf. Alles fragte durcheinander. Jost stand bleich und still vor Prittwitz, der sich nun auch erhob. »Was tust du denn!« sagte er halblaut. – »Pfui Teufel!« schrie Prittwitz noch einmal. »Das ist bitter! Das ist Gift!« kreischte er völlig unbeherrscht. »Du bist verrückt«, sagte Jost und zuckte die Achseln. Dann wandte er sich zu Lili Schallweis, die sich mit einem Tuch betupfte. »Sie müssen Öl drauftun«, sagte er. Lili ging wortlos. Es leuchtete rot auf dem weißen Atlas ihres Kleides. Die andern standen betreten herum.

»Gute Nacht«, sagte Fredersdorff nach einer Pause, mit einer Verbeugung zu Prittwitz. Der antwortete nicht. Man versuchte ungeschickt, beiden Vernunft zu predigen, obwohl keiner von den andern ganz genau wußte, worum es ging. Jost drehte sich auf dem Absatz, ging hinaus. Drinnen bestürmte man den Grafen, der glasig in die Luft starrte, ihn zurückzuholen. Schließlich schien der auch einen Entschluß gefaßt zu haben, ging mit raschen Schritten ihm nach auf den Gang. Man erwartete allgemein eine prompte, männliche Versöhnung und blieb lachend, trinkend zurück. Jost hatte seinen Mantel umgeworfen und den Hut aufgesetzt. Er war im Begriff, die Wohnung zu verlassen, hielt schon die Türklinke in der Hand. Da trat Lili aus einer Nebentür, auch sie in Mantel und Hut. »Bringen Sie mich nach Hause«, sagte sie zu Jost. »Bitte –« fügte sie noch hinzu. Ehe der antworten konnte, kam Prittwitz heraus und blieb stehen. »Hast du Geld bei dir?« sagte er zu Jost. »Es kostet was.« – Jost machte einen halben Schritt auf ihn zu. »Pfui!« sagte er laut. Und dann, die Tür öffnend, Lili den Vortritt lassend, ging er mit ihr, ohne sich noch einmal umzudrehn.

Es war eine klare Winternacht, der Mond schon untergegangen, die Sterne zuckend und hell. Die Straßen waren schneefrei gefegt, nur kleine, zusammengefrorene schmutzgraue Hügel an Häuserecken und um Laternenpfähle gehäuft. In vielen Häusern brannte noch Licht, aber es war jetzt, nachdem die erste Jahresstunde vorüber war, schon wieder still geworden in der Stadt. Selten begegnete man ein paar von einem Fest nach Hause kehrenden vermummten Leuten. Dann und wann der ruhig hallende Tritt einer Wachpatrouille.

Fredersdorff wußte nicht, wo Lili Schallweis wohnte. Sie hatte seinen Arm untergefaßt, und er überließ ihr die Führung. Ihre Hände berührten sich im Gehen. Sie trugen beide keine Handschuhe, aber sie spürten den Frost nicht. Nach einiger Zeit schob Lili ihre Finger zwischen die seinen, die er nun fest über ihren Knöcheln schloß. Die inneren Handflächen hielten sie eng zusammengepreßt, und sie fühlten die Bewegung des Blutes bei jedem Schritt. So gingen sie lang, ohne zu reden. Schon waren sie in der Vorstadt, wo die Häuser vereinzelt zwischen kleinen Gemüsegärten lagen. Das Pflaster hörte auf, der Weg wurde schmal und holprig. Schließlich sah man gar keine Häuser mehr, ein zerbrochener Zaun lief noch ein Stück über Land – dann flache Felder, von dünner Schneeschicht bedeckt, leise flimmernd im Sternenschein. Eine Wagenspur zog sich schnurgerade vor ihnen her, auf die schwarzen Umrisse eines Kiefernwaldes zustrebend. Es knirschte und sang in der Stille unter den Stiefeln, und wenn man in die tiefe Radrinne trat, klirrte das trocken splitternde Eis. Von der Stadt her schlug die Kirchenuhr, es klang dünn und silbrig. Lili lauschte und blieb einen Augenblick stehn.

»Wohnen Sie noch weiter draußen?« fragte Jost plötzlich.

»Nein«, sagte sie lachend. »Ich wohne ganz woanders. Da drüben, wo wir herkommen!«

»Ich dachte es mir schon«, sagte er. »Aber es ist herrlich, zu gehen!« –

»Ja – es ist herrlich.«

»Sind Sie nicht müde?« fragte er dann, da sie immer noch stehenblieb.

»Noch bis zum Wald, bitte!« sagte sie. »Das ist nicht mehr weit.«

Sie gingen voran. Ihre Hände hatten sich nicht gelöst. Der Wald wuchs finster auf sie zu. Immer mehr vom Himmel versank hinter dem Wall seiner buckligen Baumkronen, die sich mählich voneinander schieden. Nun sah man den hellen Fleck, wo der Fahrweg zwischen die Stämme einmündete. Rechts davon stand ein Wegweiser, der wie ein Kreuz aussah. Sie gingen darauf zu, blieben stehn.

»Ich dachte, es wäre ein Gekreuzigter«, sagte Lili.

»Nein«, lächelte Jost, der jeden Feldstein in der Gegend kannte. »Das gibt es hier nicht.«

»Wo ich zu Haus bin, stehn sie überall«, sagte sie. »Auch Marien!«

»Hier gibt es das nicht«, wiederholte er. Dann sah er sie an. Sie blickte noch auf den Wegpfahl. Er legte den freien Arm um sie, preßte sie an sich. Sie sah zu ihm auf, beugte den Kopf zurück. Er küßte sie. Ihre Haut war kalt, auch ihre Lippen von der Luft überfroren. Er hielt seinen Mund lange auf dem ihren, bis er auftaute und sich an ihm festsog. Ihre Gesichter lagen aufeinander, bewegten sich nicht. Durch den Pelz und den schweren Mantel hindurch spürten sie ihre Körper und ihre klopfenden Herzen.

»Komm«, sagte sie nach einer langen Zeit. »Wir wollen heim.«

Er nahm jetzt ihren Arm, schob seinen drunter. Sie schritten rasch aus, stolperten manchmal auf den hartgefrorenen schartigen Sandfurchen, kamen immer wieder in gleichen Tritt. Über den Dächern der Stadt, die sich vor dem Anlauf der flachen Felderwellen duckten, sprang mächtig der strahlenblitzende Orion auf, der winterliche Himmelsjäger. Mit den gespreizten Füßen stand er breit überm Erdrand, die Hüfte mit dem blitzenden Gürtel schräg zur Seite gebeugt, das kurze Schwert flammte niederwärts, aber die Sternfäuste spannten den Bogen weitzielend in die nördliche Nachtkuppel hinaus.

Bei Prittwitz, an dessen Haus sie wieder vorbeimußten, brannte noch Licht. Sie gingen vorüber, fast ohne es zu merken. Einige Straßen weiter, der andern Richtung nach, blieb Lili vor einer Haustür stehen, kramte den Schlüssel vor. »Hier ist es«, sagte sie. Jost half ihr beim Aufschließen, dann ging er hinter ihr die Treppe hinauf. Unten, neben der Haustür, befand sich ein Spezereiladen, und es roch im Treppengang nach gebranntem Kaffee, Zimt, Nelken, Muskatnuß und anderm scharfen Gewürz. Die beiden Stockwerke dienten völlig als Lagerräume, mit Ausnahme zweier Vorderstuben der oberen Etage, die Lili gemietet hatte. Nachts oder an Feiertagen war man ganz allein im Hause. Es wohnte auch keine Zofe oder Magd bei ihr, sondern eine Bedienerin kam des Morgens und ging, wenn ihre

Arbeit getan war. Da es im Treppenhaus dunkel war, hatte Lili sich im Gehen halb umgedreht und führte ihn an der Hand. Droben schloß sie im Finstern die Flurtür auf, dann standen sie auf einem kleinen Vorplatz, der von einem fast heruntergebrannten blakenden Öllämpchen ein wenig Licht bekam. Lili schraubte den Docht höher, und man sah nun linker Hand eine Küche, zu der die Tür offenstand. Geradeaus ging es in ihr Zimmer, und sie ließ Jost, noch in Mantel und Hut, eintreten. Durch das Wohnzimmer, das im Dunkel lag und von dem man nichts erkannte als die Umrisse eines großen, die Wärme noch haltenden Kachelofens, führte sie ihn ohne Aufenthalt und wortlos in ihr Schlafzimmer und nahm ihm im Finstern den Mantel ab. Dann entfernte sie sich von ihm, und er hörte, wie sie beide Mäntel, ihren und seinen, irgendwohin hängte. Das Zimmer mußte durch sehr schwere Vorhänge verdunkelt sein, denn er sah nicht die Hand vor den Augen. Nun ging Lili hinaus und kam sehr rasch mit einer brennenden Kerze unter einem schmalen geschliffenen Windglas zurück. Sie stellte das Licht neben das Bett auf einen kleinen Tisch, dann kam sie zu ihm, strich ihm übers Haar. Er wollte sie küssen, aber sie entzog sich ihm, lief noch einmal hinaus. Er sah sich im Zimmer um: ein breites Bett aus schönem, dunkel poliertem Holz, die Kopf- und Fußenden in Schiffsform geschwungen, stand an der hinteren Wand. Den Boden bedeckte ein dicker samtiger Teppich in einfarbigem tiefem Rot. Der Kachelofen war zwischen die beiden Zimmer eingebaut, so daß er im Wohnzimmer geheizt wurde und seine Wärme noch ins Schlafzimmer hinübergab. Zwischen Bett und Fenster war ein Teil des Zimmers durch Vorhänge abgetrennt. Daher hatte man, wenn die geschlossen waren, gar kein Licht von außen. In der Ecke standen eine Art Spieltisch mit blanker, gemusterter Platte und zwei gepolsterte Backenstühle. Jost sog die Luft durch die Nüstern und spürte den sehr zarten, unverkennbar weiblichen Duft des Zimmers. Er schien von der seidenen Decke des Bettes und von einem Schrank, dessen Tür nur angelehnt war, auszugehen. Jost ging bis zur Schwelle. Aus dem Nebenzimmer roch es nach angewelkten Blumen und ein wenig nach Holzrauch. Lili schien in der Küche zu sein, er hörte sie gehen. Er schnallte seinen Degen ab und stellte ihn in die Ecke. Dann setzte er sich auf einen der Backenstühle, wartete. Gleich darauf kam Lili herein, mit einer Flasche Tokaier, die sie geöffnet hatte, und zwei Gläsern. Sie stellte Wein und Gläser vor ihn auf den kleinen Tisch, goß ein und setzte sich ihm gegenüber. Es war, seit sie das Haus betreten hatten, noch kein Wort gesprochen worden. Jost hob das Glas ihr zu, wollte etwas sagen. Aber sie legte rasch den Finger auf ihre Lippen, lächelte. Dann stieß sie mit ihm an und trank ein wenig. Sie saßen eine Weile und sahen sich an. Es war so still, daß man den eignen Atem hörte. Nach einiger Zeit schlug im Nebenzimmer eine Standuhr. Lili zählte mit den Lippen lautlos die Schläge mit. Die Uhr schlug drei. Sie stand auf, ging zum Schrank, kramte ein wenig, holte einen rotseidenen Schlafrock hervor, schloß die Schranktür und verschwand dann hinter den Vorhängen, indem sie das Licht mitnahm. Das Zimmer lag im Dämmer, und der Lichtschein zitterte gelblich durch die Spalte des Vorhangs. Jost hörte, wie sie sich auszog, und die Geräusche ihrer fallenden Kleider hatten etwas Traumhaftes und Ungewisses, das ihn tief erregte und gleichzeitig wieder die leise Unruhe seines Herzschlags seltsam beschwichtigte. Als sie zurückkam, auf nackten Füßen, den roten Mantel mit der Hand über der Brust haltend, ließ sie das Licht hinterm Vorhang stehen, so daß das Zimmer weiterhin fast im Dunkel lag. Sie ging zum Bett, ohne ihn anzusehen, deckte es auf. Nun ließ sie den Mantel fallen, legte sich nieder. »Komm«, sagte sie leise, fast flüsternd. Dann drückte sie den Kopf mit einer raschen Bewegung in die Kissen und blieb so, daß er nur ihr Haar und ihren nackten Arm sah. Er kleidete sich leise im Dunkel aus, trat an ihr Bett. Sie hob mit dem Arm die Decke ein wenig, ohne aufzusehen. Er legte sich neben sie, spürte ihre Wärme. Ganz leicht strich sie mit der Hand über seinen Arm und zog ihn etwas an sich. Sein Herz pochte, er atmete tief und küßte sie, als sie das Gesicht ein wenig hob, auf die geschlossenen Augen. Sie schlang die Arme um seinen Hals, und sie lagen beide unbewegt, eng zusammengeschmiegt und still atmend. Obwohl sein Puls rascher ging, fühlte er eine kostbare, kindhafte Müdigkeit, eine süß beklemmende, rieselnde Schwäche im ganzen Leib, wie er sie nie gekannt hatte. Es war ihm, wie wenn man im Traum zu schweben glaubt und als könne sein Körper nie mehr etwas anderes tun, als so schwerelos zu liegen und im gemeinsamen Atem zu vergehen. Er lag mit offenen Augen und sah den kleinen Widerschein des verborgenen Lichts auf der Decke, der immer schwächer wurde. Nach einer Weile merkte er, daß sie schlief. Noch etwas später fielen auch ihm die Augen zu, und er glitt in einen Schlaf, der schon im Wachen lösend und stillend auf ihn zu geflutet war.

Dieser Schlaf schien bodenlos und ohne Ufer. Wachten sie einmal auf, so nur, um – ohne den Riß des Wach-Werdens – im Bewußtsein der Nähe und der Geborgenheit gleich wieder zu versinken. Es war, wie sich Kinder den Schlaf von Tieren in der Höhle denken, oder wie die Saat schläft unterm Schnee. Nur süßer, gnadevoller, beseelter. Kaum daß sie ihre Lage ein wenig veränderten. Sie blieben so hingegossen und so verzaubert, wie sie sich in die Wiege dieses Schlafs gefunden hatten.

Jost, der sich wie viele Soldaten den inneren Appell erworben hatte, zu der Stunde zu erwachen, die der Dienst von ihm verlangte, schlug die Augen auf, als die Standuhr im Nebenraum gleichzeitig mit dem Glockenspiel der Garnisonkirche den Morgen ansagte. Er fühlte sich klar, frisch, von einem Strom lebendiger Kraft durchronnen. In seinen Fingerspitzen spürte er ein Prickeln und Knistern, wie wenn Funkenbündel aus einem Stab springen. Er lag mit dem Kopf in ihrer Achselbeuge, und bei jedem Heben des Atems berührten seine Lippen den Ansatz ihrer Brust. Es war dunkel im Raum, die Kerze längst heruntergebrannt, nur ein dünner Streif opaligen Frühlichts quoll durch die Vorhangspalte. Sehnsucht und wilde Zärtlichkeit machten ihn plötzlich erzittern und betäubten ihn fast. Aber er blieb noch unbewegt und lauschte mit angehaltner Luft auf ihre leisen Atemzüge. Da hob sie die Schultern auf und stützte sich auf den freien Arm. »Du bist wach«, sagte sie, und er spürte, wie sie ihn im Finstern ansah. Er faßte nach ihrem Haar und bedeckte ihr Gesicht mit Küssen. Dann richtete er sich auf. »Was ist?« flüsterte sie. Er sagte ihr, daß er, durch Dienstorder verpflichtet, in die Kaserne müsse, um seine Schwadron zum Neujahrsgottesdienst zu führen. »Und was dann?« fragte sie ihn. Dann müsse er dem Kommandeur eine Neujahrsvisite machen und dann mit den andern Herren vom Dienst im Kasino speisen. »Aber dann?« wollte sie wissen. Dann sei er frei, bis zum Dritten früh, denn der Zweite fiel auf einen Sonntag. »Dann kommst du wieder!« sagte sie. Er küßte sie und stand auf. Während er sich rasch im Dunkeln anzog, hatte auch sie sich erhoben und eine neue Kerze geholt. Nun stand sie vor ihm in ihrem roten Morgenrock, der vorne offen war und ihr lose fallendes Hemd freiließ. Sie gab ihm das Licht und die Schlüssel der Wohnung und des Haustors. Dann legte sie die Hände auf seine Schultern. »Du kommst wieder?« fragte sie noch einmal. – »Natürlich!« sagte er. – »Wann?« – »Sobald ich frei bin. So gegen vier.« – »Das ist spät«, sagte sie. »Aber ich freue mich.« Während er unterschnallte, holte sie seinen Mantel aus dem Eck hinterm Schrank und legte ihn um seine Schultern. Dann ging sie um ihn herum und zog den Mantel vorne zu. Sie bog den Kopf nach hinten, und er küßte sie auf den Mund. Dann, als er rasch hinausging, hörte er, wie sie sich wieder zu Bett legte.

Graf Prittwitz erschien an diesem Mittag nicht im Kasino. Er ließ sich mit Krankheit entschuldigen. Da er, am Tag nach den Silvesterfeiern, nicht der einzige war, lachte man und machte Witze darüber. Jost nahm das alles kaum ins äußere Gehör auf, er lebte in einem Dämmer, in dem er sich uhrenhaft bewegte, aß, trank, Rede und Antwort stand, bis er sich endlich nach einer Ewigkeit gleichgültigen Tuns und Wesens, das er sofort vergaß, wieder mit sich allein und ganz in sich gesammelt fand. Er hatte nur einen Gedanken, so rasch wie möglich zu ihr zurückzukehren. Aber in seiner Wohnung, wo er sich umzog, fiel ihm ein, ihr etwas mitzubringen, und er suchte hastig und unverständig überall herum. Er stopfte in eine Ledermappe, was er Eßbares fand, ein paar Äpfel vom Obstgut eines Freundes, Nüsse und etwas Weihnachtsgebäck, eine Flasche Danziger Schnaps und ein Glas mit eingemachten Früchten. Auf der Treppe fiel ihm ein, daß er noch etwas sehr Wertvolles besitze, nämlich ein kleines, mit echten Steinen besetztes Kreuz an einer goldenen Kette, das er im dritten Kriegsjahr geschenkt bekommen hatte. Aber im selben Moment beschloß er, es nicht mitzunehmen, denn er fürchtete, sie könne ein so kostbares Geschenk mißverstehen. Und als er, nach kurzem Zögern, die Tür ihrer Wohnung aufgesperrt hatte und allein auf dem kleinen Vorplatz stand, ließ er, bevor er eintrat, die Mappe mit den Geschenken in der Küche zurück, denn er kam sich plötzlich mit seinen Äpfeln und Nüssen komisch vor. Er klopfte zuerst an die Wohnzimmertür, und da er nichts hörte, öffnete er. In der Nacht und am frühen Morgen hatte dieses Zimmer im Dunkel gelegen, so daß es ihm jetzt mit seinen hellen Möbeln fremd und feindlich vorkam. Er zögerte einen Augenblick, wie von böser Ahnung bedrückt. Dann ging er zur Schlafzimmertür, klopfte wieder. Er hörte ihre Stimme von drinnen und war erlöst. »Komm!« rief sie. Er machte rasch die Tür auf. Tageslicht füllte den Raum, der ihm schon so vertraut erschien, als habe er sein Leben hier verbracht. Die Vorhänge zwischen Bett und Fenster waren zurückgezogen, gaben eine Art Ankleidezimmer frei, dessen Hauptwand von einem mächtigen Spiegel ausgefüllt wurde. Sie stand in diesem Raum, nackt, mit aufgestecktem Haar. Auf dem Boden zu ihren Füßen eine flache Holzwanne, in der sie wohl vorher, sich waschend, gestanden hatte. Der rote Morgenrock lag über einem Stuhl, ihre Kleider vom Vorabend waren achtlos um den Toilettetisch verstreut. Sie stand mit dem Rücken zu ihm und hatte den Kopf über die Schulter gedreht. Nun drehte sie sich ganz zu ihm herum, und er sah diese Drehung noch einmal im großen Spiegel. Gleichzeitig aber nahm sein Blick jede Einzelheit des ganzen Zimmers auf, mit einer Schärfe und Gründlichkeit, daß er es nie vergessen konnte. Sie mochte die ganze Zeit über im Bett gelegen haben, denn es war noch nicht aufgeräumt. Aber die Bedienerin mußte wohl hier gewesen sein, denn auf dem Spieltisch waren Flasche und Gläser verschwunden, statt dessen stand da ein Kaffeetablett mit einer halb geleerten Tasse und etwas Gebäck. Ihr Mantel hing noch da, wo sie ihn in der Nacht mit seinem zusammen aufgehängt hatte. Jost schloß ganz langsam die Tür hinter sich, dann zog er den Mantel aus und brachte ihn auf diesen Platz. Auch den Säbel stellte er dorthin, und dann ging er mit ruhigen Schritten zu ihr. Sie hielt ihm die Hände entgegen, aber er nahm sie mit beiden Armen um den Leib. Dabei sah er sich selbst und jede seiner Bewegungen und war doch so sehr von seinem Gefühl zu ihr überwältigt, daß er fast ohne Besinnung handelte. Er fühlte ihre Haut über den Hüften und mit den Lippen die federnde Weichheit ihrer Brust, den Flaum ihrer Achselhöhlen, die beglänzte Straffheit ihrer Schultern. Ihr Geruch überschwemmte ihn, und es spannte sich alles an ihm vor Drang und Begehr. Er packte sie fast roh, gewaltsam, und sie dehnte sich in seinen Griff mit einer zärtlichen, drängenden Bereitschaft. Mit feuchten offenen Lippen berührte sie sein Gesicht, als er sie hochhob. Er trug sie zum Bett, schloß die Vorhänge, daß es halb dunkel ward, kam zu ihr.

Dies geschah in der Dämmerstunde des ersten Neujahrstages. Draußen war's wärmer geworden, tiefe, bauchige Wolken trieben über der Stadt. Rasch fiel die Dunkelheit, und nachts begann es zu schneien. Der rieselnde, flutende Schnee umhüllte die Häuser mit einer so tauben, hauchlosen Stille, daß man kaum noch den Stundenschlag der Kirchtürme vernahm. Alles Leben schien hinter die dick angelaufenen, verwehten Winterfenster der Stuben gebannt, und was darinnen atmete, pochte, flammte und sich erfüllend verglomm, war wie auf Meeresgrund versunken, von den schwarzen Wassern der Tiefe eingehüllt, von aller Zeit und Umwelt ewig geschieden und abgetrennt. Auch der nächste Tag dämmerte schwer und spät, der Himmel mochte nicht hell werden, das Getöse der Kirchenglocken ertrank im Schneegewölk und zog als fernes, verworrenes Brausen vorbei. Dann sank die Nacht wieder herab, es hatte zu schneien aufgehört, der Sternhimmel sprühte im kalten Feuer des Frostes, Eisblumen schossen am Fenster auf, wucherten sprießend, kristallisch, einsame Schlittenschellen klingelten dünn, verschollen. Fast ohne Schlaf, aber in einer Versunkenheit, die tiefer und heftiger als ein Rausch war und schwebender als ein Traum – fast ohne die Augen zu schließen, aber manchmal durch blinde Stunden im Nebel einer halbwachen Bewußtlosigkeit treibend – fast ohne Unterlaß einander stumm umarmend, berührend, beglückend, nur hin und wieder im Flüstern der Scheu, der Stille, der Nähe einander Worte tiefster Vertrautheit schenkend –, durchmaßen sie die Ewigkeit dieser Begegnung – eine Nacht, einen Tag, und wieder eine Nacht –, als gäbe es aus ihr kein Zurück mehr in die vergessene Zeit – als stünde an ihrem Ende auch das Ende des eigenen irdischen Daseins. Manchmal ward ihren Augen der Strom einer Dämmerung zuteil, von dem sie nicht wußten, ob er dem Abend oder dem Tag zuschwimme. Auch schlurfte wohl nebenan ein Schritt, pochte ein Knöchel vorsichtig an die verschlossene Tür, knisterte frisches Holz im Ofen der Wohnstube, ward ein Tablett mit leise klirrenden Tassen draußen abgestellt, nichts aber, kein lebendiger Laut drang wirklich über ihre Schwelle. Entfernten sie sich einmal für kurze Frist voneinander, so geschah es schlafwandlerisch und ohne Erwachen, fühlbar nur durch die Brandung neuer Sehnsucht, neuer Heftigkeit, die sie einander neu entgegenwarf. Als er sie in der Frühe des zweiten Tages verließ, ging er wortlos und ohne Abschied, denn es war nur ein Schatten von ihm, der in eine verlorene Welt glitt, all sein Wesen blieb ungeteilt in ihrem Raum zurück.

Seine Stiefel knarrten fremd auf der leeren Holzstiege, und er erschrak fast über das Klirren seiner Sporen auf den Steinfliesen des unteren Hausflurs. Er löschte das Licht und stellte es in die Ecke hinter der Tür, dann trat er hinaus und schloß von außen wieder ab.

Die Sterne waren schon erloschen, und ein langer, rötlicher Streif lag über den Dächern. Der Himmel darüber war hechtgrau, schuppenhäutig, vom Widerschein des gefrorenen Schnees beglänzt. Quer über die Straße, deren buckliges Pflaster ganz vom Schnee verhüllt war, lief im Zickzack die Fußspur eines Mannes in Reiterstiefeln, der bis zur Haustür und dann vielfach hin und her gegangen sein mußte. Jost bemerkte sie nicht, schritt weit ausholend darüber hin, mit jedem Tritt neue, dunkle Tapfen in den noch unberührten, hell knirschenden Glitzerschnee brechend. Die Kälte biß ihm ins Gesicht, er spürte sie in der Haut wie eine wilde, brennende Liebkosung. Dampfweiß schnob der Atem aus seinem Mund, wie die Rauchwolke aus Pferdenüstern. Die Stille, das immer stärkere Morgenlicht und das Alleinsein in dieser Stunde erfüllten ihn mit einer göttlich heiteren Gelassenheit, einer strömenden Zuversicht, mit einem ganz neuen, in allen Fasern des Körpers ausschwingenden Gefühl von Weite, Freiheit, grenzenloser Leichte und Kraft. Er ging immer schneller, das Blut sauste in seinen Ohren. In seiner Brust war ein Dröhnen und Schmettern gleich mächtiger, vorwärts stampfender Marschmusik. Er glaubte sich selbst, um viele Jahre jünger, in das blinkende Ungewiß eines Kampfmorgens reiten zu sehen – mit jener überlichteten Klarheit, Helligkeit hinter der Stirn, die die Grenzen des menschlichen Denkens und Fühlens schon fast überschritten hat. Noch im kahlen Hof der Kaserne, unterm gewohnten Hornklang des morgendlichen Wecksignals, im scharfen Dunsthauch des Stalles und auf dem federnden Rücken des leicht antrabenden Gaules verblieb ihm diese Bereitschaft, dieser mächtige stumme Alarm, dieser freie, unwiderrufliche Einsatz aller Kräfte, auf Gedeih und Verderb.

Prittwitz begegnete ihm, als er vom Dienst zurückkam, am Kasernentor. Sie grüßten sich kurz. Aber in den nächsten Tagen, wenn er seine kleine Wohnung in den Kronhäusern neben der Kaserne betrat, die er jetzt nur noch zum Umkleiden für kurze Zeit aufsuchte, erfuhr er mehrmals von seinem Burschen, Graf Prittwitz sei hier gewesen und habe nach ihm gefragt. So beschloß er, etwa eine Woche nach Neujahr, selbst zu dem Grafen hinzugehn, ihm Erklärung, Rechenschaft abzustatten. Der Major von Prittwitz saß, als er eintrat, auf einem schmalen seidenbezogenen Bänkchen vorm Spinett, seine linke Hand klimperte ruhelos kleine Läufe und Arpeggien, während er ihn mit der rechten in einen Polstersessel lud. Dann läutete er dem Diener, ließ einen Südwein, Gläser, Gebäck hereinbringen. Beim Einschenken, das er selbst besorgte, schlug er mit der freien Hand leicht auf Josts Schulter. »Nett, daß du herkommst«, sagte er. »Ich wollte dich mehrmals besuchen – aber du wohnst wohl nicht mehr bei dir!« – »Ich hab's erfahren, daß du bei mir warst«, sagte Jost ohne Steifheit, aber doch im Ton bewußter Zurückhaltung, »und deshalb bin ich hier.« – Prittwitz hob langsam das Glas. »Auf dein Wohl!« sagte er. – »Auf deins!« erwiderte Jost. Sie tranken. Plötzlich lachte Prittwitz ganz leicht, lustig, jungenhaft, unbefangen ihm ins Gesicht. »Alter Kerl!« rief er und beugte sich lachend zu ihm vor. »Sind wir nicht einfach komisch? Sollen wir uns deshalb vielleicht Gift in den Wein schütten?« – »Nein«, sagte Jost und lächelte. »Auch nicht in die Feuerzangenbowle!« – Prittwitz stand auf, hielt ihm die Hand hin. »Ich war verrückt«, sagte er, »und du hast die Sache wettgemacht. Erledigt?« – »Erledigt!« sagte Jost, drückte seine Hand. – »Na, Gott sei Dank«, rief Prittwitz leicht, »nun kann man doch wieder ein vernünftiges Wort miteinander reden!« Und zwinkernd, vertraulich ihm beide Hände auf die Schulter legend: »Bist du glücklich, mein Junge?« – »Ich bin glücklich!« antwortete Jost ernsthaft. – »Es sei dir gegönnt«, sagte Prittwitz, schenkte wieder ein, schlug dann einen Triller auf den Tasten. »Bei mir hätt's auch so nicht mehr lang gedauert«, sagte er. »Und schließlich ist sie dazu bestimmt, daß sie uns alle glücklich macht. Immer hübsch nach der Rangordnung!« Er lachte, hörte auf zu trillern. »Ablösung vor!« rief er und machte die Armbewegung der antretenden Wache. »Ich bitte dich«, sagte Jost leise und stand auf, »nicht mehr so zu reden. Ich betrachte sie ganz als meine Frau.« – »Wieso?« machte Prittwitz und starrte ihn an. – »Sie ist meine Frau«, wiederholte Jost, seinen Blick voll aushaltend. Es sah so aus, als wolle Prittwitz laut lachen, aber er blieb still, in seinem Gesicht arbeitete es. »Sag mal«, meinte er nach einer Weile, »hast du noch nie was mit einer Frau gehabt?« – »Doch«, sagte Jost. »Aber ich bin noch nicht geliebt worden.« –

»Liebt sie dich?« fragte Prittwitz. – »Ja«, sagte Jost einfach. – »Na, dann gratulier ich«, sagte Prittwitz spöttisch, verbissen. – »Danke«, sagte Jost. Sie schwiegen eine Weile, dann streckte Jost ihm die Hand hin. »Auf Wiedersehn«, sagte er. – »Moment noch«, sagte Prittwitz, ohne die Hand zu nehmen, ging im Zimmer auf und ab. Dann blieb er vor ihm stehen. »Wohnst du wirklich bei ihr?« fragte er. – »Ja«, sagte Jost. »Ich komme nur noch von Dienst wegen ins Kronhaus.« – »Weißt du, daß man schon redet?« sagte Prittwitz. – »Meinswegen«, antwortete Jost. »Aber ich muß jetzt gehn.« – »Schön«, sagte Prittwitz, ergriff seine Hand und hielt sie einen Augenblick fest. »Mach keinen Blödsinn, Jost«, sagte er. »Tob dich aus, aber komm wieder zu dir selbst!« – »Ich bin bei mir selbst«, sagte Jost lächelnd, »mehr, als ich es jemals war. Und ich freue mich, daß zwischen uns nichts mehr ist.« – »Ich freue mich auch«, sagte Prittwitz und ließ seine Hand los. Er sah ihm nicht mehr ins Gesicht, und als Jost gegangen war, stand er noch eine Zeitlang unbewegt und spielte mit der Zunge in seinem Mundwinkel.

Gegen Ende des Winters, als schon Tauwasser in den Traufen gluckste und der laue Wind nach Pfützen und bitterer Birkenrinde roch, kam die berühmte Wiener Operngesellschaft Coronelli-Schlumberger in die Stadt und gab ein Gastspiel im großen Saal des Hotels ›Zum Kurfürsten‹, der sonst zu Bällen und Festlichkeiten benutzt wurde. Da das Orchester vor der rasch aufgezimmerten Bretterbühne unten im Saal sitzen mußte, waren die Stühle für die Zuschauer halbkreisförmig in immer weiteren Ringen, die allen Platz ausnutzten, angeordnet, und der ganze Raum wurde von einer Art Logen umkränzt, die auch wieder auf einem erhöhten Podest aufgebaut und durch kleine, niedrige Zwischenwände voneinander getrennt waren und die in der Hauptsache das Offizierskorps der Kürassiere belegt hatte. Während die Musiker ihre Instrumente stimmten und von dem Zirpen, Trillern, Zupfen, Schaben und Flöten ebenso wie von den Bewegungen des niedergelassenen Vorhangs, dem Flackern der Rampenlichter unter seinem Spalt und dem Geschwirre vieler halblauter Worte Wellen seltsamer Erregtheit durch den Raum liefen, nahmen die Herren, in großer Uniform, zum Teil mit ihren Damen, zum Teil in kleineren Freundschaftsgruppen, ihre Logenplätze ein, und man beobachtete sich gegenseitig durch Lorgnons und Theatergläser. Bald wandte sich die allgemeine Aufmerksamkeit, die zunächst dem Kommandeur gegolten hatte, der mit seiner Gattin und seinen drei Töchtern in der Mitte Platz nahm, einer kleinen Seitenloge zu, in der nur zwei Stühle standen. Dort war der Rittmeister Fredersdorff erschienen und, von ihm geleitet, in einem großen, pelzbesetzten Seidenkleid, die Schallweis. Er wartete, bis sie sich niedergesetzt hatte, legte ihr den Schal, den er auf dem Arm trug, um die Schultern, dann trat er zur Brüstung, grüßte höflich und unbefangen zuerst nach der Loge des Kommandeurs, dann zu den übrigen Herren und Damen. Ehe man sich noch darüber schlüssig werden konnte, ob und wie man sich nun in dieser Sache zu verhalten habe, ehe noch die gnadlosen Blicke der Damen und Mädchen, die vielfach schon etwas von der Existenz und dem Ruf dieser Frau hatten läuten hören, jeden Zug ihrer Erscheinung abtasten konnten, gingen die Lichter aus, ein kurzes hohes Anschwellen aller Stimmen wich völliger Stille, das Orchester begann mit der Ouvertüre. Josts Stuhl stand ein klein wenig weiter zurück als der ihre, und nach dem Hochziehen des Vorhangs sah er im Widerschein der Bühnenlichter einen leichten Glanz auf ihrem Haar und die bleiche, reglose Hälfte ihres der Bühne zugewandten, im Hören der Musik ganz aufgeschlossenen Gesichtes. Ihre Hand lag neben der seinen auf der Seitenlehne ihres Sessels, aber er berührte sie nicht. Er spürte von dieser Hand, von diesem Körper her eine tiefe, besessene Abwesenheit, es war ihm, als trennten die Töne, die sein eigenes Gehör aufnahm, sie auf eine heimliche und unerklärliche Weise von ihm. Als das große Vokalquartett kam – man gab eine Oper von Gluck –, sah er, wie ihre Lippen sich lautlos bewegten und ihr Auge sich an einen dunklen, selbstversunkenen Glanz verlor, der ihn jäh und ohne daß er es begriff, mit einem brennenden, bohrenden Schmerz erfüllte. Da berührte ihre Hand fast zufällig die seine, und dann tastete sie nach ihm, umschloß seine Finger mit heißem, zärtlichem Druck. Ohne sich umzuwenden, grüßte sie ihn mit einer kaum merklichen Veränderung ihrer Lippen, ihres vorgebeugten Halses, ihres abgewandten Blickes, und jetzt erst, als habe es eines Schlüssels, eines Zustroms, einer Mündung bedurft, ging der Zauber, der Schauer, die zarte Kraft und die schwebende Vollendung dieses unfaßbaren Elements, dieser formgewordenen Unwirklichkeit, in sein Wesen ein. Als es hell wurde, saßen sie noch eine Zeitlang stumm nebeneinander und hoben die Blicke nicht auf. Später, in der Pause, als man aufstand, um sich von Loge zu Loge und in den Gängen vor dem Saal zu begrüßen, merkte Jost wohl – und es war nichts, was er nicht erwartet und kühl erwogen hätte –, daß man seinem Gruß auswich, daß man hinter Fächern vor, über Achseln und zwischen Fingern hindurch die Frau an seiner Seite mit ablehnender Neugier maß. Er schien gleichgültig und unberührt, und sie unterhielten sich leise, übers Programm der Oper gebeugt. Prittwitz, der dicht an ihnen vorbei mußte, fühlte ihren Blick auf sich geheftet, und er grüßte sie kurz und förmlich. Als er dann, draußen, der Frau und den Töchtern des Kommandeurs die Hand küßte, zog der ihn am Arm beiseite. Sie flüsterten miteinander, während die Damen sich vergeblich bemühten, ein Wort zu erhaschen, Prittwitz mit eifrigem, besorgtem, doch etwas lauerndem Ausdruck, der Kommandeur ernsthaft, unschlüssig, ohne sichtliche Erregung. Ein paar andere Herren traten näher, wurden ins Gespräch gezogen, das nun etwas heftiger schwoll und in einzelnen Ausrufen seinen Gegenstand verriet. Aber der Oberst winkte rasch ab und trat wieder zu den Damen, während die jüngeren Offiziere sich um Prittwitz sammelten, der für diesen Abend nach der Vorstellung einige Regimentskameraden und die Mitglieder der Operngesellschaft zu einem kleinen Fest in seine Wohnung eingeladen hatte. Auch dort, wo man sich erst gegen Mitternacht versammelte, drehte sich das Gespräch zunächst um Fredersdorffs unerklärliches Verhalten und um die Schallweis. Es war ein Thema, das auch die Eingeladenen, besonders die Künstlerinnen, beschäftigte und so die Unterhaltung mit ihnen mühelos in Gang brachte, denn es stellte sich heraus, daß Lili Schallweis bei ebendieser Operngesellschaft Sängerin gewesen war und sich erst vor einigen Jahren von ihr getrennt hatte. Herr Schlumberger, der Prinzipal, von dem Prittwitz den andern Herren versicherte, daß er völlig im Bilde sei und sofort nach dem Essen verschwinde, beteuerte immer wieder, ein so wertvolles und gutartiges weibliches Wesen wie die Schallweis weder vorher noch nachher je bei seiner Truppe gehabt zu haben, womit er ganz offensichtlich nur die Coronelli reizen wollte, die, als Diva der Gesellschaft, mit einer herablassenden Nachsicht, einem vernichtenden Mitleid von ihrer früheren Kollegin, der sie immer alles Gute gewünscht habe, sprach. Mit besonderer Heftigkeit jedoch und ganz ohne jede Zurückhaltung drückte sich die kleine Zuckerstätter aus, ein resches, wuschelköpfiges Wesen, dessen wienerischer Aussprache und affektierter Natürlichkeit die preußischen Herren wie einem exotischen Rauschgift verfielen. Vor Frauen, die sich dazu hergäben, rief sie aus, könne sie keine Achtung haben, noch dazu, wenn es sich um eine Künstlerin handle, allerdings, fügte sie hinzu, gäbe es ja auch sogenannte Künstlerinnen. Man pflichtete ihr höflich bei, obwohl man im Grunde selbst den Unterschied nicht so genau nahm, und als Herr Schlumberger nach dem Essen gegangen war und den müden, schläfrigen Tenor sowie den noch sehr trinklustigen, heftig widerstrebenden Baßbuffo mitgenommen hatte, verzichtete man auf weitere Festlegung und allzu scharfe Trennung der Begriffe. Die Coronelli wurde schließlich von einem sehr jungen Leutnant nach Hause gebracht, die andern Damen in einer Regimentsequipage unter männlichem Schutz in ihre Quartiere gefahren, die kleine Zuckerstätter hatte den Hausschlüssel ihres Gasthofs vergessen und mußte bei Prittwitz übernachten. Als der am nächsten Tage seine kostbare Tabatiere und eine goldene Uhr vermißte, wollte er die Sache wohl vertuschen, aber sein Bursche und vor allem seine Aufwartefrau fühlten sich verdächtigt, holten, bevor er es hätte verhindern können, die Polizei, und schon am Nachmittag hatte man ihm seinen Besitz wieder zugestellt und die kleine Zuckerstätter ins Polizeigefängnis eingeliefert.

Jost, gegen Abend nach Dienst und Befehlsempfang den gewohnten Weg zu Lilis Haus eilend, begegnete kurz vor ihrer Tür einem unbekannten, etwas schäbig aussehenden Menschen in Schlapphut und Radmantel, der, als er seiner ansichtig wurde, vom Gehsteig heruntertrat, Front zu ihm nahm, seinen Hut zog und mit einem Kratzfuß murmelte: »Schlumberger!« Er achtete nicht darauf, hastete rasch vorüber. Erst im Hausflur, zwischen den leeren Kisten und aufgestapelten Säcken der Spezereihandlung, kam es ihm in den Sinn, diese Gestalt mit Lili in Beziehung zu setzen. Er blieb einen Augenblick stehen, dachte nach, dann ging er weiter. Aber schon auf dem ersten Treppenabsatz hielt es ihn wieder fest. Er lauschte, hielt den Atem an, dann spürte er, wie sein Herz mählich, beklemmend zu pochen begann. Leise, fern, dann plötzlich in einem Lauf zur Höhe anschwellend, wieder abklingend, fast zaghaft der klaren Linie einer Melodie nachtastend, sie dann mit Bögen und Figuren zärtlich umspielend, drangen Töne zu ihm herab. Es war zum erstenmal, daß er sie singen hörte. Er hatte nie daran gedacht, daß sie Sängerin war. Langsam schritt er weiter treppauf, bis er vor ihrer Flurtür stand. Er verharrte unschlüssig, den Schlüssel in der Hand wiegend. Die Stimme brach kurz ab – dann setzte sie neu ein, in einem großen, jubelnden Crescendo. Er überlegte, ob er eintreten solle. Da vernahm er den leise verwehten Klang des Glokkenspiels, das die volle Stunde ansagte. Es ward ihm klar, daß sie ihn um diese Stunde erwartete, erwarten mußte, daß er nicht die Schwelle eines heimlichen, heimlich gehüteten Eigenlebens übertrat, daß sie, ihn erwartend, auf seinen Eintritt wartend, sang, ihm entgegensang – und diese Vorstellung beschwingte ihn so sehr, daß er fast über sein Zögern, über das dunkle Erschrecken seines Herzens lachen mußte. Er drehte den Schlüssel um, trat ein. Der Gesang riß ab, als er die Stubentür aufmachte, die Stimme zerfiel in einem leisen, verhaltenen Lachen, das ihm ebenso fremd schien wie die Töne vorher. Sie stand zwischen Koffern, von denen einer geöffnet und halb ausgeräumt war. Ein leichter Geruch von Seide, Kattun, Lavendel und etwas Mottensalz erfüllte den Raum. Auf Stühlen und Sesseln, auch auf dem Boden und überm aufgeklappten Deckel des Koffers lagen Kostüme, Tücher, Garderobenstücke aller Art. Quer überm Tisch ein spitzenbesetztes Pagenkostüm, mit kurzen gelbseidenen Kniehosen. Sie hatte ein kleines geblümtes Mieder in der Hand und hielt es prüfend gegens Licht. Als er eintrat und näher kam, ließ sie's zur Erde fallen. »Hier«, sagte sie, ihm die Hand entgegenstreckend und mit der andern auf verschiedene umherliegende Kostüme weisend: »Lucinda! Rosamonde! Coelestin!« – Dann bemerkte sie seinen Blick, schwieg, sah ihn voll an. Er trat zu ihr, umarmte sie. »Was ist?« fragte er leise. – »Es ist meine alte Truppe«, sagte sie. »Ich bin jahrelang mit ihnen gereist. Der Prinzipal war hier. Er hat heut ein Mitglied verloren, das meine Partien sang. Er fragt mich, ob ich einspringen will – mitwill.« – Jost sah auf ihre Hände, in seinem Gesicht regte sich nichts. »Möchtest du?« fragte er, mit ruhiger Stimme. – »Ich weiß nicht, ob ich noch kann«, sagte sie. »Ich war sehr krank damals – als ich aufhörte. Ich hatte fast keine Stimme mehr.« – Jost trat einen Schritt zurück – steckte seine Hände in die Taschen. »Und wenn du könntest«, sagte er dann, »möchtest du fort?« Da sie nicht antwortete, wiederholte er nach einer Weile: »Möchtest du von mir fort?« – Sie stand unbewegt, den Kopf etwas geneigt, das Lampenlicht verschattete ihre Augen, hob ihren Mund und die kleinen Falten um seine Winkel scharf und deutlich heraus. »Ich glaube, es wäre besser!« sagte sie langsam. – »Warum?« fragte er. – »Weil es nicht geht«, sagte sie. – »Warum?!« wiederholte er mit unveränderter Stimme. – »Weil es nicht geht«, sagte sie wieder. – »Warum?!« fragte er zum dritten Mal. – »Wir hätten nicht dorthin gehen sollen«, sagte sie gequält, »gestern abend.« Sie wandte sich etwas ab. Er trat hinter sie, nahm ihren Kopf in die Hände, drehte ihr Gesicht zu sich um. Es schwamm in lautlosen Tränen. »Ich laß dich nicht«, sagte er fest. »Niemals.« – Sie warf sich herum, umklammerte ihn, barg ihr Gesicht an seinem Hals, preßte es in die Aufschläge seines Rockes. Er spürte, wie ihre Zähne den Stoff seines Hemdes zerbissen. Er beugte seinen Mund auf ihren Kopf, sprach in ihr zerwühltes Haar. Seine Worte versanken darin, vergingen in ihrem Atem, in ihrem Blut, im Dröhnen ihrer Herzen. Ihre Hände fanden einander, berührten, preßten, marterten sich. Dann spürte er, wie ihr Mund ihn suchte, sah ihr Gesicht ganz groß, aufgetan, mit geschlossenen Augen, spürte, wie ihr die Knie wegsanken und wie ihr Schoß ihn zu Boden zog.

Der Kommandeur des Brandenburgischen Kürassier-Regiments, ein alter verdienter Kriegsobrist, der aus dem bürgerlichen Offiziersstand stammte, entschloß sich in den nächsten Tagen, nach einer Besprechung mit einigen seiner Herren, die ihm die Beschwerden ihrer Damen und ihre persönliche Verstimmung mitgeteilt hatten, den jungen Rittmeister unter vier Augen zur Rede zu stellen und ihm das Unpassende seiner Gesellschaft in der Oper, das Bedenkliche seines Lebenswandels überhaupt freundschaftlich und verweisend klarzumachen. Bevor aber noch die Ordonnanz mit der Befehlszustellung an ihn abgegangen war, ließ der Rittmeister Jost von Fredersdorff sich beim Kommandeur melden und unterbreitete ihm ein Gesuch um Erlaubnis zur Eheschließung mit der ledigen Sängerin Lili Schallweis.

Am zweiten Ostertag holte Jost sie in einem Wagen ab, den er selbst kutschierte, und fuhr mit ihr übers helle, sonnenbeglänzte Land. In der seidigen Luft des Apriltags standen schon Lerchen wie hochgeschleuderte, schmetternd schwebende Feldsteine, Starschwärme plapperten, flöteten auf den Giebelrändern der Scheunen, von den weiten Marschwiesen quäkte der Brutschrei der Kiebitze. Da und dort am Kanal schleierten junge Birken und Weiden, und Lili trug an der Brust einen Busch frischer Veilchen, den ihnen ein Bub an der Landstraße verkauft hatte. Jost nannte kein Ziel, aber es war ihm anzusehen, daß er mit dieser Fahrt eine besondere, ungewöhnliche Absicht verband. Er sprach wenig, schien aber von einer heiter leichten Gespanntheit, und seine Augen hatten manchmal den Glanz stiller Erwartung. Je weiter sie von der Stadt und den vorgelagerten Dörfern ins platte Land kamen, je schlechter der Weg und je endloser das

Blickfeld über feuchte Wiesen, Äcker im Flaum der jungen Saat und ferne Waldränder sich dehnte, desto munterer, ausgelassener wurde sein Wesen, er lachte viel, ließ sie die Zügel des vor Kraft und Luftfreude ausschlagenden Pferdes führen, ihr die Grundlagen des Fahrens beibringend – und zeigte ihr plötzlich sehr aufgeregt Kenn- und Merkpunkte in der Gegend, die sich durch nichts von ähnlichen Erscheinungen in andern Gebieten unterschieden: die Flügel einer Windmühle am Horizont – einen Kirchturm fern hinterm Hügelrand – ein altes Storchnest auf dem vermoosten Dach eines Bauernhofs – und schließlich die Front eines hellen, schloßartigen Gebäudes, die zwischen Ulmen aufschimmerte. Er griff in die Zügel, hielt den Wagen an. Lili schwieg, sah ihm ins Gesicht. Sie spürte, daß etwas in ihm stockte, das sie mit Fragen nicht lockern konnte. Sie rückte nah zu ihm hin, wartete. »Das ist mein Vaterhaus«, sagte er schließlich, mit dem Peitschenstiel auf das Herrschaftsgebäude weisend, an dessen Flanken man jetzt die Wirtschaftshäuser und Stallungen sah. »Und hier werden wir leben«, fügte er nach einer Weile hinzu. Sie sagte noch immer nichts, schmiegte sich dicht an ihn. »Als meine Eltern starben«, sagte er dann im Ton ruhigen Erklärens, »war ich schon in die Armee eingetreten. Brüder hatte ich nicht, ein Vetter von mir, der bei uns aufgewachsen war, übernahm das Gut. Aber ich habe erblichen Anspruch auf die Hälfte des Besitzes. Den will ich jetzt geltend machen. Für uns.« – »Wird dein Vetter das hergeben?« fragte sie. – »Er muß!« lachte Jost. »Und außerdem sind wir Freunde, von Kind auf. Ich will ihn jetzt überraschen.« Er lockerte die Bremse, wollte anfahren. Sie legte die Hand auf seinen Arm. »Willst du nicht lieber allein zu ihm?« fragte sie. »Ich kann hier aussteigen, spazierengehen«, und da sein Gesicht sich beschattete, fügte sie kraftlos lächelnd hinzu: »unser Gut anschaun!« – »Das tun wir später zusammen!« rief Jost und schien wieder fest. »Jetzt mußt du mitkommen!« sagte er mit fast herrischem Ton und ließ den Gaul mit einem Ruck antraben. Sie lenkten in die kahle Allee ein, die zur Freitreppe des alten einfachen Herrenhauses führte. »Es heißt Gut Wendlitz«, sagte er, »hat ein paar tausend Morgen Ackerland, Wiesen, Wald, Viehweiden.« – »Es ist wunderschön«, sagte sie leise. – Ein Knecht in Hemdsärmeln sprang aus dem Stall herzu, faßte das Kopfzeug des Pferdes. Jost sah ihn prüfend an, aber er schien ihn nicht zu kennen, es war ein jüngerer Mensch. »Sind die Herrschaften zu Haus?« fragte Jost. – »Jawohl, Herr«, sagte der Knecht. »Soll ich ausspannen?« In diesem Augenblick öffnete sich die Haustür überm Schwung der Freitreppe, ein Herr trat heraus, in Reitstiefeln und einer Art soldatischer, vorne offenstehender Litewka, die er mit der linken Hand zuknöpfte. Lili starrte wie gebannt auf die schlanke, fast hagere Gestalt im Türrahmen, die jetzt, die Ankömmlinge erstaunt prüfend, eine Hand über die Augen hob. Da stand ein Abbild von Jost, nur etwas älter, kälter, härter, lebloser – so wie man es ihm vielleicht als Denkmal aufs Grab gesetzt hätte, wenn er bei einer Heldentat gefallen wäre –, und es ging so viel Fremdheit, Sprödheit, Unberührbarkeit von ihm aus, daß ihre Haut kalt wurde. – »Fritz!« rief Jost und knallte mit der Peitsche. Der Angerufene mochte ihn gleich erkannt haben, es änderte sich nichts in seinem Gesicht, er blieb noch einen Augenblick stehn und musterte beide mit einem gesammelten Ausdruck, wie ein Mensch, der gewohnt ist, rasch Ziel und Wirkung abzuschätzen. Dann kam er ruhigen, aber flotten Schrittes die Freitreppe herunter. Jost war abgesprungen, half ihr aus dem Wagen. Nun wandte er sich mit ausgestreckter Hand dem Gutsherrn zu, der sie ergriff und freundlich schüttelte. »Ich freue mich, daß du mal herkommst, Jost«, sagte er. »Ich hab' dich lange nicht gesehen.« Dann wandte er seinen Blick kühl fragend auf die Dame. »Dies ist mein Vetter Fritz«, sagte Jost herzlich und schob ihn etwas näher zu ihr hin. »Fritz von Fredersdorff. Und dies ist meine Verlobte.« Der Gutsherr beugte sich über ihre Hand, dann trat er zurück und ließ ihr mit einer Armbewegung den Vortritt auf die Freitreppe. Sich umwendend rief er dem Knecht zu: »Spann das Pferd aus, Kilian, schütt ihm vor! Du bleibst doch eine Stunde?« wandte er sich an den vorausschreitenden Jost. – »Es kommt drauf an«, sagte der und drehte sich lächelnd um. »Vielleicht länger!« – In der Tür oben erschien ein älterer Diener, der sich vor Jost tief und freudig atmend verbeugte. Jost gab ihm die Hand. »Wie geht's immer, Martin?« sagte er. – »Danke, gnädiger Herr!« flüsterte der Diener und wollte sich rückwärts entfernen. Der Gutsherr hielt ihn mit einem Blick zurück. »Sie führen die Herrschaften ins Herrenzimmer!« sagte er, während sie in eine dämmerige, mit Hirschköpfen und alten Waffen geschmückte Halle eintraten. Von links, offenbar von einem Flur her, der zur Halle führte, hörte man deutlich eine Frauenstimme und das Lachen von Kindern. Jost wandte sich nach dort. »Deine Frau?« fragte er. – »Meine Frau ist leider nicht zu Hause«, sagte der Vetter in unverändertem Ton. »Sie ist mit den Kindern über Land gefahren und wird auch vor Abend nicht zurück sein.« – Jost blieb stehen, sah ihn an. Der hielt seinen Blick ruhig aus, dann sagte er, zu Lili gewandt: »Ich bitte Sie, mich einen Augenblick zu entschuldigen!« und ging rasch nach links. Der Diener öffnete eine Tür zur rechten Hand. Sie traten ein. Eine strenge Einrichtung und ein Schreibtisch gaben dem Raum fast den Anstrich eines Büros. Jost blieb an der Tür stehn, öffnete sie einen Spalt, dann schloß er sie wieder. »Verdammt!« sagte er, stampfte auf. Sein Gesicht war bleich, seine Augen flammten. Lili sah ihn kurz an, dann riß es ihren Blick von ihm weg. Sie trat zum Fenster, schaute in einen vorfrühlingskahlen, mit Fichtenreisern eingedeckten Garten hinaus. Mit dem Blut, das ihr in die Schläfen wallte, stieg ohne Willen und Vorsatz ein Trotz, eine Wut, eine zornige Empörung in ihr auf. Sie erschrak tief, denn sie merkte, daß dieser keimende Haß nicht gegen die fremden Leute, sondern gegen ihn, den Mann, den Geliebten, gerichtet war. Sie spürte, wie sehr er, mit verkrallten Händen an der Tür stehend, litt, und es regte sich eine blinde, hilflos grausame Feindschaft in ihr. Sie preßte die Hände gegen die Schläfen, sagte sich lautlos wie eine Litanei alle zärtlichen Namen, Worte, alles Gute, Vertraute, Gemeinsame, das sie für ihn wußte. Aber sie konnte sich ihn dabei nicht vorstellen, so wie man oft nicht imstande ist, beim Aufsagen eines Gebetes sich dessen, an den es gerichtet ist, bewußt zu werden. Hinter sich hörte sie seine Stimme, scharf, fremd, erkaltet, so daß sie sie im ersten Vernehmen nicht von der des Vetters unterscheiden konnte. »Da deine Frau es vorzieht«, sagte er zu dem lautlos Eingetretenen, »meine Verlobte nicht kennenzulernen, möchte ich auch dich nicht lange aufhalten.« – »Ich habe ein kleines Frühstück anrichten lassen«, sagte der andere. »Darf ich bitten!« Er wandte sich deutlich zu ihr, aber sie drehte sich nicht um. »Danke«, sagte Jost ziemlich trocken, »wir verzichten darauf. Ich bitte dich nur um eine kurze Unterredung unter vier Augen.« – »Wie du willst«, sagte der andere nach einer kleinen Pause. »Darf ich Sie bitten, solange im Salon Platz zu nehmen?« – »Ich möchte lieber draußen warten«, sagte Lili und deutete mit einer unbestimmten Armbewegung durchs Fenster in den Garten hinaus. – »Es wird Ihnen kalt werden«, sagte der Gutsherr höflich. – »Nein«, sagte sie. »Ich werde umhergehen.« – Er verbeugte sich leicht, öffnete ihr die Tür, winkte dem Diener draußen. Sie neigte den Kopf, ging hinaus. Der Vetter schloß die Tür, wandte sich zu Jost um. Der stand am Schreibtisch, eine Hand auf die Tischplatte gestützt. Sie sahen sich wortlos an. Dann sagte der Gutsherr: »Du wirst es verstehen, Jost. Ich kenne die Schallweis vom Sehen. Ich kann meine Frau unmöglich mit deiner –« er zögerte kurz, »mit deiner Freundin bekannt machen.« – »Es handelt sich um meine zukünftige Frau«, sagte Jost kühl. »Und um die zukünftige Herrin von Gut Wendlitz. Wenigstens vom halben Gut Wendlitz!« fügte er hinzu. – Der Vetter nickte, als höre er etwas, das er erwartet hatte. »Möchtest du dich nicht setzen?« sagte er dann. – »Nein«, antwortete Jost. »Wir wollen's kurz machen. Ich werde den Abschied nehmen. Ich habe ein Gesuch um Eheschließung eingereicht, es wurde abgewiesen.« – »Wunderst du dich darüber?« fragte der Vetter. – »Nein«, erwiderte Jost. »Aber ich ziehe die Konsequenz.« – »Jost«, sagte der andere, ohne daß seine Stimme besondere Erregtheit oder Nachdrücklichkeit aufbrachte – mehr, wie man eine Formel anwendet, von der man weiß, daß sie sinnlos ist, »wenn dir deine Laufbahn gleichgültig ist, so denke an unsern Namen.« – »Unser Name«, sagte Jost leise und ernst, »wird im Kriegstagebuch meines Regiments nicht ausgelöscht werden. Auch meine Laufbahn«, sagte er lächelnd, »steht in diesem Journal. Jetzt aber beginnt mein Leben.« – Sie schwiegen. Dann sagte Jost: »Die Hälfte des Gutes gehört erbrechtlich mir. Ich beanspruche sie jetzt. Wir müssen uns über die Form der Teilung verständigen.« – Der Gutsherr antwortete nicht, sah lange zum Fenster. Dann ging er zum Schreibtisch, zog eine Lade auf, nahm einen kleinen Schlüssel heraus, trat zur Wand und öffnete einen eingelassenen Tapetenschrank. Aus einer Mappe nahm er ein großes, vielfach gesiegeltes Schriftstück, breitete es auf den Tisch. Beide beugten sich darüber. Der Vetter tippte mit dem Finger mehrere Male auf einen bestimmten Absatz. »Hier steht's«, sagte er. »Wenn ich das Gut länger als zehn Jahre bewirtschaftet habe, steht mir das Recht zu, dir deinen Erbanteil gegen eine bestimmte Barsumme abzugelten. Die Summe richtet sich nach dem amtlich festzustellenden Schätzungswert. – Ich bewirtschafte das Gut seit mehr als elf Jahren.« – »Hast du das Geld?« fragte Jost. – »Nein«, sagte der andere. »Es wäre nicht leicht. Aber wenn du mich zwingst, bringe ich's auf.« – »Ich will das Geld nicht«, sagte Jost. »Ich will meinen Anteil. Ich will hier leben.« – »Mit dieser Frau?« fragte sein Vetter. – »Mit meiner Frau!« erwiderte Jost, jedes Wort betonend. Sie schwiegen, der Gutsherr packte das Schriftstück wieder ein, verschloß den Wandschrank. – »Du mußt mir einen Monat Zeit lassen«, sagte er dann. »Das entspricht der Gepflogenheit.« – »Selbstverständlich«, sagte Jost. »Mein Abschied ist auch noch nicht eingereicht.« – »Danke«, sagte der Vetter kurz. – »Leb wohl«, sagte Jost und hielt ihm die Hand hin. »Ich hoffe, daß wir in einem Monat die Teilung regeln können!« – »Leb wohl«, sagte der Gutsherr und gab ihm die Hand. »Ich werde dir Nachricht geben.« – Jost ging. – Kinderlachen schrillte ihm entgegen. Lili stand hinterm Haus im Obstgarten, dessen Blüte noch nicht aufgebrochen war, und scherzte mit zwei kleinen flachsköpfigen Mädchen. Sie ahmte das dumpf murrende Quaken der früh laichenden Erdkröte nach, das von einem nah gelegenen Schilfteich herüberdrang. Es klang so echt, als habe sie immer nur Erdkröten nachgeahmt, sie blies dabei die Backen auf und preßte die sehr gewölbten Augenlider dick zusammen, so daß sie ein richtiges Froschgesicht bekam. Die Kinder versuchten es auch, es gelang ihnen nicht, sie schnitten Grimassen, machten andere Tiere und Tierstimmen nach, johlten. Plötzlich vom Fenster her eine scharfe, befehlende Frauenstimme. Die Kinder fuhren zusammen, standen starr. Dann warfen sie sich herum, jagten zum Haus.

Jost trat zu ihr, nahm behutsam ihren Arm. Sie sah ihn nicht an, schaute den Kindern nach. Sie gingen ein paar Schritte. Dann sagte Jost, ihre Hand streichelnd: »Es wird alles gut werden.« Sie antwortete nicht, ihre Mundwinkel zuckten. Als sie im Wagen saßen und er das Pferd wendete, im Schritt den Hof durch die Allee verlassend, brachte sie ihr Gesicht nah zu ihm und sagte flüsternd: »Verzeih!« Er beugte sich rasch nieder und küßte ihre Hand, die nackt auf der Decke lag. Kreuz und quer lenkte er das Gefährt über sandige, ausgefahrene Feldwege, durch kleine Wäldchen, an Viehzäunen entlang, manchmal nur Hufspuren oder Radrinnen folgend. Immer wieder sah man aus verändertem Winkel und verschiedener Entfernung das Herrenhaus. – Schließlich hielt er in einem kleinen Hohlweg an, machte die Zügel an einem Weidenstrunk fest. Er stieg ihr voraus die grasige Böschung hinauf, folgte ein paar Minuten einem schmalen Fußpfad durch knospenden Buchenwald, blieb am Rand einer Lichtung stehen. Unter einem vereinzelten knorrigen Eichbaum war eine niedrige, zerzauste Buchshecke eingepflanzt. Er bückte sich, teilte den Busch mit den Händen, man sah einen flachen grauen Stein darunter. »Ein Hundegrab«, sagte er dann und lächelte abwesend. Die Sonne lag schräg auf dem Waldrand und auf der langgestreckten, noch winterfahlen Wiese, durch deren Mitte ein schmaler Wassergraben lief. Sie setzten sich auf das trocken knisternde Altlaub zu Füßen der Eiche, lehnten die Rükken an ihren sonnenbehauchten Stamm. Die atmende Kühle des Erdreichs und die mähliche Erwärmung der sonnenstäubigen Luft vermischten sich zu einem lauen, feuchtwürzigen Dunst, der mit dem Atem und durch die Haut in sie einströmte, ihre Stirnen und Lippen umbadete und ihre Körper wie mit Himmelsäther ganz durchdrang. Die tiefe, zehrende, durch Schlaf nicht stillbare Müdigkeit des Frühlings zog mit diesem lichtflüssigen Nebel in ihre Adern. Ihre Hände und Knie berührten sich, ihre Blicke versanken brennend ineinander. »Man könnte sterben«, sagte Jost nach einer langen, schweigenden Zeit, und seine Stimme klang etwas heiser, von Dunst und Sehnsucht belegt, – »man könnte sterben vor Glück.« – Sein Blick verlor sich von ihrem, streifte weit über die Lichtferne des Horizonts. Lili hob scheu die rechte Hand und machte, ungesehen von ihm, mit dem Daumen das Zeichen des kleinen Kreuzes auf Stirne, Mund und Brust. »Ist es wahr«, fragte sie nach einer Weile mit einer kleinen, fast ängstlichen Kinderstimme, »daß euer König nicht an Gott glaubt?« – »Unser König«, antwortete Jost, und sein Gesicht ward schmal vor Stolz, »unser König braucht keinen Gott.« – »Aber wir brauchen ihn«, sagte sie leise. »Wir sind ja verloren ohne ihn.« – »Ja«, sagte Jost. »Aber er hat uns drei große Wege gemacht, die immer ins Freie führen.« – »Welche sind das?« fragte sie. – »Die Tapferkeit«, sagte Jost, schwieg eine Zeit, blickte sie an. »Die Liebe«, sagte er dann. – »Was noch?« fragte sie rasch. – »Der Tod«, sagte er, stand auf, reckte die Glieder. Sie sprang von der Erde empor, umschlang ihn mit aller Kraft. Er küßte sie lange. »Komm«, sagte er dann. Sie schritten zum Wagen zurück. Als sie, in scharfem Trab, auf die große Landstraße einbogen, die zur Stadt zurückführte, drehte er sich noch einmal kurz um, pfiff zwischen den Zähnen. »Er wird das Geld nicht aufbringen!« sagte er dann, lachte kurz und trieb den Gaul an.

Josts Gesuch um Abschied aus der Armee lag nun schon einige Wochen beim Kommandeur seines Regiments, der sich nicht entschließen konnte, es zur Personalkammer nach Potsdam weiterzugeben, und immer wieder erfolglos versuchte, den jungen Offizier von seinem Vorhaben abzubringen. In den ersten Maitagen empfing der Kommandeur den Grafen von Prittwitz zu einer langen Aussprache hinter verschlossenen Türen. Kurz darauf erhielt Jost einen militärischen Auftrag, der ihn für einige

Tage von der Stadt entfernte. Es handelte sich um die Führung der Ehreneskorte für eine durchreisende Fürstlichkeit, die in der Stadt Pferdewechsel hatte und von einer Schwadron der Kürassiere bis Berlin geleitet werden sollte. Jost wunderte sich im stillen über diesen Auftrag, denn es waren dem Zug schon zwei Geleitoffiziere eines Potsdamer Regiments beigegeben. Am Tage nach seinem Abritt wurde bei der Schallweis, die ihre Wohnung nicht verließ – denn es folgten ihr seit einiger Zeit die Blicke der Passanten, und manch gehässiger Ausruf gellte hinter ihr drein, wenn sie allein auf der Straße ging –, an der Flurtür gepocht. Da sie allein war, öffnete sie selbst. Prittwitz stand draußen, in seinen langen Mantel gehüllt. Sie sah ihn wortlos an, gab den Eingang nicht frei. »Ich bitte Sie«, sagte Prittwitz, »mir eine kurze Unterredung zu gewähren. Ich muß mit Ihnen sprechen.« – »Ich wüßte nicht«, entgegnete sie, »was wir zu besprechen hätten.« – »Es handelt sich um Herrn von Fredersdorff«, sagte Prittwitz. »Es geht um Jost!« fügte er drängend hinzu, da sie keine Miene machte, ihn eintreten zu lassen. Sie zögerte noch einen Augenblick, dann trat sie zurück. »Ich bitte«, sagte sie, öffnete die Tür des Wohnzimmers. Drinnen blieb sie in der Nähe des Fensters stehen, forderte ihn nicht auf, abzulegen oder sich zu setzen. Er ging ihr nach, sah sie lange an. »Sie müssen fort!« sagte er dann unvermittelt. In ihrem Gesicht regte sich nichts. – »Was wollen Sie damit sagen?« erwiderte sie langsam. – »Ich will damit sagen« – er trat einen Schritt näher auf sie zu, legte die Hand leicht auf ihren Arm –, »daß Jost nicht zugrunde gehen darf!« – Sie schwieg, zog ihren Arm zurück. Nach einer Weile sagte sie: »Kommen Sie in einem Auftrag hierher?« – »Ich bitte Sie, mich zu verstehen«, sagte Prittwitz mit Nachdruck. »Ich komme nicht in einem Auftrag hierher. Aber ich komme in einer allgemeinen Sache hierher. – Jost ist Offizier. Er ist einer der Besten.« – Sie nickte, sah zu Boden. »Sie meinen, daß ich ihn verlassen soll?« sagte sie dann in einem ungläubigen Ton. – »Ich meine, daß Sie es müssen!« entgegnete Prittwitz mit fester Stimme. »Sie sind für das verantwortlich, was geschieht.« – »Ich bin für sein Leben verantwortlich –« sagte sie, wie zu sich selbst.

– »Ja«, rief Prittwitz aus. »Und es geht um sein Leben!« – Sie sah ihn an. »Ich kann nicht«, flüsterte sie. – Prittwitz trat auf sie zu, legte den Arm um ihre Schulter. Sie ließ es geschehen, stand unbewegt. »Seien Sie stark, Lili«, sagte er, und seine Stimme bekam einen wärmeren Klang. »Sie wissen doch selbst, daß es nicht geht!« – »Ich weiß nichts«, sagte sie. »Ich liebe ihn.« – »Wenn Sie ihn wirklich lieben«, sagte Prittwitz, »dann müssen Sie mich verstehen. Es gibt nur die Wahl zwischen dem raschen Schnitt, der verheilt – und dem langsamen Verbluten.« – Sie lehnte sich leicht an ihn, er spürte, daß ihre Knie zitterten. »Glaubst du, daß wir nicht leben können, miteinander?« fragte sie. – »Muß ich dir darauf antworten?« fragte er leise zurück. – »Ich kann nicht –« sagte sie, ging von ihm weg, ließ sich in einen Stuhl sinken. – »Du brauchst nichts zu entscheiden«, sagte er rasch. »Es genügt, daß du nicht widerstrebst!« – Sie sah ihn fragend an, mit glanzlosen, bläulich umschatteten Augen. »Ich stehe für alles ein«, sprach er weiter. »Ich werd's ihm erklären. Ich werde ihn nicht allein lassen. Er hat Freunde!« Sie regte sich nicht. »Es ist alles vorbereitet«, sagte er. »Es liegt eine polizeiliche Ausweisungsorder für dich vor. Erschrick nicht –« sagte er und trat rasch zu ihr hin, fuhr ihr kurz übers Haar, »es ist eine Formsache. Es enthebt dich der freien Entschließung, nimmt deinem Schritt alles Bittere. Wenn er zurückkommt, bist du verschwunden, durch höhere Gewalt.« Sie antwortete noch immer nicht. »Es wird Blut kosten«, sagte er, »– aber dann ist er gerettet. Auch du wirst nicht sterben daran«, fügte er hinzu. – »Man stirbt und lebt weiter«, sagte sie fast ohne Ton. Prittwitz durchmaß zweimal die Stube, dann blieb er am Tisch stehen, sprach trocken und fast geschäftsmäßig. »Es geht alles ohne Aufsehen. Es fährt ein Wagen vor, mit verhängten Fenstern, morgen um die gleiche Zeit. Zwei berittene Polizisten werden ihn begleiten. Sie warten am nächsten Straßenkreuz, es wird sie niemand bemerken. Ich selbst werde hier sein, dich abzuholen.« – »Wo soll ich hin?« fragte sie im gleichen unberührten Tonfall. – »Das steht bei dir!« sagte er. »Am besten zunächst nach Berlin.« Dann, nach einer Stille, sagte er noch: »Solltest du ohne Mittel sein, so könnte fürs erste für dich gesorgt werden.« Sie stand auf, hob die Hand. »Das nicht!« sagte sie hart. »Das, bitte, nicht!« – »Verzeih«, sagte er. »Ich wollte dich nicht kränken damit.« – »Ich weiß es«, sagte sie leise. Er trat zu ihr hin, streckte die Hand aus. »Ich kann auf dich rechnen?« fragte er. Sie antwortete nicht mehr, übersah die Hand, wandte sich ab. Er sah, wie ihr Nacken sich immer schwerer niedersenkte. Schweigend verbeugte er sich, dann ging er.

Jost, der sich in Potsdam vom Kommandanten der Ehrenwache hatte beurlauben lassen und, von tiefer Unruhe getrieben, der unter Führung eines Leutnants heimkehrenden Schwadron um einen Tag vorausgeeilt war, ritt gegen Abend, von seinem Pferdeburschen in kurzem Abstand gefolgt, in die Stadt ein. Auf dem Platz vor der Garnisonkirche hielt er kurz an, wie von einem Gedanken gepackt, dann zwang er sein Pferd, das, den Stall witternd, in Richtung zur Kaserne drängte, herum und lenkte es in schärferer Gangart der Straße zu, in der die Schallweis wohnte. Immer heftiger trieb er das schrittmüde Pferd an und spähte, auf seinen Hals vorgebeugt, in die rasch sinkende Dämmerung. Schon von weitem bemerkte er den Wagen vor ihrer Haustür, und als er die beiden Gestalten auf die Straße treten sah, ließ er den Gaul trotz des Holperpflasters in Trab fallen. Die berittenen Polizisten, hinterm Straßeneck, sahen ihn vorbeisprengen und schlossen sich seinem langsamer nachfolgenden Reitknecht an. Jost warf sich atemlos vom Pferd, als er beim Wagen angelangt war, dessen Schlag Prittwitz schon geöffnet hatte. Er ließ das Pferd stehen, wo es stand, der Bursche sprang ab und nahm es beim Zügel. Lili, in einen Reisemantel gehüllt, hatte den Fuß auf den Wagentritt gesetzt. So verharrte sie regungslos, wie sie seiner ansichtig wurde, alles Blut wich aus ihrem Gesicht. Als er mit drei Schritten neben ihr stand, sank sie mit einem leisen Aufschrei zusammen. Er fing sie auf, nahm sie in die Arme. Prittwitzens Faust umklammerte den Griff der Wagentür, als wollte er ihn zerbrechen. – Jost starrte ihn an, die Lippen weiß vor Feindschaft und Empörung. Lili richtete sich in seinen Armen empor, löste sich von ihm, stand frei zwischen beiden. Er trat rasch vor sie, so daß er ganz nahe an Prittwitz herankam. »Was willst du hier?« fragte er drohend. Gesichter erschienen an Fensterscheiben, ein paar Burschen traten mit vorgestreckten Hälsen aus einer Toreinfahrt. Prittwitz, blindlings vom Gedanken besessen, seine Absicht durchzuführen und die Szene rasch zu beenden, richtete sich straff empor. »Herr Rittmeister von Fredersdorff«, sagte er scharf und leise, »ich fordere Sie bei Ihrem Dienstgehorsam auf, sich sofort in die Kaserne zu begeben!« Jost rührte sich nicht. »Ich will wissen, was hier vorgeht«, sagte er dann kalt. – »Es geschieht auf Befehl des Polizeikommandanten«, sagte Prittwitz hastig. »Es gibt keinen Widerstand!« Er wollte einen Schritt zu ihr hin tun, sie in den Wagen drängen. Da hob Jost die geballte Faust, stieß ihn so heftig gegen die Brust, daß er zur Seite taumelte. Die beiden Polizisten waren abgesessen, traten unschlüssig näher. Prittwitz, am hinteren Rad des Wagens lehnend, winkte ihnen ab. Jost legte den Arm um ihre Hüfte, führte sie rasch zum Haustor. Dort drehte er sich noch einmal um. »Ich bin zur Genugtuung bereit«, sagte er laut. »Aber ich werde meine Frau gegen jede Gewalt verteidigen!« Dann trug er sie mehr, als er sie stützte, in ihre Wohnung zurück. Prittwitz stand noch einen Augenblick wie erstarrt, dann gab er den Polizisten und dem Reitknecht einen halblauten Befehl und stieg in den Wagen, der sich rollend und polternd entfernte. Langsam folgten ihm die Gendarmen und der Soldat mit den beiden Pferden.

Noch am gleichen Abend erhielt Jost durch einen Ordonnanzoffizier die Aufforderung, seinen Degen abzugeben, da er bis zur Erledigung seines Abschiedsgesuchs, das durch reitenden Boten weggeschickt worden war, vom Dienst suspendiert sei. Am nächsten Tage aber geschah es, daß die dritte Schwadron, von Berlin zurückkehrend – im Glauben, es könne ihrem Rittmeister nur ein Unrecht geschehen sein –, dem Grafen von Prittwitz, der mit ihrem vorläufigen Kommando betraut war, den Gehorsam verweigerte.

Sie hatten die Wohnung nicht mehr verlassen, seit er sie vom Tritt des Reisewagens weg hinaufgebracht hatte, lebten besinnungslos in einer neuen Entflammtheit, die jede frühere schattenhaft und vergänglich machte. Auch in ihrer Seele wurden alle Zweifel vom Feuer des Glaubens, das solche Liebe entfacht, zu Asche verbrannt. Ganz tief in ihrem Innern bebte manchmal nachts eine leise schraubende Angst, die rasch vom Sturm ihres Blutes und von den Wettern seiner Umarmung erstickt wurde. Sie erwarteten den Tag seiner endgültigen Entlassung wie ein heimliches Fest, dem das der Vermählung nur noch als ein letztes sichtbares Bekenntnis folgen konnte. Von Prittwitz hatte er einen Brief erhalten, in dem er auf jede Genugtuung verzichtete, da Jost nicht gegen seine Person, sondern gegen den militärischen Gehorsam verstoßen habe, wofür er die Folgen allein und in anderer Weise tragen müsse – und in dem er ihn bat, sein Vorgehen aus der alten Freundschaft zu begreifen und ihm eine kameradschaftliche Erinnerung zu bewahren. Auch erfuhren sie, daß man seiner Schwadron bis zur Erledigung seines Falles die Pferde und Waffen genommen hatte. Der Kommandeur war in diesen Tagen persönlich nach Potsdam befohlen worden, um dort die Vorfälle zu erklären und zu verantworten. Er tat dies in einer Art, die der Handlungsweise des Rittmeisters alles Entehrende oder Unverzeihliche nahm und Jost der Gnade und dem Verständnis des Königs empfahl. – Ihn berührte all das nicht mehr, drang kaum noch in sein Ohr, wie die Geräusche einer fremden Welt, deren Luftkreis man längst verlassen hat und deren Geschick und Bewegung man nicht mehr versteht. Einmal erschien ein Amtsschreiber bei ihm, der ihn in einer wichtigen Sache zum Notar holen wollte. Aber Jost schickte ihn nach kurzem Wortwechsel allein wieder fort. Am nächsten Tag ließ der Notar selbst sich bei ihm melden und hatte in der Wohnstube eine längere Unterredung mit ihm. Als Lili, die im Nebenzimmer gewartet hatte, nach seinem Weggang die Wohnstube betrat, lag eine größere Geldsumme, in Bündeln und kleinen Säckchen geordnet, neben dem Duplikat eines gesiegelten Schriftstücks auf dem Tisch. Sie schaute ihn fragend an. »Er hat es doch aufgebracht«, sagte Jost mit fast gleichgültiger Stimme. Sie fühlte, daß dies keine gespielte Gleichgültigkeit war, und die letzte Furcht schwand aus ihrem Herzen. »Jetzt können wir weit reisen!« sagte er lachend leichthin. »Nimm du's! Ich kann's nicht verwalten!« Und da sie eine abwehrende Handbewegung machte, schob er's zusammen und tat alles in die Lade ihres kleinen hellpolierten Sekretärs. An diesem Tage verließ Lili zum erstenmal wieder das Haus. Sie ging gegen Dämmerung einige Besorgungen machen, und als sie an einem Blumenstand vorbeikam, kaufte sie der Gärtnerfrau einen Arm voll frischer, kaum entknospter Rosen, der ersten dieses Jahres, ab. Während sie fort war, erschien bei ihm ein Offizier seines Regiments und brachte ihm ein Allerhöchstes Handschreiben, in dem ihm, in Anerkennung seiner Verdienste im Krieg, der ehrenvolle Abschied aus der Armee des Königs gewährt wurde. Auch schickte ihm der Regimentskommandeur seinen Degen zurück. Als Lili heimkam, traf sie ihn am Tisch stehend, das Wehrgehänge mit Degen und Pistole in der Hand – mit hellem, strahlendem Gesicht. – In dieser Nacht blieben sie lange wach. Das Fenster stand weit offen – der Duft der Rosen, die wie eine Hecke mitten im Zimmer blühten, vermischte sich mit dem trunkenen Atem der Mondstunden. Sie sprachen nicht zueinander, versanken in den Wellen ihres Glückes, für das es kein Wort mehr gab. Als sie die Augen schlossen, wuchs schon die rasche Dämmerung des nördlichen Vorsommers über den Osthimmel.

Mit dem Jubelschrei der Vögel und dem ersten aufblitzenden Sonnenpfeil weckte sie ein ungewohnter, mählich näherschwellender Lärm, der wie das Anrollen einer fernen Schlacht aus der Stadtmitte auf ihr Haus zu drang. Jost sprang plötzlich empor, warf sich in seine Uniform, nahm das Wehrgehänge um, trat in die Wohnstube, ans offene Fenster. Da kamen sie, um die Ecke biegend, die leere helle Straße entlang. Schritt vor Schritt, Fuß bei Fuß mit trappenden Sohlen, klappernden Eisen, klirrenden Reitersporen, die Kürassiere seiner alten Schwadron, ohne Pferde und Waffen, den Tambour, dumpf und mächtig trommelnd, an ihrer Spitze, den Torgauer Fahnenstumpf in ihrer

Mitte hochgestemmt. Vorm Fenster formierten sie sich zu kurzer Front, die Trommel schwieg, in stummer männlicher Ergebenheit blickten die vielen Gesichter, die bärtigen und vernarbten, die glatten, jungen, begeisterten, zu ihm empor. Und während er stand und auf sie herabschaute, unfähig zu einem Wort, einem Laut, einer Bewegung, riefen sie aus rauhen, beklommenen Kehlen erst – dann immer freier, in wildem, brausendem Chor die Namen ihrer Schlachten und Gefechte, ihrer bösen und stolzen Jahre zu ihm, der sie mit ihnen geteilt hatte, hinauf. Dann fiel die Trommel donnernd wieder ein, und abziehend in Schritt und Tritt verhallte mit ihrem Schlag das alte Reiterlied. Lili trat nicht zu ihm herein. Sie blieb auf dem Bettrand sitzen, reglos gebannt, als hielte sie noch halb der Traum. Von drinnen hörte sie seine Stimme, mit einem veränderten, seltsam beschwingten Klang.

»Das war der Abschied!« sagte er. Es klang wie ein Jubelruf.

Sie blieb unbewegt, wagte nicht, ihm den Hauch dieser, seiner Stunde durch ein Wort, einen Laut zu entführen.

»Das kann nicht vergehn« – vernahm sie ihn wieder –, »das kann nicht vergehn!« Sie fühlte, daß er zu ihr sprach.

»Ja« – sagte sie laut und begriff kaum, daß es ihre eigene Stimme war –, »es kann nicht vergehn!«

»Dank!« rief er drinnen. »Dank!«

Sie wollte aufspringen, doch ihre Knie waren von einer plötzlichen Eiseskälte gelähmt.

Mit dem letzten verhallenden Trommelschlag fiel der dumpfe Knall des Schusses zusammen.

Der Schreck warf sie zu Boden, sie tastete sich auf den Händen zur Tür. Dann richtete sie sich langsam empor, trat ein.

Er saß, aufrecht zurückgelehnt, nahe beim Fenster in einem hohen, schmalen Sessel, die rauchende Pistole noch dicht an seinem Herzen.

Sie sah sein Gesicht, es war schön und still und so sehr erfüllt von allem, was eines Mannes Leben ausmacht, daß sie niederkniete und keine Tränen fand.

Auf einem Weg im Frühling

Als ich gestern, am ersten warmen, fast heißen Tag dieses Monats, über Land ging, sah ich am Rand eines frisch umgepflügten Ackers ein Paar Schuhe stehen. Sie standen neben dem alten, verwitterten Feldstein, der die Grenze des Ackergrunds gegen die benachbarte Wiese kennzeichnet, dicht beim ausgefahrenen Weg, es waren grobe, zerbeulte Bauernschuhe, in denen zusammengerollte Wollstrümpfe steckten. Gleich darauf kam der junge Bauer, dem sie gehörten, die Furche entlang geschritten. Er säte Hafer und ging mit nackten Füßen einher. Sein Schritt war weit und in den Knien etwas wiegend, ich sah, wie seine Zehen leicht vortastend den feuchten Ackergrund berührten und wie sich der Lehm an seine Fersen hing. Am Weg hatte er in einer hölzernen Scheibtruhe den gelben, großkörnigen Samen stehen, den füllte er mit einem Scheffel in seine Hemdschürze aus weißem Leinen, die er linkshändig geschlossen hochhielt, bis sie sich wie zu einem runden Sack prall spannte. Dann schritt er die Furche aufwärts – der Acker stieg in einer leichten Wölbung zur Hügelkuppe an, auf deren anderer Seite er sich wieder bergab senkte – und warf mit gleichmäßigem Schwung der Rechten die Saat aus. Da er den Wind schräg gegen sich hatte – er zerrte sichtbarlich in seinen braunen Haaren –, und da er auf die volle Sonne zuschritt, leuchtete der Samen, den er von links nach rechts ausschwang, jedesmal in gloriolem Glanze kreisförmig in der Luft beiderseits von seiner schmalen, aufrechten Gestalt. Je höher er gegen die Kuppe kam, desto lichter und flüssiger wurde der Farbton dieser wehenden Erscheinung, desto klarer und scharfrandiger die Zeichnung ihrer Linie. Ja, als er in seiner ganzen Größe gegen das Licht stand und gleich darauf schon seine Beine, bergab schreitend, kürzer wurden, bildeten die nunmehr goldentflammten Körnerschwünge auf dem Scheitel ihres kurzen Windflugs einen schief ellipsoiden Achter, dessen Ringe rechts und links von seinen Flanken schwebten. Ich wartete, bis er zurückkam und den Weg in der nächsten Furche neu begann. Die Figur wiederholte sich in einem fast pedantischen Gleichmaß, aber diesmal bemerkte ich genau, wie der eigentliche Fall des Samens aus der Lufthöhe zu Boden niemals gleich war und niemals auch nur ähnlich, sondern jedesmal, offenbar nach Gewicht und persönlicher Veranlagung des einzelnen Saatkorns, in verschiedenster Schnelligkeit und Kurve geschah.

Im Weitergehen versuchte ich zu »arbeiten«, was ich im Gehen immer tue, soweit man eben solch lustvolles Fabulieren, halbversunkenes Abtasten von Gedanken- und Vorstellungskreisen, das unserer eigentlichen, selbstbegrenzten und hartnäckigen Arbeit vorausgeht, mit diesem strengen Wort bezeichnen kann. Aber es war wohl zu warm und der Luftdruck zu schwer. »Föhnlage«, hieß es im Wetterbericht, ein Freibrief des Faulenzens für klimatisch sensible Naturen. Die Gedanken zerlösten sich, wallten wolkig durcheinander, und auch die Eindrücke der Umwelt banden sich nicht mehr zu anschaulicher Erfaßbarkeit. Die Hahnenbalz fiel mir ein, die jetzt bald aufgeht, die morgendlich dämmervollen Waldmärsche zum Aufspüren, Anlauschen, »Verlosen« des Auerhahns, und ich machte ein sogenanntes Gehgedicht, das keine andere Funktion als etwa die eines Militärmarsches hat, nämlich härtere und etwas stumpfe Wegstrecken zu erleichtern, und das nie ganz fertig werden darf, damit man es immer wieder aufgreifen und nach Belieben damit herumschmeißen kann. Diesmal war es ein Jägerlied und hieß ›Der Schwarze Pan‹. Das nächstemal könnte ich es aber vielleicht ›Schwarzer Päan‹ nennen, und dann bekäme es einen ganz anderen Inhalt. Gestern ging es so:

»Jetzt heißt's: den Hahn verlosen.
Schon fegt der Bock im Holz
Und funkelnd mit den Rosen...«

– das sind die grellroten Balzrosen an den Kropfseiten des Hahnes. Und nun müßte eine längere Verszeile für mindestens fünf Schritte kommen, auf Holz reimt Stolz in allen Liedern, und in der das schwarzblanke Gefieder dieses urweltlich männlichsten Göttertieres besungen wird. Aber das ist fürs Gehen zu schwer, bleibt offen, ich sage eine neue Strophe:

»Im Moos die kleinen Hahnen,
Anspringen zum Turnier,
Scheu kreischen Brutfasanen –«

Genug. Es ist Föhnlage, ich brauche nicht zu arbeiten. Nun war ich, im Anstieg, ebenso heiß wie heiter geworden. Das Schwitzen tat wohl wie ein warmes Bad. Selbst das Gefühl der Anstrengung in Kreuz und Waden, der harte Druck von Wegsteinen durch die Schuhsohle, steigerte ein allgemeines, großes, leib- wie seelenhaftes Wohlbehagen. Immer war mir klar, daß es keine sinnvollere, bessere, dem menschlichen Organismus gemäßere und zuträglichere Art der Fortbewegung und der Bewegung überhaupt gibt, als das Gehen zu Fuß, Schritt vor Schritt, und bei Autofahrten beneide ich den Wanderer mindestens ebenso, wie der den Fahrer beneiden mag. Alles, was ich ringsum sah, glitt in entzückender und eindringlicher Wechselfülle über meine Netzhaut, ohne das Bewußtsein zu beladen. Erinnerlich ist mir nur in starker Deutlichkeit, wie sich der ziegelrote Schein von einem Stall- oder Scheunendach in den bläulichen Augäpfeln des starblinden Hofhundes spiegelte, der mich, wie immer, anknurrte. Jetzt haben alle Bauernmädchen, dachte ich, die nacktfüßig auf den Wiesen die alte Miststreu wegrechen, köstliche Beine, göttliche Hüften. Wenigstens aus der Ferne. Und wer könnte mich zwingen, sie aus der Nähe zu betrachten? Es ist Föhnlage, dachte ich beglückt, und trudelte vor mich hin.

Dabei beobachtete ich recht genau, wie weit Gras- und Blumenwuchs, Busch- und Baumknospung überall schon standen – schaute nach Bachkresse und Hopfenschößlingen aus, fand unter altem Laub zwei eßbare Morcheln, sah, daß der Bärenlauch auf einigen Wiesenzungen schon saftgrün und knofelstinkend prangte, und daß in manchen Gräben, die ich überschritt, die Kröte zu laichen begann. Schließlich, schon ziemlich hoch im

Wald, zog ich an einem offenen Steilhang Schuhe und Strümpfe aus, setzte mich auf einen moosigen Steinklotz und ließ die Beine ins Wasser des klaren Bergbachs hängen. Die Kühle zog allmählich in meine Glieder, schon lief ein leiser Schauer über die Haut, aber ich konnte lange nicht von dem Wasser und seinem nymphisch wandelbaren Wesen los. Es schwatzte und murmelte gnomenhaft.

Droben auf dem Gipfel des kleinen Waldberges begegnete mir etwas Merkwürdiges. Da ist eine schmale Wiese zwischen Mischwaldrändern, echte Tannen und Rotbuchen, auch vereinzelt alte Eichenbäume oder Eschen, hängen ihr Gezweig über die noch falbe, herbstalte Grasnarbe hinaus. Wir waren müde und hatten uns auf dem Boden ausgestreckt – meine drei Hunde und ich. Mit dem Rücken war ich an einen Baumstamm gelehnt. Zwischen halbgeschlossenen Lidern sah ich das braungrüne Gewoge der tieferen Waldwipfel, das weite Tal unter mir und gegenüber die helle, schneebedeckte Gebirgskette. Seitlich an den Rändern der Wiese, von Enziansternen und wildem Krokus umblüht, lagen auch noch vereinzelte Schneeplacken. Meine Stiefel dampften in der Sonne, denn wir hatten beim Aufstieg zum Schluß noch knöcheltief durch den Schnee waten müssen. Der Wind, der manchmal in lauen Wellen heraufstrich, kraftlos und mittagsmüde, war über sehr viel nackte Erde und keimendes Wurzelzeug gelaufen. Er schmeckte danach. Die paar welken Blätter vom Vorjahr, die er lässig aufwirbelte, konnte man leicht mit den da und dort umhertaumelnden frühen Schmetterlingen verwechseln, die ebenso alt und schäbig aussahen, denn sie sind ja nicht, wie man vielfach glaubt, jung ausgekrochen, sondern im Starrschlaf überwintert, mit Ausnahme der gelben Zitronenfalter, die recht grelle und frisch gestrichene Flügel regten. Die glockenhafte Stille dieser Mittagsstunde wurde noch vertieft, ausgehöhlt bis zur leichten Unheimlichkeit durch den langgezogen jammernden Schrei eines Bussards, dessen langsame Kreise von Zeit zu Zeit über uns hinstrichen. Da geschah es. Zuerst knackte, prasselte es kurz und heftig ganz in der Nähe, wie wenn ein großes Tier durch Gestrüpp und Unterholz brechen will: aber es kam mehr von oben und hörte sofort wieder auf. Die drei Hunde fuhren empor, rissen Nase und Vorderlauf hoch, standen vor und windeten.

Auch ich riß Nase und Vorderlauf hoch, stand vor und windete, ohne zu wissen, was los war.

Auf einmal, jählings, wieder dieses Krachen und Prasseln, diesmal ganz kurz und schmetternd, gleichzeitig stürzte ein alter Eichenast wie eine riesige graubraune Schlange knorrig und schwer aus einem Wipfel dicht neben uns, schlug dumpf auf den Erdboden, rollte noch ein Stück, erstarrte. Einiges Gezweig und Altlaub prasselte nach. Dann war es wieder still.

Mir kamen nun all die dummen Betrachtungen keineswegs in den Kopf, die, wie alle dummen Betrachtungen, erst beim Nachdenken über etwas entstehen, etwa, daß ich genausogut unter diesem, nur wenige Meter entfernten Baum hätte liegen können, und daß der Ast stärker sei als mein Kopf, und ich hatte keineswegs die an sich nicht unschöne Vorstellung eines toten Mannes am Waldrand, den drei jaulende Hunde umstehen. Nichts dergleichen dachte ich in diesem Augenblick, nur der Vorgang selbst war mir sofort ganz klar: daß dieser, vielleicht von Frucht und Bemoosung überlastete Ast im vorigen Herbst schon vom Sturm angebrochen, dann vom schweren Schnee immer mehr abgedrückt, nun in der Schneeschmelze bis zur Rinde gelockert und in der Bruchstelle vermorscht gewesen sein mag – und heute, am warmen Tag, unterm nagenden Zahn der Sonne, plötzlich durchgeknackt und heruntergefallen war. Ich dachte sonst gar nichts, veränderte auch meine Stellung nicht und war wissentlich nicht einmal erschrocken. Aber ich fühlte plötzlich, daß mein Herz klopfte. Es klopfte ganz stark. Und rasch. Ich hörte es unter dem Leinenhemd an die Rippen schlagen. Das war das Merkwürdige.

Ich legte mich wieder zurück und zündete meine Pfeife nach. Sie war noch gar nicht ausgegangen, zog aber schwach. Dann ließ ich mich etwas tiefer gleiten, daß auch der Kopf ganz auf der Erde lag. Über meinen Augen sah ich den Rauchfaden der Pfeife vor dem ungeheuren tiefen Blau des Himmels kräuseln. Ganz weit in mir schütterte etwas wie Erinnerung an einen zerschossenen Wald, berstendes Eisen zwischen Baumsplittern, jahrelanges Aufschlagen der dumpfen Todestrommel – dämmerte kurz – versank.

Immer noch spürte ich mein Herz pochen.

Ich dachte, daß ich hier unter dem Baum liege, auf einem Berg, rauchend, von der Sonne beschienen, im Garten des Paradieses, und in Freiheit, in voller, ungeheurer Freiheit, des Atmens, des Denkens, des herzpochenden Daseins.

Einen Augenblick lang wurde mir fast schwindlig – lauter stechende, kreisende Lichtpunkte hinter den Lidern.

Ich öffnete die Augen einen Spalt.

Die Hunde hatten schon wieder die Nasen auf die Pfoten gestreckt – schliefen.

Bald schlief ich auch.

Herr über Leben und Tod

Am Ende des regenarmen Sommers, in dem seine Arbeit ihm kaum die matte und zerstreute Erholung einiger Wochenendstunden vergönnt hatte, wurde Sir Norbert Stanhope nach Paris berufen, um an einem der führenden Staatsmänner der Republik eine komplizierte Operation vorzunehmen. Obwohl erst knapp über vierzig, zählte Sir Norbert schon unter jene ›Kapazitäten‹, die man in verzweifelten oder durch die Bedeutung der erkrankten Persönlichkeit besonders verantwortlichen Fällen herbeiholt und an deren Namen sich eine Art von Wunderglaube knüpft. Er war Chefarzt einer großen Klinik in London und Inhaber einer Professur der medizinischen Fakultät. Wie bei jeder ungewöhnlichen Karriere, hatten auch bei der seinen Glücksfälle bestätigt und verstärkt, was die Sicherheit seiner Hand und eine vielleicht geniale Intuition in das verborgene Getriebe des Organismus begannen. Eine Reihe von erfolgreichen Eingriffen bei Störungen oder Verletzungen des Herzens, die man früher als hoffnungslos betrachten mußte, hatte ihm Weltruf eingetragen. Das menschliche Herz – auch im Zeitalter des wissenschaftlichen Denkens immer noch Sinnbild magischer Quellkräfte, ja der geheimen Lebensmitte schlechthin –, unter seinen Augen und Händen war es ein zuckendes Bündel kontrollierbarer Funktionen, deren gestörte Mechanik zu regeln oder vor Stillstand zu retten der Macht und Beherrschung chirurgischen Könnens unterstand, und das ihm in seiner Wesenheit weniger geheim oder unenträtselt erscheinen mochte als etwa die vielbezogene Wechselwirkung der Drüsen und innerer Sekretionen, das ewig sich wandelnde und gleichsam aus dem eignen Strom sich erneuernde Blutmeer, die sympathetischen Vibrationen des Nervensystems. Trotzdem waren solche Eingriffe jedesmal ein Spiel mit der Uhrfeder des Lebens, – ein Spiel mit höchstem Einsatz und höchster Verlustchance, ein Kampf mit der unbekannten Größe, ein Griff nach dem Ursprung und nach dem

Ende –, und obwohl er selbst nicht aufhörte, das Partielle und Mechanistische seiner Arbeit sachlich abzugrenzen, haftete ihren Erfolgen doch etwas von einer Wiederauferweckung Verstorbener, von einer fast übernatürlichen Gewalt über das kreatürliche Leben an. Nicht selten hatte seine Kunst auch nach dem Eintritt von Symptomen, die man gemeinhin als unabänderlich betrachtete, das Wiederaufleben der funktionellen Tätigkeit erzwungen.

Wie Norbert im tiefsten Innern über Wert und Bedeutung seiner Heilkunst denken mochte – ob sie ihn mit Stolz, mit Skepsis oder mit Furcht erfüllte, blieb unerfindlich. Es war nicht seine Art, sich zu enthüllen. Patienten gegenüber blieb er ein etwas unzugänglicher, gleichmäßig temperierter Herr, der jede Beunruhigung, aber auch jede Geheimnistuerei vermied, und der sein Äußerstes hergab, ohne zu versprechen oder zu trösten. Für seine Kollegen, Schüler, Untergebenen war er ein Arbeiter von verpflichtender Gründlichkeit, den unwillkürlich, und ohne daß er es jemals betonen oder erzwingen mußte, ein Wall von Respekt und allgemeiner Unterordnung umgab. Die Mitwelt kannte ihn als eine Erscheinung der gepflegteren Gesellschaft, von liebenswürdiger und unfaßbarer Konventionalität, von großer Anziehungskraft auf Damen und jüngere Leute, von selbstverständlicher und niemals absichtsvoller Distanz. War es ein ganz leiser Zug von Hochmut oder Spöttischkeit, der manchmal in seinen Augen oder um seine Mundwinkel spielte, so hatte das nichts von Arroganz oder irgendwelcher Einbildung, eher war es ein Ausdruck jener gewissen Kühle, Fremdheit, Souveränität gegenüber dem Einzelschicksal, wie es wohl alle Personen, in welchem Beruf auch immer, kennzeichnet, deren Wissen und Können das normale Maß übersteigen. Ob es Kraft oder Schwäche bedeutete, große Abhärtung oder übergroße Empfindsamkeit, Scheu oder Kälte, was ihn so streng und sorgsam jede Äußerung privater Gefühle verbergen ließ, war kaum zu entscheiden. Zum Teil war es wohl auch eine Mitgift seiner Abstammung und Erziehung. Einziger Sohn eines früh verstorbenen Vaters, hatte er seine Kindheit in der Obhut seiner

Mutter auf einem der mütterlichen Familie angestammten schottischen Landsitz verlebt, und nach Abschluß seiner Schulzeit und Studienreisen war die Mutter, eine große, ernste und etwas hartäugige Frau von unverwischbarer Altersschönheit, zu ihm nach London gezogen, wo sie seinem Hause vorstand. Vielleicht war er deshalb nie auf den Gedanken gekommen, sich zu verheiraten. Wer die Mutter kannte und ihre herrschsüchtige Leidenschaft für den Sohn und für alles, was ihn betraf, hätte sich kaum eine Gattin und Schwiegertochter vorstellen können, die imstande gewesen wäre, sich in seinem Hause durchzusetzen oder unbedrückt zu behaupten. Dabei wirkte Lady Stanhope mehr als Freundin, Gefährtin ihres Sohnes denn als verwandtschaftliche Belastung, und sie vermied alles, was die Freizügigkeit und Unabhängigkeit seines Lebens hätte beeinträchtigen können. Norbert seinerseits behandelte sie mit einer rücksichtsvollen und behutsamen Ritterlichkeit, welche gleichermaßen Hochachtung und Abstand ausdrückte, und es war schwer, sich die ursprünglich animalische Brutwärme zwischen Mutter und Sohn bei diesen beiden zu denken. Nur eine seltsame Ähnlichkeit in Kopfhaltung und Gang, in einem plötzlichen Zusammenkneifen der Lider, als gelte es Heimliches und Unbewachtes zu verdecken, ließ manchmal die Ahnung verborgener Feuer und schattentiefer Wesensgründe erglimmen.

Nach stundenlanger Arbeit, die alle Nervenkräfte zu fressen schien, lästigen Konferenzen und Erledigung gesellschaftlicher Pflicht hatte Sir Norbert den größten Teil des Abends ganz allein in den rastlosen Straßen von Paris verbracht, die ein staubiger Spätsommerwind durchflatterte, untätig und versponnen vor Caféhäusern sitzend, manchmal an einem Glase nippend, von einer sonderbaren Leere und Selbstverlorenheit gebannt, die seinem tätigen Leben sonst unbekannt war. Eigentlich sollte ich mit dem Nachtflugzeug zurückkehren, dachte er. Aber er hatte sich nicht entschließen können, beim Portier den Platz zu bestellen. Es war, als seien seine Entscheidungskräfte plötzlich gelähmt, und als könne er sich nicht mehr recht besinnen, warum er hier sei und wohin er denn überhaupt mit sich solle. Vielleicht, dachte er, sollte man solche Augenblicke, in denen das Bewußtsein müde wird, den vordringlichen Taktstock zu schwingen, in denen das Orchester der Lebenselemente von selber spielt und also zweifellos die vorgeschriebene Partitur nach ihrem eigensten Gesetze wirksam wird – vielleicht sollte man solche Augenblicke genauestens registrieren, denn sie allein vermöchten die Frage zu beantworten, was es nun eigentlich mit unsrem Willen, unsrer Selbstbestimmung und unsrem Schicksal auf sich hat. Vielleicht, dachte er, entscheidet gerade jetzt etwas über mich, was völlig außerhalb des Machtbereichs meiner eignen Entschlüsse und Handlungen liegt. Aber ich bin wohl einfach überarbeitet. Mit einem etwas spöttischen Lächeln über die Fadenscheinigkeit solcher Alltagsdefinitionen begab er sich in sein Hotel zurück, vor dessen Glastür sich gerade zwei altmodisch gekleidete Herren mit leicht übertriebenem Habitus, wie man ihn bei französischen Würdenträgern öfters beobachtet, voneinander verabschiedeten. »Also, um sechs Uhr früh«, hörte er den einen mit einer gewissen Feierlichkeit sagen, die ihm komisch vorkam und deren Pathos ihn noch beim Auskleiden belustigte.

Kurz nach sechs wurde er von einer aufgeregten Stimme – sie gehörte einem Kollegen, den er tags zuvor kennengelernt hatte – durchs Telephon beschworen, sofort die Unfallstation in der Rue d'Armaillé aufzusuchen, wo ein Herr mit dem Tod ringe. Soviel er dem Wortschwall entnehmen konnte, handelte es sich um ein Duell mit unglücklichem Ausgang, eine Verletzung der Herzgegend, die das Schlimmste befürchten lasse, und der Verwundete sei kein anderer, als der alte d'Attalens – ein Name, der Norbert wenig sagte. Als er bald darauf in der morgenleeren Straße ungeduldig nach einem Taxi rief und sich noch einmal rasch zum Portier zurückwandte, der seine Instrumententasche hielt, stürzte plötzlich eine junge Dame an ihm vorbei und riß den Schlag des eben anrollenden Wagens auf.

»Verzeihen Sie«, sagte Norbert, bevor sie noch dem Chauffeur die Adresse zurufen konnte, »ich brauche den Wagen dringend!«

Sie warf ihm einen verstörten und wutflammenden Blick zu, sprang aufs Trittbrett und stieß mit einer vor Erregung heiseren Stimme den Namen der Klinik hervor, in die Norbert selbst zu eilen im Begriff stand.

Norbert schwang sich kurzerhand hinter ihr in das niedrig gebaute Auto, wobei er seinen Oberkörper fast auf die Knie klappen mußte, und winkte dem Chauffeur, rasch zu fahren.

»Wir haben denselben Wagen«, sagte er, zu dem Mädchen gewandt, »und vielleicht auch den gleichen Anlaß.«

Sie war flüchtig angekleidet – ihr Gesicht, ohne jede Retouche, schmal und jung, die Wangen von Angst und Eile gerötet. Eine Locke, die dunkel in ihre Stirn und über die Augenbraue fiel, gab dem noch schlafbehauchten Antlitz einen Zug von kindlichem Trotz und Wildheit, während ihr Nacken, von dem ein Schal geglitten war, der halbnackte Arm und der ruhelose Knöchel eines unbewußt mit der Bewegung des Wagens laufenden, zartgefesselten Fußes Anmut und Zauber kaum erblühter Jugend mit jener weichen und elastischen Fraulichkeit verband, die an das knisternde Fell von Katzen, an den Hals edler Pferde oder an den Geruch halboffener Tulpen gemahnt.

Dies alles bemerkte Norbert jetzt nur flüchtig und ohne Anteilnahme, denn er war schon von jenem gegen die Außenwelt völlig abgestellten Vereisungszustand befangen, der ihn während seiner Arbeit trancehaft besaß. Er sah das zerknitterte Blatt einer Frühzeitung in ihrer Hand – das hatte sie wohl beim Portier vorgefunden, nachdem man sie aus ahnungslosem Schlummer heraus alarmiert hatte –, auf der Titelseite prangte unter fettgedrucktem Namen das Bild eines Herrn mit weißem Schnauzbart und Kohleaugen, neben der sensationell aufgemachten Ankündigung seines Zweikampfs.

»Ich bin die Tochter«, sagte die junge Dame leise und wie zur Entschuldigung, unter seinem kurz forschenden Blick.

Er nickte, nahm ihr das Blatt aus den Fingern, starrte abwesend hinein.

Plötzlich spürte er ihre Hand auf seinem Arm, die Nägel krallten sich durch Rock und Hemd in die Haut.

Ihr Blick, auf seine Hände gebannt, stand voll Entsetzen.

»Sie sind der Arzt –?« flüsterte sie aus blutleeren Lippen.

»Natürlich«, sagte Norbert, seine Stimme klang abweisend.

Sie schaute zu ihm auf, ihre Augen bekamen einen ganz kleinen Schimmer von Bitte und Vertrauen.

»Werden Sie ihn retten?« fragte sie zaghaft, um ihren Mund war ein Lächeln wie von kindlicher Lockung und versteckter Zärtlichkeit.

Er schaute hinaus, die breite Allee schien völlig ausgestorben, Paris umdehnte sie wie ein Meer von Einsamkeit. Sie waren, hinter milchig verschlagenen Scheiben, ganz allein auf der Welt.

Gegen sein Wissen und Wollen trat auch in sein Gesicht ein Lächeln von beschwörender Milde, und er sprach aus, wovor er selbst erschrak, und was er sonst niemals geäußert hatte:

»Ganz gewiß –!«

Auf einmal lag ihr Kopf an seiner Schulter, während der Druck ihrer Finger um seinen Arm sich lockerte, und ihr ganzer Körper bebte im Schluchzen an dem seinen.

Mit einer Mischung von Staunen und leiser Beklommenheit strich Norbert leicht über ihr halbgelöstes Haar, dessen Duft wie Nebel in ihn einzog – da hielt der Wagen, und er zwängte sich hastig hinaus, ohne sich noch um sie zu kümmern oder auch nur nach ihr umzuschauen.

Sie folgte ihm fast laufend über einen langen und kahlen Treppengang, der nach Karbol und Äther duftete, und sah ihn, durch eine angelehnte Tür spähend, schon über ein Wasserbecken gebeugt, in dem er mit sonderbar langsamen und eintönigen Bewegungen seine Hände wusch. Diese rhythmisch knetenden Bewegungen, die etwas von Magie und Beschwörung zu haben schienen, das leise Klirren von Instrumenten, die man mit Pinzetten in kochendes Wasser senkte, das Geflüster von Assistenten und Schwestern, die ihn vorgeneigt und fast demütig umstanden und denen er dann und wann ein knappes und unverständliches Wort, wie aus einer alchimistischen Geheimsprache, zuwarf, der saubere Geruch von gebleichtem Linnen, von Äther und Wasserdampf, der den Raum durchzog, all das erfüllte sie mit einer ungekannten Wallung von Schauer und Vertrauen, von traumhafter Beklemmung und kindlich befremdeter Zuversicht – so, als schaue sie zum ersten Mal und aus großer Nähe einem Priester bei der Heiligen Wandlung, bei der sichtbaren Verrichtung eines Wunders zu –, und sie konnte den Blick nicht von seinen schmalen, elfenbeinfarbenen, ruhigen und herrischen Händen lassen, wie er sie jetzt aus dem Wasser hob, sorgfältig abtropfte, und, mit abgewandtem Gesicht, einer mit Tuch und Handschuhen bereitstehenden Schwester entgegenhielt. –

Als er sie in der Tür erblickte, machte er eine kurze zornige Kopfbewegung, und ließ es ohne Frage und Widerspruch geschehen, daß eine Pflegerin sie sanft hinausführte.

Der alte Marquis d'Attalens – man nannte ihn den »alten«, seines weißen Schnauzbarts und seiner betont konservativen Haltung wegen, obwohl er mit seinen knapp sechzig Jahren jeden Zwanziger an Temperament und Jugendfrische übertraf – war ein Hitzkopf gallischen Schlages, der im Lauf seines Lebens wohl schon ein Dutzend Zweikämpfe ausgefochten hatte. Bei ausgesprochener Gutherzigkeit und freundlichster Weltgesinnung, fernab von Aggressivität oder Fanatismus, konnte ihn ein Wort oder eine taktlose Wendung derart in die Wolle bringen, daß er seine Seelenruhe nicht wiedergefunden hätte, ohne durch vollen Einsatz seiner Person die Sache zu regulieren. Ebenso schnell war er dann nach ritterlichem Austrag zu vergessen bereit, und die tage- und nächtelangen Versöhnungsfeste nach seinen verschiedenen Bataillen standen bei Freund und Feind wie bei der Pariser Kellnerschaft in eindrucksvollster Erinnerung. Es hieß von ihm, er besitze in Frankreich keinen guten Bekannten, mit dem er sich nicht schon einmal geschlagen habe.

Aus dem aktiven Armeedienst war er seit längerer Zeit ausgeschieden und widmete sich gemeinsam mit seiner Gattin, welche gleich ihm im achtzehnten Jahrhundert hätte leben können und von Standesgenossen wie Bauern und Angestellten nur »Madame Myrte« genannt wurde, der Bewirtschaftung seines über und über verschuldeten Landgutes, das mit dem kleinen Schloß und den mächtigen Parkbäumen der Familie von alters her eignete, und in dessen Erhaltung das Ehepaar seinen einzigen Lebenszweck sah. Als Deputierter seines Bezirks reiste er dann und wann nach Paris, wo er jedesmal viel zuviel Geld ausgab, und von wo er manchmal mit dem Arm in der Schlinge oder ein wenig hinkend, stets aber zufrieden, stolz und in vollem Einklang mit sich selber, in die bedrängten häuslichen Verhältnisse zurückkehrte. Lucile, die einzige Tochter, war in einer so staub- und schattenfreien Luft von Weltfreundschaft, familiärer Vertraulichkeit und, bei allen Geldnöten, ländlicher Ungebundenheit herangewachsen, daß sie dem Leben mit einer geradezu tierhaften Sicherheit und Unversehrtheit aufgeschlossen war, und die Erziehung durch den beweglichen, phantasiebegabten, trink- und sangesfrohen Ortspfarrer hatte Frömmigkeit und Gottvertrauen, Mystik und wundergläubige Neugier als natürliche, triebstark rankende Wurzeln in ihr Herz gepflanzt. Zum ersten Mal hatte der Marquis sie mit nach Paris genommen, um sie der Welt ein wenig näherzubringen, in die sie nächstens auch gesellschaftlich eintreten sollte, und er hatte ihr natürlich mit der Rücksicht des alten Kavaliers sein Rencontre verschwiegen, in der sicheren Überzeugung, daß er, wenn sie dem Frühstückskellner klingeln werde, längst als Sieger von seinem morgendlichen Abenteuer zurück sei. Die Contrahage war im Anschluß an eine Kammersitzung zustande gekommen, in der ein bekannter politischer Journalist seiner Meinung nach die Armee beleidigt hatte. Sein Gegner war ein ziemlich gleichaltriger Herr mit unbehaartem Schädel und etwas zu großer Nase, der sich, im Gegensatz zu d'Attalens, gern vor dem Waffengang versöhnt hätte, denn ihm war in dem taukühlen Park, dessen Mauern Presseleute und Photographen umlagerten, keineswegs wohl zumute, während der Marquis die Sache mit der Lust eines ausgehungerten Essers anging, dem ein anregender Apéritif gereicht wird. Der Anblick der beiden älteren Herren, mit den Hüten auf dem Kopf, in langen Hosen und Hemd, wie sie auf leises Kommando in Auslage gingen, mochte nicht ohne Komik gewesen sein, so wie es immer zum Lachen herausfordert, wenn erwachsene Männer etwas ausgesprochen Knabenhaftes tun, Bäume erklettern oder einander über den Buckel springen würden – und vermutlich war es nur nervöse Ängstlichkeit, die den kampfungewohnten Schriftsteller, von seinem Partner spielerisch bedrängt, so jäh und heftig zustoßen ließ, daß er selbst fast ausglitt und sein Florett den Marquis mitten in die lässig ungedeckte Herzgegend traf. Sicher war er viel mehr darüber erschrocken als der Getroffene, der zuerst nichts spürte und mit kurzem Auflachen eine Finte in die Luft schlug, bevor er lautlos zusammenbrach.

Die Operation war keineswegs eine der schwersten, die Norbert hinter sich hatte – immerhin mußte er das Herz des alten Kämpen bloßlegen, und es gehörten seine Hand und seine Erfahrung dazu, es vorm Stillstand zu bewahren. Als er den Operationssaal verließ, konnte der Marquis d'Attalens, dessen starke Natur keine schlimmen Zufälle befürchten ließ, als gerettet gelten. Er war noch bewußtlos, und Norbert hatte jeden Besuch und jede Erregung strengstens untersagt. In einem Warteraum fand er Lucile, sie kniete vor einem kleinen Wandkruzifix und betete. Etwas verlegen wartete er an der Tür, bis sie ihr Vaterunser zu Ende geflüstert hatte, und als dann noch das Ave Maria dazukam, konnte er sich nur schwer eines ungeduldigen Räusperns enthalten. Sie schlug sorgfältig ihr Kreuz, dann stand sie auf und schaute ihm frei und vertrauensvoll entgegen. Ihr Gesicht war ruhig, und sie nickte gleichsam bestätigend, als er ihr mit nüchternen Worten rapportierte.

»Ich wußte es«, sagte sie lebhaft, – »daß es gutgeht, – schon im Wagen. Und dann habe ich ja für Sie gebetet.«

»Für mich?« fragte er etwas befremdet.

»Natürlich«, sagte sie mit einem fast verschmitzten Lächeln, – »denn es lag doch alles daran, daß Gott jetzt mit Ihnen war. Ihm konnte er ja nicht mehr helfen – höchstens durch Sie!«

»Ach so«, sagte Norbert heiter, – »ich verstehe. Man segnet auch Fahnen, Waffen und so weiter, damit sie die Schlacht gewinnen.«

»Bei Ihnen«, sagte sie ernst, – »waren es die Hände. Als Sie mir im Wagen die Zeitung wegnahmen, sah ich sie zum ersten Mal – und ich erschrak furchtbar davor. Ich hatte noch gar nicht recht begriffen, daß Sie der Arzt sind, ich war ja halb gelähmt – aber ich erschrak furchtbar, als ich Ihre Hände sah – und dann wußte ich alles. Ich hätte am liebsten gleich –«

Sie unterbrach sich mit einem Kopfschütteln.

»Was?« fragte Norbert.

»Ihre Hand geküßt«, fuhr sie rasch fort, – »aber dann, beim Beten, dachte ich immerfort daran. An die Hände nämlich.«

Ihr Blick glitt an seinen Armen herab, wie ihm schien, mit einem Ausdruck von Schauer und Verlangen, und er war irgendwie froh, daß er die Hände zufällig gerade in den Taschen hatte.

Er betrachtete ihr Gesicht, es war etwas blasser als vorher.

»Kommen Sie mit«, sagte er, – »wir wollen frühstücken.«

»Ja«, rief sie, und in ihre Wangen kehrte die Farbe zurück – »aber viel, und gut!«

Sie saßen in dem kleinen Hotelrestaurant, das um diese Zeit noch menschenleer war. Teils um plötzliche Müdigkeit zu übertauchen, teils aus einer unkontrollierten Laune hatte er Champagner bestellt. Sie trank in durstigen Zügen, ihre Augen bekamen rasch einen dunklen und feuchten Schimmer.

»Herrlich!« sagte sie, und schob ihm ihr leeres Glas hin.

»Man soll das überhaupt nur morgens trinken«, belehrte er, während er einschenkte, »sonst ist Wein besser.«

»Vor der Suppe«, rief sie lachend, »sagt mein Vater. – Wissen Sie was?« fügte sie hinzu und quirlte die Kohlensäure heraus, daß der Schaum überging, »wenn ihm etwas passiert wäre, hätte ich mir ein Stückchen Bambusrohr gekauft...«

»Bambus?« fragte er, »wozu das?«

»Dazu!« sagte sie, und rieb mit der Fingerspitze rasch auf seiner Hand hin und her, die neben der ihren auf der Armlehne lag, »zum Reiben! Wissen Sie das nicht? Wenn man Bambus zu ganz kleinen Splitterchen zerreibt und tut es jemandem in ein Getränk hinein, dann reißt es ihm innerlich alles ganz entzwei, viel ärger als Glassplitter, und er muß elend zugrunde gehen. Das hätte ich seinem Mörder eingegeben«, sagte sie lächelnd, »vielleicht auch Ihnen«, fügte sie hinzu, »wenn Sie versagt hätten!«

Er nahm ihre Fingerspitzen in die seinen.

»So grausam können Sie sein?« fragte er leichthin.

»Manchmal ja«, erwiderte sie ernsthaft, »das ist wohl sehr scheußlich, wie? – Aber ich kann dann gar nicht anders. Ich habe als Kind einmal eine Katze bestraft, die meinen Lieblingsvogel gefressen hatte, ich kann Ihnen gar nicht sagen, wie –! Und später hab ich dann auch geweint deswegen, und hab's gebeichtet, und hab's wohl auch bereut, aber doch müßte ich's wieder machen – wenn es so käme... Ich meine, wenn mir jemand etwas Schreckliches antut –. Vielleicht finden Sie das unsympathisch«, sagte sie noch und drehte den Kopf weg.

»Ich finde es nur natürlich«, sagte Norbert, wie von einem rieselnden Schauer erfüllt, und nahm ihre Hand fester.

Plötzlich fuhr sie herum und preßte ihre Lippen auf den Ansatz seines schmalen, langestreckten Handgelenks.

»Jetzt hab ich es doch getan«, flüsterte sie und grub die Zähne ein wenig in seine Haut.

Er beugte sich nah zu ihr, nahm ihr Gesicht zwischen die Hände.

Ihre Augen verglasten in Schreck, ihr Mund schien wehrlos und überwältigt.

Er küßte sie nicht, aber sein Mund war dicht bei dem ihren, und seine Stimme zwang Sinn und Begreifen in ihre gebrochenen Augen zurück.

»Ich will«, sagte er langsam, »daß du meine Frau wirst. Verstehst du mich?« fügte er drängend hinzu.

Sie nickte, tastete nach einem Stückchen Brot auf dem Tisch, schob es zwischen ihre erblaßten Lippen.

»Wirst du mich immer so erschrecken?« fragte sie nach einer Weile.

»Nur, wenn es sein muß«, sagte Norbert und zog die Brauen in die Höhe.

»Wenn es sein muß –«, wiederholte sie, »dann ist es gut.«

Er riß sie in seine Arme, küßte den leisen Aufschrei weg – stumm, heiß und schmerzhaft.

Wenige Wochen später war die Hochzeit. Der »alte« d'Attalens konnte bereits in einem Lehnstuhl sitzen, er war in heiterster Laune, trank und aß kräftig und bekam beängstigende Wutanfälle, wenn man ihm sein Burgunderglas wegnehmen wollte. Madame Myrte, sehr würdig anzuschauen in schwarzem Seidenkleid und schöngewelltem Grauhaar über einer rosigen Jungmädchenhaut, wirkte selbst eher bräutlich als mütterlich, sie hatte bald einen kleinen Rausch und war sichtlich in ihren Schwiegersohn verliebt. Gleichzeitig trug sie einen kindlich übertriebenen Respekt gegen ihn zur Schau und erschrak jedesmal, wenn er sie ansprach. Der Mann, der ihren Gatten gerettet hatte, sein fast schon erloschenes Herz wie einen Beutel genäht und wieder zum Pulsen gebracht, der Mann, der ihre ländlich ungezähmte, kaum der Nesthut entwachsene Tochter mit einer Handbewegung sich zu eigen machte und aus der Enge ihrer verarmten Landadels- und Offizierswelt heraus in eine kaum vorstellbare Höhe von Glanz, Erfolg und Reichtum emporhob – für sie kam er fast schon dem lieben Herrgott gleich, und ähnlich ging es dem neugesundeten Marquis, der sicher für jeden anderen ein äußerst lästiger, eifersüchtiger und mäkliger Brautvater gewesen wäre. Luciles beide Eltern waren vollkommen glücklich. Auf sehr taktvolle Weise hatte Norbert es verstanden, Teilnehmer und Linderer ihrer finanziellen Nöte zu werden, er hatte die Gründung einer Art landwirtschaftlicher Produktionsgesellschaft veranlaßt, deren Hauptaktionär er selber war und die nur den einen Zweck hatte, die Schulden ihres Gutes aufzusaugen und abzutragen. Die Hochachtung des alten d'Attalens vor seiner lässig sicheren und herrschgewohnten Noblesse war grenzenlos, und er ließ sich von ihm sogar ohne Widerspruch zu normaler Zeit ins Bett schicken.

Norberts Mutter war nicht gekommen.

Er hatte sie, kurz nach jener ersten Begegnung, in London

aufgesucht und war eine Stunde in einem verschlossenen Zimmer mit ihr auf und ab gegangen.

Sie habe gar nichts gegen eine Heirat einzuwenden, sagte Lady Stanhope dem Sinne nach, und es liege ihr fern, seine Wahl beeinflussen zu wollen, die sicher die beste und richtigste sei. In ihrem Alter jedoch könne sie sich nicht mehr auf die Gepflogenheiten einer anderen Religion einstellen – und wenn die Hochzeit nicht hier und im gewohnten Stil stattfinde, sei sie leider außerstande, daran teilzunehmen. Norbert war ein wenig erstaunt über diese plötzliche Entdeckung ihrer religiösen Voreingenommenheit, er hatte bisher nie ähnliche Neigungen bei ihr feststellen können, da sie in allen derartigen Fragen durchaus unkonventionell und weltläufig dachte. Vergeblich suchte er ihr klarzumachen, daß der alte Marquis vorläufig noch nicht reisefähig sei, daß er aus Gründen nahender Berufspflichten, des beginnenden Universitätssemesters und anderer Anlässe, die Hochzeit nicht allzulange aufschieben könne, und daß man ein noch so kindhaftes Geschöpf, wie Lucile es sei, an diesem Tag nicht ohne die Eltern lassen dürfe. – Die Muter blieb unerbittlich, und auf eine letzte telephonische Intervention hin erklärte sie, an einem rheumatischen Anfall erkrankt und bettlägerig zu sein.

Natürlich hätte Norbert während der Wochen ihres Verlöbnisses die Möglichkeit gehabt, Lucile, obwohl sie den Vater pflegte, für einen Tag nach London zu bringen, um sie mit seiner Mutter bekannt zu machen. Warum er es nicht tat, war ihm selbst wohl kaum bewußt, er versuchte auch gar nicht, sich Rechenschaft darüber zu geben. Vielleicht erfüllte ihn eine heimliche und ahnungsvolle Angst, dies alles könne zusammenbrechen, sich auflösen, verflüchtigen, die Leibhaftigkeit verlieren und nicht mehr wahr sein, sobald die Umgebung, die Luft, die erstmalige und unwiederbringliche Tonart ihres Einklangs wechsle und sich verwandle. – Lucile ihrerseits überließ die Führung in allen Dingen vollständig seiner Hand. Sie hatte sich ihm einfach und ganz ergeben – wie sich das Land dem Regen und der Sonne, dem Fall der Wetter und Jahreszeiten, der Nacht und dem Himmel dargibt, um den Segen zu empfangen. Sie wollte und forderte nichts von ihm, und sie kannte nicht den Hochmut des Gedankens, daß ihre Jugend ihm ein Geschenk und eine Gabe sei. Sie war für ihn da, und sie erwartete von ihm das Göttliche.

Er selbst war ihrem freien, unbedingten Wesen gegenüber nie ohne eine leise Spur von Befangenheit. Das war nicht die Frau, wie er sie aus vielen, im Gedächtnis ineinander verschwimmenden Begegnungen und Abenteuern, flüchtigen und hartnäckigeren, als reizvoll wandelbaren Fremdkörper in seinem Leben gekannt hatte. – Das war nicht die Frau, wie sie im Bildnis seiner Mutter verpflichtend und unberührbar über ihm stand.

Das war ein völlig neues, unverhofftes Geschöpf, gleichsam aus Gottes erster Hand gefallen, und nur in ihrer Nähe konnte er das empfinden, was ihm durch die allzu hüllenlose Kenntnis des menschlichen Körperwesens fast verlorengegangen war: Furcht – ja Ehrfurcht – wie vor neuem Land – und erstes, brennendes Verlangen.

Als sie, anderen Morgens, auf den kleinen eisenvergitterten Balkon des Hotels hinaustraten, lehnte sie sich in einer ruhigen Schmiegung an seine Brust und sagte das Wort, das er tief in sich selbst gehört haben mochte:

Ich will ein Kind von dir.

Das Stanhopesche Haus in der Nähe des Regent's Park war nicht unfreundlicher, auch nicht liebenswürdiger als viele andere Häuser dieser besonders ruhigen und angenehmen Wohngegend: nicht zu alt und nicht zu neu in Bauart und Einrichtung, war es weiträumig genug angelegt, um allen Insassen hinlängliche Freiheit der persönlichen Bewegung und eine gewisse Unabhängigkeit voneinander zu gewähren. Nach Straße und Nachbarvillen war es durch kleine, backsteinummauerte Blumengärtchen und eine rückwärtige Front hoher Laubbäume abgegrenzt.

Trotzdem schien es Lucile, vom ersten Augenblick ihres Eintritts an, von einer düsteren und bedrückenden, feuchtkalten

Luft erfüllt, die sich wie eine Kompresse um ihren Hals legte, die unbekannte Art der Schiebefenster, durch die man sich niemals hinauslehnen konnte, brachte sie fast zur Verzweiflung, und selbst wenn die klare Herbstsonne über den frisch gesprengten Rasen des Gärtchens spielte, schien sie ihr wie durch eine Mattscheibe gedämpft und ohne Kraft und Wärme.

Ganz im Gegensatz zu ihrem Empfinden war von Sir Norbert mit seinem Wiedereintritt in die gewohnte Umgebung jeder Schatten, ja jeder Hauch von Benommenheit, Staunen und Scheu, welche ihn noch auf der kurzen Reise in Luciles südlichere Heimat befangen hielt, wie durch unsichtbare Häutung abgefallen. Die stete, hellhörige Bereitschaft und Aufgeschlossenheit – wie sie ein Ausnahmezustand, eine Krise, als Glück oder Gefährdung verleiht –, die leichte, selbsthypnotische Benebelung des Geistes wie durch einen zitternden Holzfeuerrauch, der Entflammtheit von Sinnen und Seele entstiegen, war jener Haltung gewichen, die für ihn die einzig tragfähige Grundlage seiner Existenz und seiner Leistung war: Klarheit, Rationalität, kristallische Kantung des Wesens und beherrschtes Gleichmaß.

Daß er für sie – der er sich auch in Momenten glühender, eruptivster Leidenschaft nie wirklich und voll erschlossen hatte, die seine Berührung als einen göttlich weckenden Strahl empfand, auf seine Nähe jedoch, und seine menschliche Faßbarkeit, noch immer wartete – daß er für sie in dieser grundrißhaft abgezirkelten Klarheit, in dieser Lebens- und Selbstbeherrschung, die keine Rätsel und Dämmerungen zu kennen schien, immer rätselhafter, immer fremder, immer unbegreiflicher und unnahbarer wurde, lag außerhalb seines Fassungswillens und -vermögens.

Die Mutter war ihr mit einer gleichmäßig freundlichen Toleranz entgegengekommen, nie hörte sie ein unhöfliches Wort, nie sah sie einen strengen oder abweisenden Blick von ihr, und fast fand Lucile es lächerlich, daß sie sich vor dem Zusammenleben mit dieser schönen, gepflegten und zurückhaltenden Patrizierin heimlich gefürchtet hatte. Bald aber spürte sie eine unübersteigbare Grenze, welche die Mutter ihr gegenüber von vornherein zu errichten wußte, und die sie viel ärger kränkte und härter abstieß, als es schlechtes Benehmen, Haß oder Bosheit vermocht hätten: man behandelte sie als Gast in diesem Hause, und man verbot es ihr stillschweigend, darinnen heimisch zu werden. Norbert kam und ging, der Beruf beanspruchte ihn Tag und Nacht, in seinen freien Stunden führte er Lucile aus und machte sie mit seinen Kreisen bekannt, in denen man sie entzückend aufnahm – obwohl sie auch hier nie ganz die Empfindung loswurde, ein wohl gelittener, doch vorübergehender Gast zu sein.

Nach einiger Zeit wurde ihr Zustand bemerkbar.

Von da an fühlte sie öfters, wenn sie gemeinsam den Tee oder eine Mahlzeit einnahmen, die Blicke der Mutter und Norberts sich treffen und auf ihrer Erscheinung einander kurz begegnen – aber auch darin empfand sie nicht Wärme oder liebevolle Teilnahme an ihrer Person, sondern eher eine Art von leidenschaftlicher, herrschsüchtiger und triumphaler Besitzergreifung.

Wenn Norbert nachts allein mit ihr blieb, legte er manchmal mit einer sehr behutsamen und zarten Bewegung das Ohr oder die Hände an ihren Leib und lauschte mit seltsam versponnenem Ausdruck den ersten Stößen und Herztönen des werdenden Lebens. Als Frau berührte er sie fast gar nicht mehr in dieser Zeit, aber er beschenkte sie oft mit Schmuck und schönen Dingen und war in besonderer Weise auf ihr äußeres Wohlergehen bedacht, ohne sie jedoch irgendwie mit Vorsicht oder Vorschriften zu quälen. Seltsamerweise erfüllte sie gerade dieser Zug – die Neigung zum Beschenken, die artige Ritterlichkeit, die schonungsvolle Umsicht – mit Zorn und Beschämung und mit einer brennenden, kehlewürgenden Einsamkeit. Mehr und mehr verschloß sie sich in sich selber, und all ihre Neigung, all ihre Sehnsucht nach Blut- und Lebenswärme, nach körperlicher und seelischer Nähe, alles Menschlich-Herzhafte und alles Dunkle, triebstark Flutende in ihrem Wesen ergoß und einte sich ganz in die Liebe zu diesem noch ungeborenen Kind. Sie hegte und hütete diese Liebe wie ein Geheimnis, wie eine verborgene Waffe oder ein nur ihr bekanntes mystisch erlösendes Wort, nie sprach sie es aus, nie ließ sie sich dabei ertappen, und am liebsten hätte sie sich zur Geburt wie eine Katze in einen Winkel verkrochen, der selbst dem eigenen Geschlecht versteckt und unzugänglich war. Norbert hingegen redete oft und viel von dem zu erwartenden Nachkömmling, der sich für ihn ohne besondere Erwähnung natürlich als Sohn darstellte, er machte mit seiner Mutter Pläne über Jahre hinaus, Erziehung und Zukunft anlangend, er hatte schon alle mögliche Vorsorge getroffen, und es schien für ihn ausgemacht, daß dieser Erstgeborene an Anlagen und Erscheinung ihm ähnlich sein, an Gabe und Begnadung ihn weit übertreffen werde. Sein sonst so vernunftbetontes und skeptisches Denken schien hier ebenso ausgelöscht, wie die Herzenskühle und Gefühlsreserve seiner Mutter: der Wille zum Sohn, zum Enkel, brannte in beiden mit einer ungeduldig verlangenden Leidenschaft.

Die Geburt fand in einer hervorragend geleiteten Klinik statt und war dem besten Gynäkologen des Landes anvertraut.

Norbert, der als Arzt und Gatte dem Ereignis beiwohnen wollte, hatte sich ihrer Bitte gefügt und war ihrer Stunde ferngeblieben.

Dies habe eine Frau, so meinte sie, allein zu tun – wie ein Mann seine Arbeit, seinen Kampf, seinen Beruf.

Er respektierte ihren Wunsch, mit hochgezogenen Brauen und einem befremdeten, etwas verletzten Zug um den Mund.

Die Nacht, in der die Wehen eingesetzt hatten, verbrachte er lesend in seiner Bibliothek.

Als man ihm in der Morgenfrühe meldete, daß ein Knabe geboren sei und beide, Mutter und Kind, am Leben, – ohne ihm jedoch Näheres mitzuteilen oder in der üblichen heiteren Weise zu gratulieren, fuhr er sofort in die Klinik.

Der Chefarzt nahm ihn beiseite und erklärte ihm in einer betont fachlichen Art, mit der er wohl am ehesten seiner schweren Aufgabe Herr wurde, daß die Geburt, trotz anscheinend normaler Lage, unglücklich ausgegangen sei: durch Quetschung des weichen Kinderköpfchens sei eine Schädelkontusion eingetreten – ein Fall, für den kein Arzt und noch nicht einmal eine besonders ungünstige Bauart der Mutter verantwortlich zu machen ist –, und das Kind sei zwar am Leben, jedoch in einem Zustand, der wenig Hoffnung für eine gesunde und normale Entwicklung offen lasse.

Norbert hatte ihn blaß und schweigend angehört, keine Miene veränderte sich in seinem Gesicht. Dann verlangte er, das Neugeborene zu sehen.

Man hielt es in einem besonderen Beobachtungsraum unter ständiger Kontrolle, aber Norbert erkannte bald, daß jeder Versuch eines Eingriffs oder einer chirurgischen Regulierung ausgeschlossen war. Entscheidende Gehirnzentren waren durch die Verletzung lahmgelegt, und es gab vor der Unerbittlichkeit und Endgültigkeit dieser Erkenntnis nichts anderes zu tun, als das Geschöpf, das ohne Schmerz- oder Lustgefühl in einem matten und zuckenden Dämmer lag, am Leben zu erhalten – an einem Leben, das ihm nie die Gabe des Bewußtseins, der Sprache, der freien Bewegung erschließen würde.

Jede Frau, die einmal geboren hat, kennt jene Ur-Angst, die kurz vor der Entbindung in glutheißen Wellen aufsteigt: das lebendige Wesen, das sich ihr nun entringen werde, könne irgendwie »nicht in Ordnung« sein, kein richtiges, zu Ende geformtes Menschenkind, kein gelungenes Abbild des Schöpfers oder Vaters. Zwangsvorstellungen kommen dazu, über die man später zu lachen pflegt: daß es womöglich nur eine Hand oder zu kurze Beine, eine Mißbildung am Kopf oder gar keine Augen habe – aber nach einer glückhaften Geburt, wenn zum erstenmal der gesunde Hungerschrei an das Ohr der Mutter dringt, ist das alles wie von hellem Wind zerblasen, und man denkt nicht mehr weiter daran; so wie ein junger Bauer unterm Anblick einer täglich frischer grünenden Saat sein anfängliches Mißtrauen gegen das Aufgehen dieser dunklen, glatten und reglosen Körner ganz vergißt.

Als Lucile, nach der Erlösung, die erste, hoffend-beklommene Frage stellte, verhehlte man ihr den Zustand des Kindes, und als man es ihr dann brachte, bemerkte sie zunächst nichts

Auffälliges an dem sorglich eingehüllten Geschöpf: höchstens eine gewisse Stille und Unbeweglichkeit. Aber schon sein leises hauchzartes Atmen, das sie am feuchten Finger spürte, rührte sie zu Tränen des Glückes und der Entzückung.

Sir Norbert hatte sie am Morgen nur kurz besucht, und ihre blasse, ermattete Stirn geküßt, dann, indem er ihr Lächeln mit einem knappen, etwas verkrampften Kopfnicken erwiderte, hatte er sich unter einer ärztlichen Entschuldigung – sie müsse nun ruhen und dürfe sich nicht erregen – rasch entfernt. Nach Stunden erst kam er zurück und fand das Kind, das die Pflegerin behutsam aus dem Körbchen genommen hatte, in Luciles Armen: ein Ausdruck unendlicher Seligkeit schimmerte in ihren Augen, immer wieder formten ihre Lippen, da das Haupt noch zu erschöpfungsschwer in den Kissen lag, die Bewegung des Kusses und feuchteten sich wie die zärtlichen Nüstern eines Tieres, wenn es das Junge behauchen oder ablecken will. Er beugte sich über sie, betrachtete lange das reglos liegende Wesen, dessen verformten Hinterkopf man in ein seidenes Häubchen gehüllt hatte.

»Ich werde selbst nähren können«, hörte er ihre Stimme, »der Arzt hat es gesagt. Aber erst morgen –« flüsterte sie, wie mit einem Seufzer der Ungeduld.

Das Kind röchelte ein wenig, die Pflegerin brachte es auf seinen leisen Wink hinaus. Lucile hob ihm mit einer inbrünstig holden Bewegung die Hände nach, und ihre Kehle stieß unwillkürlich einen süßen und schwachen Lockton aus, wie den eines Rotkehlchens oder einer Amsel.

Norbert setzte sich neben ihr Bett, starrte zu Boden. Dann stand er wieder auf, ging zweimal im Zimmer hin und her.

Sie hatte die Augen geschlossen, auf ihrem Antlitz lag noch immer die gleiche selige Versunkenheit.

»Lucile«, sprach er sie an, seine Hände umklammerten die Stuhllehne, »unser Kind –«

Er stockte, rang nach Ausdruck.

Sie aber tastete mit den Fingerspitzen nach seiner Hand und wiederholte, als habe er Worte des Stolzes und der tiefsten Befriedigung in ihren Mund gelegt:

»Unser Kind –!«

Da wandte er sich kurz, ging hinaus. Fast laufend verließ er die Klinik. Fuhr nach Hause.

Sie vermißte ihn kaum. Vielleicht war es ihr eine Art von Erlösung, an diesem erträumten Tage so allein zu bleiben.

Gegen Abend kam Norberts Mutter.

Lucile wollte läuten, damit man das Kind bringe.

Die Mutter wehrte mit einer harten Handbewegung ab.

»Ich habe dein Kind gesehen«, sagte sie und blickte Lucile an.

Lucile erstarrte unter diesem Blick, aus dem ihr Furchtbares und Unbegreifliches entgegenbrannte: Gram, Vorwurf, Urteil, oder ein wilder, schauerlich grausamer Triumph, wie ihn eine verstoßene Geliebte über das Unglück der Nebenbuhlerin feiern möchte.

Allmählich gerann dieser Blick zu einem blassen und grünlichen Metall, schloß und verwappnete sich wie ein Helmvisier, ebbte zurück in unmenschliche Ferne und Hoheit.

»Es trifft niemanden eine Schuld«, sprach sie mit einer kühlen, abgedämpften Stimme, die von weither zu dringen schien, – »der Arzt hat seine Pflicht getan. Und du wirst jetzt die deine zu tun haben – deinem Mann und der Welt gegenüber. Es muß alles geschehen, damit er diesen Schlag so rasch wie möglich verwindet. Am besten begibst du dich baldigst in häusliche Pflege zurück und läßt es« – sie sprach das Wort nicht aus – »in der Obhut bewährten Fachpersonals. Nach außen hin braucht niemand Näheres zu erfahren, damit ihm die Schande als Arzt und als Mann erspart bleibt. Man wird sehen, wie man das einrichtet – solange es lebt.«

Lucile begriff längst nicht mehr den Sinn der einzelnen Worte, sie war im Bett halb aufgeschnellt wie unter Geißelhieben und stemmte sich rücklings auf die Hände. Die Zunge lag plötzlich trocken und würgend in ihrem Gaumen, sie fühlte das Haar naß an den Schläfen kleben, in ihrer Kehle brannte ein lautloser Schrei – aber sie konnte nicht schreien –, es war wie der Traum, in dem man stürzt oder von Trümmern begraben wird, und in ihre Augen trat ein solcher Ausdruck von hilfloser Not und

Qual, daß eine Wallung schwesterlichen Mitleidens die Starrheit der andren löste.

»Es ist ein Unglück, das uns alle trifft«, sagte sie leise, »und wir werden es gemeinsam ertragen.«

Dabei hob sie, wie unter einer Selbstüberwindung, die Hand und näherte sie zögernd dem jungen schmerzzerrissenen Antlitz unter ihr, als wollte sie es streicheln oder trösten.

Lucile aber, die ihre Wort kaum mehr gehört hatte, sah nichts als diese Hand, die immer größer wurde und näher kam, eine noch glatte und feste, wenn auch schon etwas matthäutige Frauenhand, an deren Seite ein scharfer, grausamer Stein blitzte, eine Hand, die mit ihren ruhigen und herrischen Fingern und ihrem elfenbeinernen Glanz in ferner und schrecklicher Weise *seinen* Händen glich, den Händen des Mannes, des Geliebten, des Feindes – und mit beiden Armen vorschnellend, stieß sie jene Hand und die über sie hingebeugte Gestalt blindlings zurück, stieß sie weg, stieß mit den Fäusten nach ihr, indem ihr Mund sich in Haß und Abscheu verzerrte: »Geh! Geh!! Geh!!«

Während Lady Stanhope, mit fest zusammengekniffenen Lippen und herabgezogenem Schleier, die Anstalt verließ, raste die Klingel aus Luciles Zimmer, rannten Hilfsärzte und Schwestern, hallte schauerlich, wie Gebrüll aus tragischen Höhlen oder beraubten Ställen, immer wieder das eine Wort:

»Mein Kind!! Ich will mein Kind!!

Mein Kind!

Mein Kind –«

Das Kind dämmerte hin, keine Bewußtseinsregung war merklich. Es blieb einseitig gelähmt, seine Lebensäußerungen beschränkten sich auf lallendes Röcheln. Außer Lucile selbst bekam es fast niemand zu Gesicht. Gegen den Willen ihres Mannes und seiner Mutter hatte sie es bald nach der Geburt mit heimgebracht und sich in einem von Norberts Zimmern abgesonderten Teil des weiträumigen Hauses eingerichtet, wo sie es, abwechselnd mit einer alten französischen Pflegerin, betreute.

Norbert hatte sich kurz nach ihrer Heimkehr auf eine längere

Berufsreise begeben, und als er wiederkam, führte er sein früheres Leben mit Kommen und Gehen, Arbeiten und gesellschaftlicher Pflicht, ohne daß er gegen Lucile, die er wenig sah, sein Verhalten und Wesen merklich geändert hätte. Das Kind wurde nie zwischen ihnen erwähnt, er fragte nicht nach ihm und widmete ihm nur anfangs kurze, ärztliche Besuche. Auch die Mutter vermied es geflissentlich, das Stockwerk zu betreten, das Lucile mit dem Kind bewohnte. Nach außen hin wurde krampfhaft die Legende aufrecht erhalten, daß Norberts Sohn gesund und normal, nur von einer vorübergehenden Säuglingskrise heimgesucht sei.

Einige Wochen nach der Geburt fragte Lucile in einem kurzen, heftig hingeworfenen Schreiben ihre Eltern an, ob sie mit dem Kind zu ihnen nach Hause kommen und dort wieder wie früher bleiben könne.

Die Antwort, die sie umgehend von ihrer Mutter bekam, schloß den Ring ihrer Einsamkeit und unlösbaren Verkettung.

Norbert hatte ihnen längst den wahren Sachverhalt persönlich mitgeteilt.

Die einfach denkenden alten Leute, die von ihm in jeder Weise abhängig, ja ihm bis zur Hörigkeit ergeben waren, hatten sich damit abgefunden, die Katastrophe als harte Himmelsfügung hinzunehmen, und Norberts Wunsch, man möge dieses Kind als ungeboren betrachten und auf eine bessere Zukunft warten, zu dem ihren gemacht.

»Dein Mann«, schrieb Madame Myrte, »ist dir vom Himmel gegeben, und bedenke, was er für deine Eltern tut. Dein Vater, der in letzter Zeit manchmal blaue Backen bekommt, was dem Doktor Levoisseur gar nicht gefällt, würde eine Trennung nie überleben. Hast du vergessen, daß du vorm Priester an Gottes Statt dich ihm vermählt hast, und daß das Weib dem Manne nachfolgen muß, solang es die Sonne bescheint? Er ist der edelste Mensch unter der Sonne. Auch Frau zu sein ist ein Beruf, und jeder Beruf verlangt seine Opfer. Aber eine Frau, die ihr Haus verläßt, ist von den Menschen verachtet, von den Eltern verstoßen, von Gott verdammt.« –

Von den Menschen verachtet, von den Eltern verstoßen, von Gott verdammt.

Lucile las diesen Brief wieder und wieder, die seltsame und naive Verbindung von gläubiger Frommheit mit den materiellen Vorteilen, die ihre Ehe für die Eltern bedeutete, erbitterte sie nicht, sondern bewegte ihr kindliches Herz, das mit den gleichen, irdisch-mystischen Fäden an Gott gebunden war, und der Hinweis auf die blauen Backen des Vaters rührte sie zu lächelnden Tränen. Sie lächelte, und sie schmeckte Salz auf den Lippen. Sie verstand ihre Eltern, sie beugte sich ihrem Wort, und sie wußte, daß es von ihnen keine Hilfe und keinen Trost mehr gab. Der Ring war geschlossen, das Band ihres Schicksals unlöslich geknüpft.

Norbert, obwohl ihm äußerlich wenig anzumerken war, fand in diesen vorsommerlichen Wochen kaum Schlaf. Nächtelang wanderte er zwischen seinem Bettraum, den er früher mit ihr geteilt hatte, und seinem Arbeitszimmer, in welchem er medizinische Instrumente und Hilfsmittel aufbewahrte, hin und her – oder stand plötzlich reglos gebannt an irgendeiner Stelle.

Oft sah Lucile, wenn sie noch spät am Fenster ihres Stockwerks lehnte, seinen Schatten schmal und unbeweglich, statuenhaft, hinter der Gardine. Dann stieg wohl eine kurze, schmerzhafte Sehnsucht in ihr hoch – und manchmal ein Gefühl von leiser Schuld und Reue. Aber das zerging wie rascher Dunst vor den bittren und kalten Windstößen ihres Hasses.

Sie haßte ihn.

Sie haßte zum erstenmal, sie haßte mit der scheuen Heftigkeit einer Liebenden.

Er hat mich allein gelassen – er war es –, nicht ich!

Er hat sich von mir gewandt, in einer Stunde, in der ich ihn mehr brauchte, als je ein Mensch den andern.

Er hat mich genommen, er hat mich zu seinem Geschöpf gemacht, und dann hat er mich vergessen.

Er hat mich geweckt wie ein Gott – aber er hat mich niemals wie ein Mensch geliebt.

Sie löschte das Licht, entkleidete sich im Finstern.

Tief in der Nacht fuhr sie aus dem Schlummer, der seit der Geburt stets leicht und zerbrechlich war.

Eine plötzliche Unruhe trieb sie zu ihrem Kind – ihr war, als habe sie es im Traume rufen hören, mit einer hellen, klaren und erwachten Stimme.

Als sie die angelehnte Tür zwischen dem Kinderzimmer und dem ihren aufstieß, erblickte sie in dem von der Nachtlampe matt erhellten Raum ihren Mann, der lautlos zum Bett des Kindes hintrat und sich mit einer langsamen, fast qualvollen Bewegung der Schultern über es beugte. Seine Hand hielt einen länglichen Gegenstand. Ihr Aufschrei riß ihn wie ein Hieb in die Höhe. Er barg die Hand auf dem Rücken, starrte ihr ins Gesicht, totenblaß, mit dunkelverschatteten Augen und einem Ausdruck von Grauen vor sich selbst, der ihr das Blut stocken ließ.

Mit einem Satz war sie zwischen ihm und dem Kinderbett, ihre Blicke brannten ineinander, es war, als ob ein tödlicher, übermenschlicher Haß sie verkette. Dann sprang sie, besinnungslos, ihn an, würgte ihn, schlug mit den Fäusten auf ihn ein, ihr Mund gellte ein unverständliches Wort. Er wehrte sie ab, hielt ihr den Mund zu, etwas Gläsernes zerklirrte am Boden, mit der Kraft einer Rasenden warf sie ihn zurück, ihr Schrei weckte das Haus, Fenster wurden hell, Schritte liefen, die alte Französin erschien, schlaftaumelnd, schlotternd und hilflos in der Nebentür.

Im Zimmer erhob sich ein seltsamer, scharf beißender Geruch.

Lucile warf sich am Bett des Kindes, dessen Dämmerschlaf kaum gestört war, auf die Knie, bedeckte es mit Küssen.

Norbert gab einen kurzen, knarrenden Befehl:

Es sei etwas zerbrochen, das habe die Herrin erschreckt, man solle aufwischen.

Dann ging er, ohne seine Mutter, die auf den Gang vor ihren Räumen getreten war, zu bemerken.

Am andren Morgen bat er Lucile in sein Arbeitszimmer.

Beide schienen ruhig und gefaßt.

Er vermied ihren Blick nicht, sah ihr fest ins Gesicht.

»Ich wollte das Kind töten«, sagte er, mit einer gleichmäßig unerregten Stimme, in der doch Tieferes mitschwang, als er je in Worten ausgedrückt hatte, »ich wollte es töten, mit einer Lösung, die unmerklich einschlummern läßt.

Vor dem Gesetz wäre das Mord.

Vor *meinem* Gesetz – wäre es Befreiung.

Vor meiner Überzeugung wäre es, auch wenn es sich um andere Menschen handelte, ein Akt der Notwehr, eine erlaubte und gerechte Tat.

Aber ich gebe zu – daß ich es außerdem hasse.

Das mag mich, in deinen Augen, schuldig sprechen.

Es hat uns getrennt.

Es hat uns zu Feinden gemacht.

Früher –«, –

eine plötzliche Aufwallung von leidenschaftlicher Trauer verdunkelte seine Stimme und seine Augen –

»früher – warst du bei mir.«

Er wandte das Gesicht ab, seine Hände bebten.

Dann, nach einer Weile, indem sein Rücken sich straffte, sagte er leise und hart:

»Es muß Klarheit werden zwischen uns.«

»Klarheit«, wiederholte Lucile, – als spreche sie ein Wort aus, in dem alle Schuld und alle Bitternis des irdischen Lebens enthalten seien.

Er wollte mein Kind morden, dachte es in ihr. Ich muß es wegbringen. Ich muß es schützen vor ihm...

Gleichzeitig wußte sie sich dem Mann, der da in Stolz und Härte vor ihr stand, unrettbar, unlöslich verknüpft und ausgeliefert, sei es durch Haß, sei es durch Fügung oder Gottes Urteil.

»Was soll geschehen?« fragte sie und blickte ihn offen an.

»Du mußt das Opfer bringen«, sagte er.

Es war keine Trauer mehr um seinen Mund, er lehnte rücklings am Arbeitstisch, und seine Hände bargen sich, wie oft, lässig in den Rocktaschen.

»Welches?« fragte sie tonlos.

»Du mußt das Kind fortgeben«, sagte er, »es gibt keinen anderen Ausweg.«

Sie nickte, mit einem gelähmten und starren Gesicht.

»Es wird in guter Obhut sein«, fuhr er fort, »weit von uns, – und weit von unserer Welt. Du kannst es selber wegbringen, wenn du willst. Dann aber kehrst du zurück – zu deinem Leben – zu deiner Pflicht.«

»Bist du einverstanden?« fragte er nach einer Pause.

Er stand hoch aufgerichtet, sie sah ihn wie durch eine gläserne Wand.

»Ja«, sagte Lucile – und es war, als spreche jemand zum Himmel: Ja. Ich nehme das Urteil an.

Sainte-Querque-sur-Mer ist ein kleines Fischerdorf an der französischen Westküste, ein Häuflein armseliger Hütten mit moosigen, windgezausten Strohdächern. Manchmal, wenn die Fischer den großen Sardinen- oder Heringszügen tage- und wochenlang folgen, und ihre Weiber und Kinder, wie eine Horde Nomaden, an der Küste entlangziehen, um die frische Beute zu trocknen und zu salzen, liegt das Dörfchen fast ausgestorben, nur ein paar Wehmütter bleiben bei den Säuglingen zurück, und Greise, die mit zittrigen Fingern in altem Netzwerk knoten.

Das Meer läßt hier nur bei Ebbe einen schmalen Strandsaum frei – bei Flut wirft der Atlantik seine zornige Brandung bis hinauf in die steilen Felsklippen. Dort, auf einer hochgetürmten Kuppe, ragt die kleine Wallfahrtskirche ›Notre Dame de l'Espérance‹, zu der die Fischersfrauen zweimal im Jahr pilgern, um Wettersegen zu erflehen – und dahinter, vom sandfarbenen Fels kaum unterscheidbar, das alte Nonnenstift, in welches Lucile ihr Kind brachte. –

Man hatte diesen weltverlorenen Ort auf Norberts ausdrücklichen Wunsch gewählt – und Lucile war es gerne zufrieden, das Kind, konnte sie es doch nicht mehr bei sich haben, jedem menschlichen Auge oder Zugriff entzogen und gleichsam versteckt zu wissen. Sein Zustand machte ärztliche Beobachtung oder Behandlung sinnlos und überflüssig, das gleichmäßige

Klima der durch den Golfstrom auch im Winter temperierten Küste und die pflegliche Fürsorge der Nonnen mochten sein schwaches Lebensflämmchen behüten.

Sie hatte das Kind selbst hingebracht und war noch einige Tage dort geblieben, wo sie einen schmalen, zellenartigen Raum im Stift bewohnte. Außer dem Kruzifix und einem Marienbild schmückte nichts die weißgetünchten Wände. Durch das enge, spitzbogige Fenster sah sie die graugrüne Wüste der See.

Das leichte Gebrause von ferner Brandung, Litaneien und Wind, das wie ein steter, zitternder Strom die kühlen Steinmauern durchrann, der seltene Umgang mit den ernsten, schweigsamen, von Lebensgleichmaß und Entsagung ein wenig stumpfsinnigen Ordensfrauen, die zeitlose, versteinte Unwirklichkeit dieser abgeschiedenen Welt hatte sie selbst in eine Art von traumverwehtem Dämmerschlaf gelullt, in dem ihr alles eigene Dasein, Vergangenheit wie Zukunft, Schmerz, Zweifel oder Hoffnung, unendlich fern und fast von ihr abgelöst erschien. Sie lebte in gestaltlosen Träumen, wie ihr Kind, wie die wolkige Ferne um sie her, ihre Seele war tief unter den Meeresspiegel hinabgesunken, wiegte sich mit den Ertrunkenen zwischen gleichmütig wehenden Seegewächsen und wußte nichts von der Posaune des Erzengels, vom Gericht und von der Auferstehung. Sie hätte immer so leben mögen.

Zwei Tage bevor sie abreisen wollte, starb das Kind.

Es starb ohne Schmerz und Bewußtsein, wie es geatmet hatte, es wurde aus einem Schlaf nicht mehr wach und dämmerte still hinüber.

Als Mater Annunciata, die große, dunkelhäutige Oberin, deren Kopf an die Bilder Savonarolas erinnerte, wie ein schwarzer Engel in Luciles Zelle erschien, um ihr die Botschaft zu bringen, wußte sie es sofort und war kaum erschrocken.

Nach einer Nacht, die sie mit den rosenkranzmurmelnden Schwestern am Totenlager durchwacht hatte, ließ sie den kleinen, bläulich erstarrten Körper, ging hinaus in den frühen Wind, den Steilweg klippenabwärts, zum Dorf hin. Noch leicht benommen von Übernächtigkeit und dem Rauch aus Weihkessel und Kerzengeflimmer, füllten das fliegende Morgenlicht und die scharfe, salzgetränkte Luft ihr Haupt und ihre Nerven wie mit einem plötzlichen, fast qualvollen Geprickel, sie taumelte ein wenig und war ganz verwirrt. Sie wußte nicht mehr: darf sie nun glücklicher sein, ist es eine Erlösung, oder soll sie in tiefere, dunklere Trauer stürzen?

Da sah sie, auf dem verlassenen Steinpfad vom Dorf durch die Klippen, die Gestalt eines Mannes ihr entgegenschreiten.

Er ging weit ausholend und doch nicht sehr schnell, und schon aus seinem Gehen kam eine große Sicherheit und ein beschwingtes Gleichmaß auf sie zu, wie aus einer milden, heiteren Musik.

Näherkommend sah sie ein junges, kühnes, wie aus Bronze geformtes Gesicht, aus dem das blaue Feuer eines Augenpaares von himmlischer Kraft und Wärme in sie einstrahlte.

Der Mann trug keinen Hut, lichtbraune Haare flatterten um seine Schläfen. Dachte sie später an diesen ersten Anblick zurück, so empfand sie ihn nicht wie die Begegnung mit einem Mann – eher wie die Erscheinung eines überirdischen Wesens – und sie erinnerte sich deutlich ihres schmerzhaft starken Wunsches: er möchte nicht vorübergehen.

Als sie dann auf dem schmalen Weg zusammentrafen, neigte er, ihr ausweichend, kurz den Kopf und ging vorüber. Aber sie wußte, er hatte sie angeschaut, wie sie ihn.

Nach ein paar Schritten blieb sie stehen, ohne sich umzudrehen, lauschte dem Verhallen seines Ganges auf den Stufen zum Stift hinauf.

Sie wußte nicht mehr genau, warum sie ins Dorf gewollt hatte: vielleicht auf die Post, um eine Nachricht von dem Geschehenen nach London zu senden. Aber die Post war wohl um diese Stunde noch gar nicht geöffnet.

Langsam wandte sie sich, schaute zur Kirche hinauf, vor der die niedrigen Grabkreuze eines kleinen Friedhofs in den Himmel ragten.

Die Gestalt war verschwunden.

Sie rastete kurz auf einem Felsenvorsprung, sah die dünnen

Schaumnetze des morgendlich verebbenden Meeres auf geglättetem Sand, hörte das ferne Schreien streitender Möwen.

Gleichzeitig begann das magere Totenglöckchen im Stift zu läuten.

Man bereitete das Begräbnis ihres Kindes vor.

Sie stand auf, stieg zur Höhe zurück.

Die Oberin, die ihr zwischen Kirche und Stift begegnete, wies sie ins Refektorium: sie werde dort erwartet.

In der Mitte des leeren Raumes, hinter einem langen Tisch, saß, als sie eintrat, der Mann, den sie in den Klippen getroffen hatte – Schreibzeug und Akten waren vor ihm ausgebreitet.

Er erhob sich, blickte sie an.

»Sie sind – die Mutter?« fragte er.

Sie nickte nur.

Er nahm ihre Hand, hielt sie einen Augenblick.

»Ich bin der Kreisarzt, Raymond Duquesnoy«, sagte er, und bot ihr einen Stuhl.

»Ich muß Sie nur um ein paar Daten bitten«, fuhr er fort, und, mit einem leisen Lächeln, wie zur Entschuldigung:

»Es ist gleich vorüber.«

Er fragte rasch und bestimmt, was er zur Ausfüllung des Totenscheins brauchte. Während sie antwortete, überkam sie eine unendliche Ruhe und Leichtigkeit. Sie ließ den Blick nicht von seinem im Schreiben vorgeneigten, knabenhaft kräftigen Kinn.

Er löschte die Schrift ab, hob den Kopf.

Sie blieb in den starren Holzstuhl zurückgelehnt.

Sein Blick senkte sich in ihr Herz.

»Ich bitte Sie«, sagte er mit einer sehr ruhigen und festen Stimme, »nicht untröstlich zu sein. Ich glaube, daß es so kommen mußte und daß es so besser ist.«

Er nahm die Papiere zusammen, schob ihr den Schein hin.

»Ich danke Ihnen«, sagte er, sich erhebend.

Sie machte eine kleine Handbewegung – als wollte sie ihn zurückhalten.

»Gehen Sie nun gleich wieder fort?« fragte sie und sah ihn fast angstvoll an.

»Eigentlich«, sagte er, »müßte ich zur Stadt zurück...«

Er zögerte kurz.

»Soll ich noch bleiben?« fragte er dann einfach.

»Ich wäre sehr froh«, sagte Lucile leise, »ich bin hier ganz allein. Aber Sie werden nicht bleiben können –« fügte sie rasch hinzu.

»Doch«, sagte er, und, wie ihr schien, mit einer beglückten Stimme, »ich werde bleiben!«

Von der Kirche her tönte Gesang herauf, einförmig, dunkel.

»Vielleicht bis nach dem Begräbnis«, sagte sie.

Er nahm ihren Arm, sie stützte die Hand auf ihn.

»Bis nach dem Begräbnis«, wiederholte er sorglich und führte sie hinaus.

Gegen Mittag begann die Flut wieder zu steigen. Aber noch lag der Streifen Sand unter den Klippen glatt und unberührt, von keiner Fußspur betreten, wie erstes, meerentstiegenes Land.

Lucile war an dem frisch geschlossenen Grab allein geblieben. Die Nonnen waren, litaneiend, ins Stift zurückgekehrt, ihr Gemurmel zugleich mit dem scheppernden Glöckchen verebbt, nun war eine Stille um sie, welche im wahrhaften, endgültigen Sinne ›Grabesstille‹ hieß und deren lautlos dröhnende Stimme immer das eine Wort wiederholte: Allein. Sie versuchte zu beten, aber sie konnte nicht. In ihrem Leib war ein Gefühl unendlicher Leere – als hätte sie noch einmal, fruchtlos, geboren. Die nackte Erde blickte sie fremd und unerbittlich an.

Sie wußte, das kleine Bündel Körper, das dort unten lag, hätte sie nie erkannt, nie von den anderen unterschieden. Aber es war ihr Kind – wie es auch war. Es war ihr nahe gewesen – und jetzt blieb sie mutterseelenallein.

Als sie, fast blind vor ungeweinten Tränen, das rostige Friedhofsgitter hinter sich schloß und noch eine letzte Hand an die knirschende Klinke geklammert hielt, erblickte sie, wie durch einen Nebel, den jungen Arzt, der dort auf sie gewartet hatte.

Daß er noch da war, daß er hier auf sie wartete, daß er ihr wortlos den Arm bot und sie, als führe er sie von sich selber und ihrer Not hinweg, an den Stationen des Kreuzwegs vorbei zum Strand hinab geleitete –, all das erfüllte sie mit einer so tiefen, tröstlichen und selbstverständlichen Ruhe, als hätte es gar nicht anders geschehen können.

Bei den letzten hohen Stufen gab er ihr die Hand. Sie ließ sie nicht los, als sie den Strand entlangschritten.

Bald sah man die Kirche nicht mehr. See und Klippen dehnten sich unermeßlich. Der Wind sang leise in ihren Ohren.

Er ging neben ihr. Er führte sie. Ihre Schritte klangen zusammen. Sie war nicht mehr allein.

Nach einer Weile hob sie ihm ihr Gesicht zu, mit großem, gestilltem Blick.

»Raymond«, sagte sie, wie sich besinnend, »Raymond... Den anderen Namen – hab ich vergessen.«

»Lucile«, sagte er und legte den Arm leicht um ihre Schulter.

So gingen sie langsam weiter.

Es war keine Scheu zwischen ihnen, auch nicht die Fremdheit, die Furcht und die Lockung der Geschlechter. Es war, als hätten sie an der gleichen Mutterbrust gesogen. –

»Du bist jung«, sagte Lucile nach einer Weile.

»So alt wie du«, sagte Raymond lächelnd.

Die Sonne fiel aus den Wolken, blendete sie, sie gingen weiter mit halb geschlossenen Lidern.

»Sind wir nicht schon einmal so gegangen?« fragte sie leise.

»Immer«, sagte Raymond.

Der Wind flirrte um ihren versunkenen Gang, warf Sand in ihre Spuren.

Plötzlich hielten sie an, schreckten empor.

Ein hartes, klapperndes Geräusch hatte sie ereilt, das sich in kurzen, beklemmenden Abständen gleichmäßig wiederholte.

Es klang wie Getrappel von Holzschuhen auf steinernen Fliesen oder wie Schläge mit einem Dreschflegel gegen eine hohle Wand.

Sie klammerte sich fest an seinen Arm – er schritt langsam vorwärts –, fast auf Zehenspitzen näherten sie sich der in die Klippen eingeschnittenen Landbucht, spähten um die Ecke.

Da stand ein verlassenes Haus, von einem halb niedergebrochenen Zaun und einer Dornenhecke umgeben.

Es war eine Villa, wie man sie vor einem halben Jahrhundert in Küstenorten gebaut hatte, ehemals weiß und hell, jetzt sichtlich unbewohnt und verwittert, vom Sand angeweht, von den Spinnweben der Vergängnis behangen. Die Fenster waren mit staubgrünen Holzläden verschlossen, einer hatte sich gelockert und klapperte gegen die Hauswand im auf- und abschwellenden Wind. Näherkommend, lasen sie überm Tor in verblichenen Lettern den Namen, den längst verschollene Besitzer wohl dem Haus gegeben hatten: Passiflora – und an den geschützten Seiten waren die Mauern mit vermorschtem Holzgitter bedeckt, daran sich bis zum Dach hinauf in ungeschnittenem Gewucher die Ranken der Passionsblume zogen. Sie stand in ihrer kurzen Jahresblüte, die seltsamen, grünlich-weißen Sterne, auf denen der blaugerandete Fadenkranz und in starkem Lichtgelb Stempel und Staubgefäße die Leidenssymbole des Herrn darstellen, leuchteten überall.

Hand in Hand umschritten sie das Haus.

Raymond lehnte den losgebrochenen Laden zurück: durch ein leeres scheibenloses Fenster sah man in ein dämmriges Schlafgemach, mit alter, verhängter Bettstatt und bezognen Möbeln.

Halb von knabenhafter Neugier, halb von der Stille und Weltverlorenheit des Ortes gezogen, schwang Raymond sich plötzlich über die niedre Fensterbank und tat ein paar Schritte in den unbewohnten Raum. Dann trat er zum Fenster zurück, streckte die Arme nach ihr, hob sie hinein.

Am nächsten Abend kehrte Lucile nach London zurück. Sie hatte keinerlei Nachricht gegeben. Der Totenschein des Kindes lag zusammengefaltet in ihrer Handtasche. Sie kam am vereinbarten Tag, zur festgesetzten Stunde.

Norberts Wagen hatte sie am Schiff abgeholt.

Noch im Reisekleid betrat sie die große Halle.

Norbert und seine Mutter saßen einander gegenüber, in tiefen Sesseln dicht beim Kamin, in dem trotz der Sommerzeit ein Feuer brannte. Sie schienen mitten in einem Gespräch verstummt. Beide blickten sie an, die mit einem abwesenden, fremden Lächeln vor ihnen stand, und als Norbert sich nun erhob und dem Diener winkte, zu gehen, war es wie ein Gericht, das über einen Schuldigen Recht sprechen wird.

Norbert, noch ohne ihr die Hand zum Gruß entgegenzuheben, trat auf sie zu.

»Du bist zurückgekommen«, sagte er, ohne Staunen oder Beglückung, als bestätige er etwas Natürliches und längst Bekanntes, »jetzt mußt du wieder *ganz* hier sein. Bei mir. Bei uns. Bei dir selber. Denk dir – das Kind sei tot. Denk dir, es sei – in der Erde, im Himmel, wie du willst, denk dir, es habe nie gelebt.«

Ihr Gesicht hatte sich zugeschlossen, sie senkte den Blick, man sah ihre Augen nicht. In die Haltung ihres Nackens und ihrer Knie kam unmerklich etwas zum Sprung Geducktes, stumm, tückisch, verschlagen.

»Du mußt es vergessen«, sagte die kühle Stimme der Mutter, »du darfst nie mehr dorthin zurück. Nie wieder.«

In dem kurzen, kamindurchflackerten Schweigen war es, als knisterten Funken in Luciles reiseverwirrtem Haar.

Plötzlich warf sie den Kopf zurück – in verzweifelter Abwehr.

»Ich muß wieder hin!« stieß sie vor. – »Ich *muß* wieder dorthin!«

Dann ging sie, rannte treppauf, hart atmend durch das leere Zimmer des Kindes, in ihr eignes, verschloß die Tür hinter sich, nahm den gefalteten Schein aus der Tasche, riß ihn in Fetzen.

Mit ihrer Rückkehr nach London schien Lucile wie verwandelt – ein anderes, neues Wesen hatte von ihr Besitz ergriffen. Das Geheimnis, das sie mit sich trug, belastete sie nicht mit Schuld oder Reue – es umgab sie wie eine unsichtbare Wappnung, es füllte sie mit einer nie gekannten, trotzigen Lebenskraft. Sie kämpfte darum, wie sie einst um das noch lebende Kind gekämpft hatte, sie empfand es als einen aufgezwungenen, als einen gerechten und heiligen Kampf, und jetzt war sie nicht mehr die Unterlegene, die sich verbarg und einschloß, deren unverheilte Wunde vor jeder Berührung zitterte: jetzt war sie unverwundbar, und das Bewußtsein der versteckten Waffe machte sie Norberts vulkanisch unterhöhlter Beherrschtheit und der glimmenden Wesensfeindschaft seiner Mutter gewachsen.

Im äußeren Sinne tat sie ihre Pflicht wie nie zuvor: sie war nicht mehr Gast in diesem Hause, sondern seine Herrin, die man weder durch Höflichkeit noch durch Übersehen beiseite schieben und ausschalten konnte, sie führte das Leben einer Dame von gesellschaftlicher Einordnung und Repräsentation; ohne Widerstand, ohne Fehde hatte sie sich eine Stellung erobert, die sie an Norberts Seite gleichberechtigt, ja souverän erscheinen ließ. Sie war jetzt zu voller fraulicher Schönheit erblüht, und beide boten, sah man sie in Gesellschaft, den Anblick eines von keinem Schatten beschwerten, stolzen und glanzvollen, mit allen Glücksgütern gesegneten Paares. Das Kind, das zwischen ihnen niemals erwähnt wurde, war der Welt gegenüber, angeblich zur Ausheilung einer Erkältungskrankheit, vorübergehend in ein südlicheres Klima verpflanzt worden. Natürlich wurde in den Kreisen von Norberts Kollegen und Bekannten über die Tatsache jener unglücklichen Geburt geflüstert, aber man respektierte nach außen hin seine verständliche Geheimhaltung. Die Wahrheit wußte, außer den weltfernen Ordensfrauen, die das kleine Grab wie andere Gräber pflegten, nur Lucile selbst, und jener Mann, der den Totenschein ausgeschrieben hatte.

Norbert erreichte in dieser Zeit die höchsten beruflichen Erfolge, er brillierte in Ärztekollegien und in wissenschaftlichen Gesellschaften, ein Übermaß von Arbeit schien jede andre Regung in ihm zu ertöten. Fast nie war er allein; kam er von der Klinik heim, stand schon der Diener zum Umkleiden bereit, und wenn Lucile ihm spät nachts nach einer Gesellschaft oder einem Konzertbesuch die Hand zum Abschied bot und in ihr Zimmer ging, fuhr er oft noch in einen Klub, wo er seine überwachen Nerven durch die Spannung des Spiels beruhigte.

Er behandelte Lucile mit einer kühlen, achtungsvollen Zurückhaltung, die die Kluft zwischen ihnen noch tiefer aufriß. Seine stolze und einsame Selbstbezogenheit machte ihn unfähig, zu ahnen oder zu begreifen. Vielleicht glaubte er, die Zähe der Zeit werde Luciles grausame Verhaltung mürb machen und zerbrechen. Er begehrte sie heftiger als je. Aber es lag nicht in seiner Art, zu werben.

Im Frühherbst reiste sie zum zweiten Male nach Sainte-Querque-sur-Mer. Es hatte darüber keinerlei Auseinandersetzungen gegeben.

Sie teilte ihm zu einem Zeitpunkt, da ihn selbst eine Berufung für kurze Frist ins Ausland holte, einfach mit, daß auch sie einige Tage zu verreisen wünsche, und fragte ihn, wann er sie hier wieder brauche.

Er nickte nur – um einen Schein blasser geworden – und nannte ihr das Datum seiner Rückkehr.

Raymond Duquesnoy war kaum ein paar Jahre von der Universität weg und hatte in Marquette, dem kleinen westlichen Kreisstädtchen unweit der Küste, seine erste selbständige Landpraxis übernommen – wohl mehr, um seine Berufskenntnisse zu erweitern, als um zeitlebens dort zu bleiben. Seine Lehrer und Studienfreunde setzten höchste Hoffnungen auf ihn, man rechnete damit, daß er in absehbarer Zeit an ein internationales wissenschaftliches Institut berufen werde. Mit der feurigen Angriffslust seiner Jahre widmete er sich der Erforschung und Bekämpfung einer bestimmten, seuchenartigen Krankheit, welche in seiner bretonischen Heimat strichweise die Küstenorte heimsuchte, und deren Opfer hauptsächlich junge Frauen und Kinder wurden. Im Volk nannte man sie »Die Fischerkrankheit« und nahm sie mit einem Gleichmut hin, als gehöre sie zu den Wechselfällen der Witterung und des Jahres. Raymond hatte durch diätetische und Serumbehandlung enorme Erfolge erzielt, die Kindersterblichkeit war seitdem um nahezu die Hälfte zurückgegangen, und zuletzt hatte er es mit einer neuartigen Impfung versucht, die sein eigenes Wagnis bedeutete, und deren entscheidende Wirkung sich, wie er hoffte, etwa in Jahresfrist endgültig gezeigt haben müßte. In der Bevölkerung, die sonst nicht gerade sehr arztfreundlich war, liebte und verehrte man den stets herzlich heiteren, stets hilfsbereiten, stets aller menschlichen Drangsal aufgeschlossenen Jüngling weit über das gewohnte Maß, und er selbst glaubte an sich, an seinen Beruf, an den Sinn seines Lebens, mit der schönen ungesicherten Bereitschaft, dem Einsatz, der Hingebung und Opferkraft seiner Jugend. Alles an ihm war Ansturm, Aufstieg, Beginn und Versprechen – und wie sein Denken und Tun, war das Wesen seiner Liebe: vom hohen Mute beseelt. Auf ihn traf im besten und edelsten Sinne der Name: Jüngling. Juvenis. Der werdende Mann. Der sich entfaltende Mensch.

Seit Lucile ihm begegnet war, stand sein tätiges Leben gleichsam unter der Bestrahlung eines unablässigen Wartens, einer unstillbaren Sehnsucht, einer übermächtigen Verbundenheit, die keine Zeit und keine Entfernung kannte. Es gab keine Nachricht und keine Botschaft zwischen ihnen, aber er wußte immer, sie werde wiederkommen - und als er sie eines Tages in Armen hielt, war weder Frage noch Zweifel, sie fühlten einander, gehörten einander, alles andre war Schein, Traum, Vergängnis, nur diese stürmische Verschmelzung, dieser Einklang ihrer Herzen, dies: Ineinander-Münden war Leben, war Wirklichkeit.

Von einem Häusermakler in Saint-Malo hatte Lucile für einen Spottpreis das wertlose, schadhafte und verlassene Haus ›Passiflora‹ gemietet, und es blieb weiterhin schadhaft und verlassen, die grünen Fensterläden wurden nicht geöffnet, der Tag drang dort nicht ein, kein fremdes Auge sah seine seltenen Bewohner. Der Schleier ihres Geheimnisses war vollkommen gewebt. Höchstens in den Nächten verließen sie den Raum, der die unermeßlichen Ewigkeiten ihrer Umarmungen beschloß und behegte, unter Wolken und Sternen fanden sie sich am Strand, in den Klippen, an den Stätten ihrer ersten Begegnung. Es war noch warm, sie gingen barfuß über die Hänge, scharfe Dünengräser und Disteln marterten ihre Haut, sie fühlten es kaum, alles war Lust und Liebkosung. In einer föhnigen Herbstnacht liefen sie nackt in die peitschende Brandung, schwammen lange im ungewiß glimmenden Geleucht, viel zu lange, und wie von einer lautlos jauchzenden Todsucht erfüllt, bis er ihren halberstarrten Körper an Land zerrte, mit blutigen Lippen und schlagenden Händen zur schmerzhaften Seligkeit ihres Lebens, ihrer Jugend zurückriß. Ein solches Übermaß von Seligkeit und Schmerz, von Glück und Verzehrung entflammte sie in diesen kurzen Tagen zwischen Ankunft und Ende, daß es alle irdischen Grenzen sprengte: war ihre Liebe sündhaft, so war sie doch ohne Schuld – war sie schuldlos, so trug sie doch ihr Verhängnis. Es wahr mehr, als die Götter erlauben.

Nie nahmen sie Abschied. Nie wußte Raymond den Tag oder die Stunde ihrer Trennung voraus. Nach einer Umarmung, einer langen Versunkenheit, einer Stunde tiefsten Einverständnisses in Schweigen und Rede spürte Raymond aus ihrem Blick, daß er sie nun verlassen solle – daß die Zeit um sei. Und er ging, als wolle er nur vor die Tür hinaustreten, um nach einer Minute wiederzukehren. Für ihn war die Zeit, die dann abrann, weniger als Minuten, es war tote Zeit, Pause. Die Uhr blieb stehen, wenn die Geliebte verschwand.

Was sie noch tat, wenn er gegangen war, blieb ihm unbekannt: ob sie das Grab dann besuchte, betete, sich entsühnte, bevor sie in ihre andere Welt, von der er nichts wußte und nach der er nicht fragte, zurückfuhr. Auch dort wurde nicht gefragt – obwohl von Mal zu Mal die schweigende Spannung ins Dunkle, ins Drohende wuchs. Noch zweimal im Ablauf dieses Jahres, in dem seine Pflicht ihn an die Küste band, erhielt Raymond das erhoffte und unverhoffte Telegramm, das nur die beiden Worte enthielt: Morgen Passiflora. Dann kam die Zeit wieder, in der sie sich zum ersten Mal begegnet waren.

Auch in London war Sommer geworden, und das Fest, mit dem der medizinische Weltkongreß seinen Abschluß fand, wurde in einem dem königlichen Besitzstand angehörenden parkartigen Garten abgehalten, der von Lichtgirlanden überhellt war. Für Norbert hatte dieser Tag besondere Ehrungen gebracht, er war zum Präsidenten des nächsten Kongresses ernannt worden, der in Amerika stattfinden sollte. – Er und seine Gattin, welche durch Jugend und Schönheit von den meisten anderen Damen aufs angenehmste abstach – denn Kapazitäten haben nur selten schöne Frauen –, bildeten so den natürlichen Mittelpunkt des Abends. Norbert hatte in der letzten Zeit mehr geleistet, als Menschenkräfte gemeinhin auszuhalten vermögen. Sein Aussehen war heute von besonders straffer und gespannter Eleganz, aber seine Schläfen waren vor Überwachheit gleichsam eingesunken, und in den Augenlidern fühlte er ein leises, brennendes Zucken. Eine tiefe, zehrende Müdigkeit ließ seinen Blick unwillkürlich, während er in einer Gruppe debattierender Herren stand, zu Lucile hinschweifen, deren zauberische Erscheinung stets von einem Schwarm älterer und jüngerer Festteilnehmer umringt war.

»Beneidenswert«, flüsterte ein Herr in seiner Nähe, dessen Blick dem seinen gefolgt war, einem anderen zu, und Norbert, der es gehört hatte, hob unwillkürlich die eine Braue in die Stirn, aber der hochmütig abweisende Ausdruck, der in sein Gesicht getreten war, schien dem Thema des Gesprächs zu gelten, dem er sich nun wieder zuwandte.

Es drehte sich um die Heilerfolge, die ein seit einiger Zeit in London ansässiger, russischer Arzt, ein Professor Ryschow, durch Injektionen komplizierter Drüsenpräparate bei schwachsinnigen und imbezilen Kindern, ja sogar in Fällen verkümmerter Hypophyse, erzielt hatte. Bei Drei- bis Sechsjährigen hatte er derart die Regungen gesunder Säuglinge erweckt, obwohl natürlich über ihre Entwicklungsfähigkeit noch keine abschließende Erfahrung vorlag.

»Ich meinerseits«, sagte Norbert plötzlich, mit einer Schärfe, die ihm selbst überraschend und unbeabsichtigt war, – »bin für Vertilgung. – Allerdings entsprechen unsere Gesetze in diesem Punkt leider noch den Vorurteilen einer längst überwundenen, falschen Humanität.«

Der russische Arzt, ein weißhaariger Herr mit breitem, tief durchfurchtem Gesicht, warf ihm aus dunkel überbuschten Augen einen befremdeten Blick zu.

»Humanität«, sagte er langsam und nachdenklich, als wolle er sein eignes Votum überprüfen, »gehört zu jenen Begriffen, die man allzuleicht oder gern mit dem Adjektivum ›falsch‹ verbindet. Soweit sie die Heiligkeit des Lebens betrifft – ich meine nicht eines Kollektivlebens, sondern *jeden einzelnen Lebens*, auch des geringsten, auf dieser Welt –, dürfte sie wohl niemals ganz überwunden sein. Vertilgen ist leichter als Bewahren.«

Schon setzte Norbert zu einer Antwort ein, da kam ihm ein kräftiger, breitschultriger Kollege aus Cincinnati zuvor:

»Wenn man gesunde Kinder hat«, rief er voll Überzeugung, – »dann kann man sich allerdings die künstliche Aufzucht krüppliger oder geistig verkümmerter Geschöpfe gar nicht vorstellen – Sie haben doch auch einen Jungen«, sagte er mit lachenden Zähnen zu Norbert, und schlug ihm leicht auf die Schulter.

»Ja«, sagte Norbert, mit einem unmerklichen Zusammenzucken.

»Wie alt?« fragte der Kollege.

»Im zweiten Jahr«, sagte Norbert unbewegt.

»Feines Alter!« rief der andere strahlend, »sagt er schon was? Fängt er schon an zu laufen?«

»Er ist«, sagte Norbert rasch, »derzeit im Süden. Zur Rekonvaleszenz.« Und er fügte den lateinischen Namen einer Kinderkrankheit zu, die häufig die Stimmritzen Neugeborener befällt und gewöhnlich leicht heilbar ist. Dann wandte er sich auf dem Absatz, entfernte sich von der Gruppe.

Professor Ryschow hielt den Amerikaner, der ihm folgen wollte, mit einem Wink zurück.

»Wechseln wir das Thema«, sagte er leise, »bevor Sir Norbert wiederkommt.«

Der war wie absichtslos zu seiner Gattin hin geschlendert, einen Augenblick stand er dicht hinter ihr, starrte auf den zarten Ansatz ihres Nackens über einem Ausschnitt im dunklen Brokat.

Sie wandte sich um, er suchte sie anzuschauen, aber ihr Blick glitt abwesend und zerstreut an dem seinen vorbei. Woran denkt sie jetzt, ging es ihm durch den Kopf – und ehe es ihm bewußt war, sprach er es aus:

»Woran denkst du jetzt, Lucile?«

Sie schaute erstaunt und etwas befremdet zu ihm auf.

»Warum fragst du das?« sagte sie wie erschrocken.

»Ohne besonderen Grund«, antwortete Norbert müde.

Wie allein können Menschen sein, dachte es in ihm – die nie allein sind. Aber er sprach es nicht aus.

»Ich bin müde«, sagte sie leichthin, »und ich glaube, es ist jetzt genug... Brauchst du mich noch, heute abend?«

Er zögerte mit der Antwort – schüttelte aber leise den Kopf –.

Fast war es ihm eine Erlösung, daß er in diesem Augenblick zum Telephon gerufen wurde: in seiner Klinik sei ein ganz dringlicher, unaufschiebbarer Fall eingeliefert worden.

»Gute Nacht«, sagte er rasch, »ich werde wohl spät nach Hause kommen.«

Es war, als er in der Klinik erschien, wie stets schon alles zur Operation vorbereitet. Der Assistenzarzt orientierte ihn eilig auf der Treppe: es handelte sich um eine junge Frau, die einen Selbstmordversuch begangen hatte, sie hatte sich in die Brust geschossen, aber bei schnellstem Eingriff schien Rettung noch möglich. Auf dem Gang droben vor den Untersuchungs- und Operationsräumen lief ihr Gatte auf und ab, ein hellhäutiger blonder Hüne, offenbar ein Skandinavier.

»Ich muß Ihnen erklären«, stürzte er auf Norbert zu.

»Später«, sagte der nur, schob ihn beiseite.

Alle Müdigkeit war von ihm abgefallen. Sein Auge war fest, scharf, unerbittlich. Er betrat einen Vorraum, in welchem Assistenten und Schwestern ihn stumm und eifrig erwarteten, die Hilfsärzte legten bereits ihre Masken an. Man schien seinem Eintritt wie dem einer Gottheit entgegenzusehen, alle Blicke hingen an ihm, bis auf die kleinsten Handgriffe war alles, was er brauchte, bereit und eingeschult. Er schlüpfte aus dem Frack, die Hände tauchten ins Becken. Die Lautlosigkeit in dem Raum, die kreidige Schärfe der überstarken Glühbirnen, all das verstärkte den Eindruck einer fast unheimlichen Manipulation, deren allmächtiger Magus Sir Norbert war. Dem Gatten, der trotz allen Widerstandes in diesen Vorhof eingedrungen war, erschien sein hartes, in äußerster Anspannung erstarrtes Gesicht wie das eines kalten, gefährlichen Dämons.

»Sie *müssen* es wissen«, stammelte er mit großen angstvollen Augen, während Schweißtropfen von seiner Stirn perlten, »daß es nur ein Mißverständnis war – eine Dummheit – ein Zufall – Sie dürfen nicht glauben, daß sie etwa gar nicht mehr leben will – so ist es nicht! Sie will leben – sie will!! Helfen Sie ihr, mein Herr«, sagte er mit einer fast wimmernden, kindlichen Unbeholfenheit.

Norbert, mit unverändertem Antlitz, maß kurz die riesige Gestalt des vor Angst und Erschütterung keuchenden Mannes.

»Glauben Sie nicht etwa –«, begann er von neuem.

»Ich glaube gar nichts«, sagte Norbert hart, »es geschieht selbstverständlich alles, was möglich ist. – Nehmen Sie sich jetzt zusammen«, fuhr er den Mann an, »und stören Sie hier nicht. Wir haben keine Zeit zu verlieren.«

Er hob die Arme der Schwester entgegen, die ihm die Schürze über das Frackhemd streifte und rasch um ihn herumlief, um sie hinten zu schließen.

»Kümmern Sie sich um den Herrn«, warf er irgendeiner Hilfskraft hin, die sich eifrig verneigte, und lief mit großen Schritten hinaus.

Eine halbe Stunde später, als er das Krankenzimmer betrat, in dem der Skandinavier eingesperrt war und mit einem irren Ausdruck neben einer Flasche Cognac kettenrauchend auf dem Bett saß, erschien er diesem vollständig verwandelt: ein eleganter, liebenswürdiger Herr im Frack, mit ruhigem, fast freundlichem Gesicht und unverbindlich guten Manieren.

»Es war höchste Zeit«, sagte er, setzte sich neben ihn aufs Bett und nahm eine Zigarette. »Sie müssen verstehen, daß ich so kurz angebunden war. Aber es ging noch ganz leidlich«, erwiderte er auf den angstvollen Blick des anderen, »wenn sie die Nacht überlebt, haben wir Hoffnung.«

Der Mann warf seine Zigarette weg, legte ihm plötzlich seine beiden gewaltigen Hände auf die Schultern, als wollte er ihn rütteln.

»Wird sie«, fragte er ihm nah ins Gesicht, »wird sie die Nacht überleben? Wird sie die Nacht überleben?!« wiederholte er drängend, fast drohend.

Norbert machte sich mit einer kleinen geschmeidigen Wendung von seinem Griffe frei. Er zuckte leise die Achseln, zog die Brauen hoch, stand auf, lehnte sich mit hüftgestützten Händen rücklings an den Bettrand.

Er kannte diese Fragen – in tausendfacher Abwandlung und Gestalt.

»Mein lieber Freund«, sagte er mit einer Art von hilfloser Nachsicht, »wir sind keine Zauberer und keine Propheten. Ich habe noch niemals etwas vorausgesagt, solange ich praktiziere. Sie *kann* die Nacht überleben, es ist sogar sehr leicht möglich. Mehr weiß ich auch nicht. Jedenfalls bin ich in aller Frühe wieder da.«

»Aber Sie müssen es doch wissen!« rief der Skandinavier außer sich, – »verschweigen Sie mir nichts! Wird sie davonkommen? Wird sie leben? Sie *muß* leben!« fügte er beschwörend hinzu.

»Leben und Tod«, sagte Norbert wie zu sich selbst, »unterstehen einem letzten Gesetz, dem der Arzt so untertan ist wie der Kranke. Ob jemand leben will – oder muß – danach wird gar nicht gefragt.«

Er drückte seine Zigarette auf der Nachttischplatte aus.

»Sie, hören Sie«, sagte der Skandinavier, in einem plötzlichen Wutanfall rot anlaufend, auf deutsch, »Ihnen wird wohl nie vor Ihrer Gottähnlichkeit bange?«

»Ich glaube nicht«, erwiderte Norbert trocken, doch nicht ganz ohne Humor, »daß ich die menschlichen Grenzen meiner Arbeit jemals überschätzt hätte.«

Er schlug dem Wutgeschwellten freundschaftlich auf die Schulter.

»Kommen Sie mit mir, auf eine Partie Poker«, redete er ihm zu, »das wird Ihre Nerven beruhigen. Hier können Sie ja doch nichts tun.«

»Gehen Sie pokern«, sagte der andere düster, »gehen Sie ruhig pokern, mein Herr. Ich wache vor ihrer Tür.«

»Bitte«, sagte Norbert und zuckte die Achseln, »aber verhalten Sie sich gefälligst sehr ruhig. – Sie ist in allerbester Pflege«, fügte er verbindlich hinzu, »verlassen Sie sich darauf. Und ich bin jederzeit telephonisch zu erreichen, im Klub oder zu Hause.«

Er verbeugte sich, ging.

Barhäuptig trat er auf die Straße, die kühle Nachtluft wehte um seine Stirn. Er winkte den Wagen herbei – zögerte kurz, den Fuß schon auf dem Trittbrett.

»Gute Nacht, Sir Norbert«, hörte er eine schüchtern freundliche Stimme hinter sich.

Er drehte sich um.

»Guten Abend, Angelica«, sagte er und nahm den Fuß vom Trittbrett.

Es war seine Narkoseschwester, die eben in einem hellen Sommerkostüm die Klinik verließ, ein ungewöhnlich hübsches Mädchen, aus einer sehr guten irländischen Familie. Trotz ihrer Hübschheit und einer gewissen dauernd spürbaren Bereitschaft, den gewünschten Gebrauch davon zu machen, war sie in ihrem Fach außerordentlich tüchtig und nahm in der Klinik eine Art von Ausnahmestellung ein: es hieß von ihr, sie sei der einzige lebende Mensch, der von Sir Norbert noch niemals angefahren oder abgekanzelt worden war. Übrigens wußte man allgemein, daß sie sterblich in ihn verliebt sei und alle anderen Männer für einen Wink seiner Hand hätte stehenlassen, und auch ihm war das, obgleich sie keineswegs schmachtete, wohl schon aufgefallen, ohne daß er weiter Notiz davon nahm. Ihm war natürlich, wie den meisten Männern, eine hübsche und gefällige Frau in seiner Umgebung auf alle Fälle angenehmer als das Gegenteil. Sonst aber pflegte er sich um die private Existenz seiner Mitarbeiter so wenig zu kümmern, daß er noch nicht einmal ihren Nachnamen oder ihre Familienverhältnisse kannte.

Um so erstaunter und von freudigem Schreck durchzuckt war jetzt Angelica, als er, auf sie zutretend, die Straßen entlangspähte und sagte: »Sie werden wohl keinen Wagen mehr finden. Wo wohnen Sie?«

Sie nannte ihre Adresse.

»Gut«, sagte er, als sei ihm durch ihre Antwort ein Entschluß erleichtert worden, »ich fahre noch in den Klub, das ist derselbe Weg. Steigen Sie ein.«

Er trat zurück, ließ ihr den Vortritt.

Im Augenblick war er unendlich erleichtert, nicht allein zu sein.

Er war müde – aber ihm graute vor der Anfahrt an seinem stillen, verdunkelten Haus.

Es müßte jemand auf einen warten, dachte er und ärgerte sich gleichzeitig über den Gedanken, den er als schwächlich und sentimental empfand.

»Sie sehen entzückend aus«, sagte er, wie um sich selbst abzulenken, und breitete sorglich die Decke über Angelicas schlanke Beine.

»Ach«, sagte sie, »nach der Arbeit...«

Aber sie lachte geschmeichelt.

»Nehmen Sie doch den Hut ab«, sagte Norbert, während eine Kurve sie nah zusammenschwenkte.

»Gern«, sagte sie willig, »wenn es Ihnen lieber ist.«

Sie nahm den Hut herunter, schüttelte ihre seidig blonden Haare.

»Sie sind heute frisch gewaschen«, sagte sie, wie zur Entschuldigung.

»Ja«, sagte Norbert, ein wenig über sie gebeugt, »mit Kamillen.«

Sie nickte eifrig.

»Ich binde sie immer doppelt ein, bei der Arbeit, und bade jedesmal, und zieh mich ganz um, sogar die Wäsche – damit man nicht nach Spital riecht. Aber ich glaube, man riecht wirklich nichts?«

Sie dehnte die Arme ein wenig, hob die Brust, bot sich ihm gleichsam zum Beriechen dar.

»Nein«, sagte Norbert und sog den Hauch ihres Körpers ein, »man riecht wirklich nichts.«

Er hatte, in einer neuen Kurve, den Arm ganz leicht um ihre Hüfte gelegt, und nun sank sie ihm einfach und ohne Übergang, mit völliger Unverhohlenheit ihr Gefühl zeigend, an die Brust, schloß die Augen, hob ihm durstig die halb geöffneten Lippen entgegen. Ihr Gesicht hatte dabei einen fast puppenhaft kindlichen Ausdruck von Hingebung und Vergnügen.

Er küßte sie, seine Hände glitten an ihren Schultern und Armen entlang. Sie schlug die Wimpern hoch, ihre Augen waren nach oben gedreht, ihr Blick lustvoll verschwommen.

»Nicht mehr in den Klub gehen«, flüsterte sie bettelnd und zog seine Hände auf ihre Brust, »bei mir bleiben, heute –«

Und da sie wohl plötzlich die innere Kühle, das zutiefst Unbeteiligte seines Wesens spürte, fügte sie mit einer hektischen Leidenschaft, die fast komisch wirkte, hinzu:

»Nur heute – nur einmal – und wenn ich Sie nie mehr wiedersehen darf – und wenn ich morgen hinausfliege –«

»Das geht zu weit«, bremste Norbert ab, »– daß mir dann eine andere die Narkosen verpatzt, oder wie«?

Aber sie spürte den Druck seiner Hände fester und begehrlicher in ihrer Haut, und wie sein Atem heiß wurde und rascher ging.

Da sagte sie, indem sie die Augen wieder schloß und ihre Brust ihm entgegendehnte, ein Wort, das ihr der blinde Liebesdrang, alle Scheu und Ahnung vernebelnd, wohl als vermeintlich tiefste und letzte Lockung in den Mund legte:

»Ich will ein Kind –!«

Im gleichen Augenblick setzte der Strom zwischen ihnen, wie wenn ein Draht zerschnitten würde, jählings und gänzlich aus.

Mit einer unverbindlichen und etwas ironischen Freundlichkeit strich Norbert ihr kurz über Haar und Wangen und tastete in seiner Manteltasche nach den Zigaretten.

Der Wagen hielt, sie sank vornüber und vergoß ein paar Tränen.

Norbert faßte sie mit einem sanften Druck an den Schultern, daß sie sich kerzengerade aufrichten mußte.

»Gute Nacht, Angelica«, sagte er unbefangen und ein wenig zu burschikos, »zum Pokern kann ich Sie leider nicht mitnehmen. Aber machen Sie sich morgen einen freien Tag und fahren

Sie nach Wimbledon, zu den Tennisturnieren, dort gibt es eine Menge nette, umgängliche und wohlerzogene junge Herren, die nur auf Sie warten und mit denen Sie sich glänzend unterhalten werden. Jetzt gehen Sie schlafen, und wenn es Ihnen wohltut, schimpfen Sie vorher eine Stunde auf mich.«

Er half ihr aus dem Wagen, sie versuchte schon wieder zu lächeln, er drückte ihr kurz und herzhaft die Hand, winkte dem Chauffeur, anzufahren.

Aber als er sich ins Leder zurücklehnte, traf seine Hand auf etwas Fremdes: es war ihr Hut, und ein seidener Schal, der ihr wohl vorher von den Schultern geglitten war. Er knisterte in seinen Fingern und roch nach Frau.

Norbert beugte sich vor, als wolle er das Zeug dem Chauffeur übergeben –. Plötzlich aber ließ er es achtlos auf den Sitz zurückfallen und klopfte mit hartem Knöchel an die vordere Scheibe.

»Nach Hause«, rief er hinaus.

Während der Wagen bremste, wendete und in die andere Richtung fuhr, trat in sein Herz der feste, letztgültige Wille zur Entscheidung.

Als Lucile in dieser Nacht nach Hause kam, ging sie noch nicht zu Bett, sondern begann in ihrem Ankleidezimmer hastig einen kleinen Reisekoffer zu packen.

Plötzlich hatte sich die Tür lautlos geöffnet, und Norberts Mutter stand in ihrem Rahmen.

Sie trug einen dunklen, am Hals hoch geschlossenen Überwurf, der bis zum Boden herabwallte und ihrer Gestalt eine tragische Würde verlieh.

Lucile hatte ihr Kleid schon abgelegt und war, in einem lichten Nachtgewand, von weißer Seide umflossen.

Lady Stanhope erwiderte ihren etwas befangenen Gruß nicht – sie blieb unbeweglich in der Tür stehen, ihr Blick haftete auf dem geöffneten Koffer.

»Du willst wieder dorthin?« fragte sie nach einer Weile.

»Ja«, sagte Lucile, und gewann rasch ihre Fassung zurück, »ich war seit Ostern nicht mehr dort. – Hier werde ich wohl in den nächsten Tagen nicht gebraucht«, fügte sie hinzu, »der Kongreß ist vorüber –«

Es war kaum zu erkennen, ob Norberts Mutter ihre Worte gehört hatte, ihr Gesicht blieb starr und undurchdringlich.

Plötzlich machte sie einen raschen Schritt zu Lucile hin – ihre Hände hatten sich krampfhaft geballt.

»Weißt du nicht, was du ihm antust?« – ihre Stimme klang heiser vor mühsam verhaltenem Haß – »du bringst ihn um – du vernichtest sein Leben! Wofür?!«

»Wofür?« wiederholte Lucile, als warte sie selbst auf eine Antwort.

Dann straffte sie sich, blickte ihr ruhig in die Augen.

»Ihr habt kein Recht, mir Vorwürfe zu machen«, sagte sie langsam, »auch ich habe ein Leben. Danach hat keiner von euch jemals gefragt.«

Ins Gesicht der Mutter trat es wie zornige Trauer.

»Du hast dein Leben verschenkt«, sagte sie unerbittlich, »mehr hat eine Frau nicht zu verlangen.«

»Er hat es verschmäht«, sagte Lucile, in einer aufbrennenden Empörung, »er hat es nicht angenommen – er hat es nicht einmal – erkannt –.« Sie brach ab, preßte die Lippen zusammen.

Dann sprach sie, wie zu sich selbst, während es ihre Augen dunkel und schmerzlich umwölkte:

»Verschenken kann man nur – aus Liebe. Sonst ist es wertlos.«

»Liebst du ihn nicht?« fragte die Mutter – und es war, als hielte sie nach dieser Frage den Atem an.

Lucile senkte den Kopf.

»Ich habe ihn sehr geliebt«, sagte sie nach einer Weile.

Die Mutter atmete tief, als sei sie von einem Zweifel erlöst.

»Man kann nichts zurücknehmen«, sagte sie still und einfach, »nicht sein Leben – und nicht seine Liebe.«

»Vielleicht hab ich mein Leben verwirkt«, sagte Lucile, als rede sie von ganz fremden Dingen, und ohne zu ihr aufzuschauen, »aber das geht nur mich an. Mich ganz allein.«

Die Mutter trat näher auf sie zu und erhob plötzlich die Hand.

Luciles Kopf zuckte auf, als erwarte sie einen Schlag.

Aber die Hand senkte sich mild auf ihre Locken, und ihr Streicheln durchrieselte Lucile mit einem heißen und beschämenden Schreck.

»Auch ich – bin eine Frau«, hörte sie die andere Stimme, aus der alle Härte und Fremdheit entschwunden war, »und eine Mutter. Man kämpft um sein Kind – man kämpft um seine Liebe... Aber zuletzt kämpft man stets um sich selbst.«

Sie ließ die Hand sinken, trat zurück, als wolle sie gehen.

Dann streifte ihr Blick noch einmal den halbgepackten Koffer.

»Geh deinen Weg zu Ende«, sagte sie, »– so wie du mußt.«

»Hilf mir«, flüsterte Lucile – aber die Mutter hatte den Raum verlassen und hörte sie nicht mehr. –

Als Norbert vorm Hause anfuhr, sah er in Luciles Zimmer noch Licht. Rasch, ohne sich zu besinnen, eilte er treppauf.

Er pochte hastig – als könnte er etwas versäumen.

Noch eh sie antworten konnte, trat er ein. Den Koffer bemerkte er nicht. Sein Blick brannte auf ihrer Gestalt.

»Du hast auf mich gewartet?« fragte er, mit einem Schimmer von Hoffnung in der Stimme.

»Ja«, antwortete sie, seinen Blick vermeidend, »ich habe noch gewartet –«

»Lucile«, sagte er stockend, rauh vor Erregung.

Ohne daß er näher kam, wich sie unwillkürlich vor dem Strom von Gewalt und Verlangen, der alle Dämme seines Wesens zu sprengen schien, ein paar Schritte zurück, beugte sich über den Koffer.

»Ich wollte dich fragen«, sagte sie rasch, »ob ich morgen verreisen kann. Ich denke, du brauchst mich jetzt nicht.«

Indem sie sprach, indem sie das Unvermeidliche tat, war ihr, als müsse sie vor ihm auf die Knie fallen und ihn um Verzeihung bitten. Ihr war wie dem Henker, der sein Opfer umarmt, bevor er den tödlichen Streich zu führen hat. Die Grausamkeit, zu der sie verurteilt war, zerschnitt ihr das eigene Herz.

Aus Norberts Antlitz war alles Blut gewichen.

Seine Backenknochen traten vor, wie die eines nackten Schädels.

»Ich brauche dich«, sagte er tonlos, und aus einer kaum erträglichen Selbstüberwindung, »ich brauche dich – jetzt und immer.«

Sie war beim Koffer niedergekniet, sah zu ihm auf – eine große, unnahbare, fast erhabene Traurigkeit verklärte ihr Gesicht, als wollte sie sagen: Es ist zu spät.

Aber sie hob nur hilflos die Hände.

Dann, wie aus Angst vor der Unabänderlichkeit starker Worte, sagte sie nebenhin:

»Ich will meine Eltern besuchen, – vorher. Sie erwarten mich, ich habe mich dort schon angemeldet. – Es ist zu spät.«

Jetzt hatte sie es doch ausgesprochen – aber es war nicht mehr dasselbe.

Norbert trat langsam auf sie zu, sein Gesicht war immer noch fahl, verfärbt, und wie von innen zerstört.

Mit einem Ruck packte er ihre Handgelenke, riß sie vom Boden empor, blickte ihr nah, voll Drohung und voller Not zugleich, in die Augen.

»Schwör mir«, stieß er vor, und preßte die Finger um ihre Fesseln, »daß du zum letzten Male fährst! Schwör mir!« wiederholte er mit einem Ausbruch von Leidenschaft, wie er sie noch nie vor einem Menschen enthüllt hatte.

Luciles Arme erschlafften in seinem Griff.

Seit damals, seit den Tagen und Nächten ihrer hochzeitlichen Vereinung, hatte sie das nicht mehr empfunden, wovon sie jetzt bis ins Innerste betroffen und überwältigt wurde: jene fast mystische Ergriffenheit von seiner starken und heischenden Person.

»Ich schwöre!« sagte sie fest, »– zum letzten Male!«

Er ließ sie los, trat beiseite, sie preßte die beiden Hände auf ihr Herz. Dann neigte er den Kopf vor ihr – mit einer edlen und ritterlichen Gebärde.

Noch lange, nachdem er gegangen war, stand sie in der gleichen Haltung, regungslos. Plötzlich streifte sie die Schuhe von ihren Füßen. Ihr Gesicht war ruhig und verschlossen. Auf Zehenspitzen betrat sie den Gang vor ihrem Zimmer, lauschte einen Augenblick in die Stille, eilte treppab und verschwand in Norberts Arbeitsraum.

Das Haus und die Treppen waren schon finster – nur aus dem Schlafgemach der Mutter, das im selben Stockwerk lag, drang noch ein Schimmer von Licht. Sie hatte vorher Norberts Schritte auf den Stufen gehört und sah ihn, durch einen Türspalt, von Lucile zurückkommen. Er war noch kurz in den Arbeitsraum getreten, vielleicht nahm er dort irgendeine Tablette, dann hörte sie ihn in sein Schlafzimmer hinübergehen, bald würde er in traumlose Betäubung fallen. Sie selbst konnte nicht schlafen, blieb an der Tür stehen, als lausche sie oder warte noch auf etwas Unbekanntes – – Und plötzlich fühlte sie mehr, als sie hören konnte, den wehenden Schritt nackter Sohlen.

Als Lucile nach einigen Minuten den Arbeitsraum wieder verließ, sah sie die Mutter, in ihrem dunklen langfließenden Überwurf, wie eine stumme Gottheit, in der Tür ihres erleuchteten Zimmers stehen.

Sie schrak furchtbar zusammen – barg etwas in ihrer Hand.

»Ich suchte – ein Schlafmittel«, flüsterte sie stockend.

Die Mutter antwortete nicht. Ihr Blick folgte Lucile treppauf, bis über die Schwelle, bis in die Dunkelheit ihres kurzen, ruhelosen Schlummers.

Die Landschaft kochte über von Mittag, Sonne und Fruchtbarkeit, die Felder standen hoch, der Mohn prangte knallig, Kürbisse und Gurken, blühend und reifend zugleich, wucherten kriechend am Boden – alles strotzte in sattem Ocker und Rotgelb, wie die Dotter von Enten- oder Gänseeiern. Es roch nach Thymian und dem erhitzten Laub von Tomaten. Es roch auch nach dem Schweiß von kleinen, struppigen Eseln und von Menschen, nach Zwiebeln und Lauch aus ihren Eßnäpfen und Mündern und nach dem brenzligen Rauch der schwarzen Zigaretten, die den Landarbeitern lässig im Mundwinkel klebten. Ein lustiges dünnes Staubfähnchen wirbelte hinter dem kleinen hochgeräderten Pferdewagen, der Lucile von der Bahn abgeholt hatte, was die Kinder nicht hinderte, mit offenen Mäulern hinterherzurennen und unablässig durcheinanderzuschreien. Der Klang ihres provencalischen Dialektes, ihr heiseres Freudengeheul, wenn einer hinfiel, ihr Dreck und ihre Sommersprossen, ihr Spucken und Rotzen und ihre dunkelhäutige Schönheit, all das entzückte Lucile und erfüllte sie mit einem solchen Taumel von Heiterkeit, daß es sie nicht mehr in damenhafter Würde auf dem Rücksitz hielt, sie sprang auf, kletterte auf den Kutschbock nach vorne, winkte, rief und lachte, als sei sie selbst wieder ein Kind, das hinter einem zum Schloß trabenden Besuchswagen herläuft. Der alte Kutscher, dessen grinsendes Gesicht einer verhutzelten Olive glich, mußte sie mit dem freien Arm unter den Kniekehlen halten, damit sie nicht hinausfiel. Aber als sie am Eingang des Parks die dicke Hühnermagd stehen sah, die Gärtnerburschen und den Waldhüter mit den jaulenden Wachtelhunden, sprang sie mit beiden Füßen zugleich herunter und fiel dem schwitzenden Pfarrer, der mit wehender Soutane eben angerannt kam, direkt in die Arme. Dann flog sie von Arm zu Arm, küßte die alten Freunde auf Mund und Wangen, unbekümmert um Stoppeln und Knoblauchdüfte und um die Abdrücke vieler erdiger Hände auf ihrem Sommerkleid.

»Madame ist im Garten«, sagte der Abbé, »sie mußte natürlich *noch* ein paar Rosen schneiden, obwohl man im Haus schon schwindlig wird vor Blumenduft. Rauchen verboten – damit die Girlande nicht welkt!«

Er hob die Hände zum Himmel.

»Und Sie bleiben heute bei uns?« fragte Lucile und hängte sich bei ihm ein.

»Vielleicht länger«, sagte er kopfwiegend und lächelte verschmitzt, »– das hat seine Bewandtnis...«

Aber Lucile hatte ihn schon losgelassen und rannte voraus, denn jetzt sah sie ihre Mutter inmitten des südlich unbekümmerten Gewuchers von Erbsen, Tomaten, Buschrosen und Wicken, welches sie »Garten« nannte und das ihr eigentliches Reich bedeutete.

Madame Myrte trug ein Leinenkleid und eine grüne Gartenschürze, und da sie erhitzt war, sah sie unter dem Silberscheitel noch frischer und jugendlicher aus als sonst.

»Mein Kind«, sagte sie, preßte ihre sonnengerötete Wange an Luciles Hals, bis zu dem sie eben hinreichte, »wie schön du bist! – Und was macht *er*?« fragte sie ungeduldig und blinzelte ein wenig verlegen in die Sonne. »Geht es ihm gut, hat er viel zu tun, wie sieht er denn aus, konnte er nicht auch mitkommen?«

»Er läßt grüßen«, sagte Lucile kurz und zerrte ungeduldig zum Haus.

»Wo ist der Vater?«

»Der Vater«, sagte Madame Myrte, dabei lächelte sie geheimnistuerisch dem Abbé zu, »der Vater erwartet dich im Haus. Wir haben nämlich eine Überraschung für dich.«

»Was?« rief Lucile eifrig. »Hat die ›Favorite‹ gefohlt? Oder hat er sich endlich doch seinen Fechtsaal eingerichtet?«

»Nein«, lachte die Mutter, »es ist eine viel größere Überraschung – und sie betrifft dich, mein Kind...«

»Mich?« sagte Lucile und schrak leise zusammen. Es ging wie ein Schatten über ihr Gesicht, und sie tastete unwillkürlich nach dem Täschchen, das sie in der Hand trug.

Als sie auf der Freitreppe den Vater erblickte, der mit seinem buschigen Weißhaar und seinem Ebenholzstock wie das Urbild des alten Militärs und Gutsherrn wirkte, stiegen ihr plötzlich die Tränen in den Hals, und sie barg den Kopf lange an seiner Schulter.

Er klopfte sie zärtlich wie ein junges Pferd und küßte immer wieder ihr Haar und ihre Wimpern.

Dann nahm er sie mit einer leichten Feierlichkeit bei der Hand und winkte seiner Gattin und dem Abbé, zu folgen. Vor einer frisch in Weiß gestrichenen Tür machte er halt.

»Deine Mutter und ich haben uns nämlich entschlossen –«, begann er und zerrte an seinem Schnurrbart.

»Ich werde mit dir fahren«, unterbrach Madame Myrte aufgeregt, »ich habe schon alles vorbereitet, ich werde ja nicht viel Gepäck brauchen –«, sprudelte sie hervor.

Lucile spürte eine kühle Lähmung in ihrem Rücken.

»Was ist da drinnen?« fragte sie erstarrend und legte die Hand auf die Türklinke.

»Nun«, rief der Vater lachend, »mach nur auf!«

Sie öffnete, ihr Herz schien auszusetzen.

Mit weißen Möbeln, Tüllvorhängen und einem kleinen Bettchen bot sich ihr der Anblick eines frisch eingerichteten Kinderzimmers.

»Und nebenan«, sagte der Abbé, »werde ich wohnen. Die Pfarre hat ja jetzt ein jüngerer Herr, ich bin überaltert!« rief er empört dazwischen, »aber noch viel zu jung, um in ein Kloster zu gehn. Ich werde ein treffliches Kindermädchen sein«, sagte er lachend, »– und ein bißchen Doktor bin ich ja immer gewesen!«

»Ich denke, wir fahren gleich morgen«, redete Madame Myrte dazwischen, »und holen es her – es soll doch schließlich auch eine Heimat haben –«

»Und *er*«, sagte der Vater, »kann ja nicht auf die Dauer wollen, daß es bei fremden Menschen bleibt. Wir haben lange gezögert, aber dann haben wir uns gesagt: wie es auch sei – es ist doch unser Enkel. Und es ist dein Kind.«

Er brach plötzlich ab – bemerkte Luciles totenblasses Antlitz. Sie hatte immer noch die Türklinke in der Hand, als müsse sie sich daran festklammern.

»Mein Gott«, sagte Madame Myrte, »haben wir etwas Falsches getan? Und es sollte doch eine Überraschung werden –«

Sie schluchzte schon beinah, der Marquis winkte ihr heftig, zu schweigen.

»Was hast du, mein Liebes?« sagte er sehr zart und schaute Lucile an.

Sie antwortete nicht, stand regungslos, und in dem langen Schweigen hörte man den Abbé heftig und angstvoll atmen.

»Willst du vielleicht – mit deiner Mutter allein bleiben?« fragte der Marquis.

Lucile schüttelte den Kopf. Ihr Blick glitt von den hilflos verstörten Mienen der Mutter und des Abbé zu den ernsten, gefaßten Augen ihres Vaters. Und plötzlich sagte sie, dem Vater wie einem Beichtiger voll ins Gesicht sehend, mit klarer und fester Stimme:

»Mein Kind ist tot.«

Indem sie dieses Wort zum ersten Male aussprach, war ihr, als sänke eine ungeheure Last von ihrem Herzen, und als liege der Weg, der ihr jetzt noch zu gehen blieb, frei, offen und ohne Dunkel vor ihr. Die Heiterkeit, die sie bei der Heimkehr so stürmisch überflutet und all ihre heimliche Not gleichsam verschwemmt hatte, wandelte sich unter der Lösung dieses Geständnisses zu einem milden und wissenden Licht.

Sie werden mich nicht verstehen, dachte es in ihr – aber sie werden mir dennoch verzeihn.

»Und warum«, stammelte Madame Myrte, »habt ihr uns gar nichts mitgeteilt –?«

»Ich bitte euch«, sagte Lucile sehr leise, »mich nichts weiter zu fragen. ... Ich fahre morgen zum Grab«, fügte sie noch hinzu und blickte immer den Vater an.

»Komm«, sagte der einfach, nahm ihren Arm und schloß sanft die Tür hinter ihnen.

Dann führte er sie auf die Veranda, wo ein kleiner Imbiß gerichtet war. Sie saßen zu viert um den runden Tisch, die Mutter legte ihr zärtlich und behutsam zu essen vor, der Vater füllte die Rotweingläser.

Er stieß mit ihr an, es gab einen schönen und edlen Ton.

Sie sprachen lange nichts.

Der alte d'Attalens betrachtete immer wieder forschend ihr Gesicht, seine Augen wurden allmählich nachdenklich und dann finster entschlossen.

Plötzlich hieb er mit der Faust auf den Tisch, aber so leicht, daß kaum die Gläser klirrten.

»Wenn er dich schlecht behandelt«, rief er, wie von einem guten Einfall beschwingt, »bei allem Respekt – ja, zum Teufel, bei allem Respekt –!! – aber ich fürchte«, unterbrach er sich besorgt, »ein Engländer schlägt sich nicht mit der Klinge – und mit der Pistole bin ich nicht mehr ganz sicher, heutzutage –«

Er hob das Rotweinglas, es zitterte ein wenig in seiner Hand.

Lucile sprang auf, lachend unter Tränen, umarmte ihn stürmisch.

»Nein«, rief sie, »mach dir keine Hoffnung, daraus wird nichts!! Er behandelt mich gar nicht schlecht!!«

»Natürlich nicht«, sagte Madame Myrte mit einem Seufzer der Erleichterung, »er ist doch der edelste Mensch.«

Auch der Vater lächelte nun befreit.

Lucile hatte sich auf seine Kniee gesetzt und hielt seinen Kopf mit den Armen umfangen.

In die Augen des alten Herrn trat ein Schein von Weisheit und nobler Bescheidung. »Es gibt Dinge«, sagte er leise und ernst, »über die man mit keinem Anderen sprechen kann – und mit seinen Eltern am letzten. Ein jeder Mensch muß mit sich selber ins Reine kommen.«

»Ja, Vater«, sagte Lucile, und drückte ihm die Hand. Dann gingen sie in den Garten, in den Stall, auf die Felder.

Am nächsten Morgen reiste Lucile. –

Während die Sonne schon tief im Westen stand, bewegte sich die Prozession mit seltsam schnellen, trippelnden Schritten den steilen Klippenweg zur Notre Dame de l'Espérance hinauf. Es waren außer dem Pfarrer und den beiden Meßknaben nur Frauen: alte und junge, Mütter, Bräute und Kinder, und der Gesang von ihren Lippen klang monoton und beschwörend, dumpf, schrill und innig zugleich, in einer strengen und zeitlosen Dissonanz, wie wenn verschieden gestimmte Glocken im selben Rhythmus geläutet würden.

»Defensor noster aspice –«

sangen sie nach der alten gregorianischen Weise, dreimal in steigender Tonart, an den verschiedenen Stationen, und auf dem Friedhof droben, wo die ertrunkenen Fischer und Seeleute lagen, sprengte der Priester das Weihwasser über die Knieenden, rief die Gnade des Himmels auf Tote und Lebende herab und sang den Wettersegen:

»A fulmine et tempestatibus – libera nos, Domine –!« –

In einem kleinen Abstand war Lucile als letzte der Prozession gefolgt – ihr Gesicht war verschleiert, und um ihre gefalteten Hände, wie um die der anderen Frauen, schlang sich der Rosenkranz.

Sie ging wie die unerlöste Büßerin, welche nicht würdig ist, am Dienst der Gemeinde teilzunehmen, und während des Meßopfers vor der Kirchentür verharren muß.

Allmählich leerte sich der Friedhof, die Stimmen verhallten, von der See her klangen die Rufe der ausfahrenden Fischer, dann wurde es ganz still. Sie blieb allein an dem kleinen Grab, den Schleier hatte sie zurückgeschlagen, ihr Gesicht war friedlich und ohne Tränen. Sie wußte sich verdammt und begnadet zugleich, und sie haderte nicht mit ihrem Geschick. Fast schien es Dankbarkeit, was ihre Augen und ihren Mund verklärte. Mit leichter Hand strich sie zum Abschied über das Grab. Es war keine Zwietracht mehr zwischen ihr und der feuchten Erde, und sie sprach wie zu einem Schlafenden, den man in guter Obhut weiß: Leb wohl.

Als sie bergab schritt und von der westlichen Sonne ganz geblendet wurde, fühlte sie ihre Füße und ihren Gang immer leichter, so als schwebe oder tanze sie, oder werde von Flügeln getragen. Sie war von den Kniekehlen bis zu den Haaren mit einem Körperglück erfüllt, das sie gleichsam umduftete und ihrem Herzen eine selige Trunkenheit verlieh. Dabei wußte sie mit klarer Hellsicht, die sie tief beruhigte: zum letzten Male.

Raymond, der sie in der ›Passiflora‹ erwartet hatte, spürte sofort die Verwandlung, die mit ihr vorgegangen war.

Noch brannte die Sonne durch alle Ritzen der verschlossenen Fensterläden und füllte das Dämmer des Gemachs mit einer rötlich dampfenden Glut.

Sie erwiderte seine Umarmung still, sanft und fremd, wie nie zuvor.

Ihr Wesen war schon in einem anderen Übergang und wollte nicht mehr geweckt und zurückgeschleudert werden in den Wirbel von Lust, Schuld und Betäubung.

»Was hast du«, flüsterte er, von Schreck und Ahnung gepackt.

»Nichts«, sagte sie abwesend und entzog sich seinen Händen.

Er stand wie gelähmt, Schmerz schloß ihm die Kehle.

Auch er war als ein Neuer, Verwandelter diesmal hierhergekommen, und alles in ihm drängte nach Aussprache und Einverständnis.

Sie trat ans Fenster, öffnete den Laden.

Der Sonnenuntergang schleuderte sein nacktes Feuer herein.

»Liebst du mich nicht mehr?« hörte sie seine Stimme, und die Worte peinigten und verletzten sie.

»Ach«, sagte sie, ohne sich umzuwenden, »du verstehst mich nicht –«

Gleichzeitig erschrak sie furchtbar vor diesem Satz, der in allen Untiefen und Niederungen behaust ist und den es zwischen ihnen nie gab und geben durfte.

Die beiden Sätze, die zwischen ihnen gefallen waren, klafften wie ein Abgrund voll Verzweiflung: auf einmal waren sie – gleich allen anderen, die sich lieben – zwei Menschen mit ihrem ewigen Unterschied und ihrem abgespaltenen kleinen Leben, statt einer einzigen, göttlich vollkommenen Einheit – zwei Menschen, die sich erfühlt und erkannt hatten, wie nie zwei andere sonst, und dennoch nichts und gar nichts voneinander wußten, so daß schon die leiseste Frage nach einer Wirklichkeit ihres Daseins voll ungelöster und unlösbarer Rätsel wäre und ihren Traum zerspellen und zu Tod bringen müßte? Gab es denn kein Verweilen, auf einem Gipfel des Glücks?

Raymond regte sich nicht.

Weither vom Strand, wo ein toter Delphin angeschwemmt worden war, hörte man das Gekreisch hungriger Seevögel.

Der Sonnenbrand begann zu verblassen.

»Soll ich gehen?« sagte er plötzlich, mit einem knabenhaft trotzigen Tonfall.

Da warf sie sich herum – breitete ihm die Arme.

Er riß sie an seine Brust, ihr Pulsschlag brauste zusammen, alle Fremdheit ertrank in grenzenloser, seligster Vereinung.

»Du –«, flüsterte er immer wieder.

»Du –«, wiederholte sie verhauchend.

Sonst gab es kein Wort mehr zwischen ihnen.

Die Sonne war jetzt ganz herunter, das blaue Zwielicht umhüllte ihre Versunkenheit.

»Ich glaube«, sagte sie nach einer Zeit, »unsere Liebe verträgt kein Tageslicht.«

Er lag auf den Knien halb über ihr und barg seinen Kopf zwischen ihren Brüsten.

Sie liebte ihn in diesem Augenblick wie nie zuvor, mit einem tiefen, schmerzhaft mütterlichen Verstehen.

Sie begriff sein Wesen, das Wesen eines Jünglings, in dem sich tapfere Frömmigkeit mit einer göttlich unbeschwerten, mit einer kretischen Lebensanmut verband.

Sie begriff seine Liebe, die in Genuß und Opfer unermeßlich war, ganz Hingabe und ganz ohne Schuld.

Sie aber wußte um die Unbarmherzigkeit jeder Lust und jeder irdischen Erfüllung, die stets mit dem Verzicht und den Leiden der anderen, der Unerfüllten, der Verstoßenen und Verlassenen, gebüßt wird.

Er begann erlöst und heiter zu reden, erzählte ihr von seiner Arbeit, von der besiegten Seuche, von der Einfalt und dem Vertrauen seiner Kranken, es war wie eine Vorbereitung zu mehr, was er ihr zu sagen hatte.

Sie lauschte seinen Worten wie einem schönen, tröstlichen Gesang.

Wie einsam muß Norbert sein, dachte sie plötzlich, und in ihrer Seele brannte der Schwur: zum letzten Male.

Die Nacht sickerte vom Himmel, die Flut begann im Steigen urweltlich zu rauschen, sie waren allein auf der Erde, wie die ersten Menschen.

Als der Vollmond hoch war, standen sie lange auf einem steilen Vorsprung in den Klippen, die in ein gläsernes Gebirge verwandelt schienen.

Die Flut schwoll mit großem Atem immer höher herauf, das Meer war ein Krater von geschmolzenem Blei und Silber.

Da nahm sie plötzlich das Verborgene aus ihrer Tasche und drückte es wie ein Geschenk in seine Hand.

Sie hob ihr Antlitz, das im weißen Mondlicht ohne Furcht und ganz voll Entzücken war, zu dem seinen.

»Jetzt«, sagte sie, und bot ihm die Lippen, »– zum letzten Male –!«

Während er sie mit einem Arme fest umfangen hielt, hob seine andere Hand die kleine, gläserne Phiole dicht vor seine Augen.

»Es ist der einzige Ausweg«, flüsterte sie wie trunken, »– und der leichteste – dann sind wir vereint – mit allem« – ihre Hand beschrieb eine Wölbung über Himmel und Meer, »– und nie mehr getrennt! –«

Sie blieb in Erwartung an ihn gelehnt und sah, wie in sein Gesicht ein immer stärkeres, mächtigeres Leuchten trat.

»So sehr«, fragte er in ihren Mund, »liebst du mich?«

Sie nickte.

»Bis zum Tod?« sagte er stärker.

»Bis zum Tod«, wiederholte sie und schaute ins Ferne.

»Schau her!« rief er plötzlich, ließ sie los und trat auf die äußerste Kante des Felsens, der senkrecht in die Brandung abstürzte. – »Schau her!« rief er noch einmal, mit einem hellen und kämpferischen Klang.

In weitem Bogen warf er das gläserne Ding von sich, daß es, wie ein Kleinod, im Ungewiß des Mondes und Meeres verschwand.

»Weg damit!« schrie er und schüttelte seine Faust in die Tiefe, als fordere er die Unterwelt zum Kampf, »– das mag der Haifisch fressen, der Rochen, der Oktopus!!« – Ein wildes, männliches Lachen schüttelte ihn, er warf die Haare zurück, höhnte den Tod und die Vernichtung:

»Wir sind stärker als du! Wir sind mehr als das Leben! Wir sind unsterblich! Unsterblich –!«

Das Meer aber, während er ihm entgegenschrie, brüllte in höchster Brandung so wütend auf, daß es seine Worte verschlang und ihm den Laut vom Munde schlug. Wie mit Pauken und Orgelbässen überdonnerte es seinen wilden und lästerlichen Päan – und nur seine Lippen, tonlos, von orkischem Getöse übertäubt, formten immer wieder die gleichen Silben:

»Unsterblich –!«

– bis er sie auf den ihren versiegelte und verschloß.

Der Mond umfunkelte sie, als stünden sie in einer Wolke von Flammen.

Von Hoffnung und Glück überwältigt, hing sie an seinem Hals.

Jetzt war sie zum Leben begnadigt oder verurteilt – und der Tod raste machtlos in seinen Ketten.

In dieser Nacht beschlossen und bereiteten sie das Letzte: die Flucht.

Raymond war mit dem vollendeten Plan schon hergekommen, ihr stummer Entschluß hatte ihn gelähmt – nun riß er sie hin und überstürzte sie mit herrlichem Ungestüm:

Ein Ruf ins Ausland hatte ihn kurz vorher erreicht, man bot ihm eine Stellung in Übersee, die einen raschen und glanzvollen Aufstieg verhieß.

In zwei Tagen ging das Schiff, die ›Cap Finisterre‹, von der nahen Hafenstadt. Er hatte alles vorbereitet, sie mit sich zu nehmen.

Sein Plan war, bei aller Kühnheit, wohl durchdacht, er war fest entschlossen, keinerlei Hemmnis dazwischentreten zu lassen und, was es zu regeln galt, erst vom Ausland her zu ordnen. Sein Wille zum Endgültigen kannte kein Bedenken, und auch sie bedachte sich nicht: die Entscheidung war längst gefallen, die Brücken hinter ihr verbrannt, es gab kein Zurück und keinen Abschied mehr.

Eine letzte Trennung stand ihnen noch bevor: er mußte für einen Tag nach Marquette, der Kreisstadt, in der er wohnte, um seine Praxis zu übergeben und seine Sachen zu ordnen.

Sie, da sie nicht allein in dem verlassenen Haus bleiben mochte und es noch mancherlei zu besorgen und einzukaufen galt, sollte zur Hafenstadt vorausfahren und ihn dort erwarten: ihr Treffpunkt war der Quai, eine Stunde bevor das Schiff ihn verließ. Dort würden sie sich an der Landungsbrücke begegnen und gemeinsam das Schiff besteigen, als hätten sie es niemals anders gewußt.

Sie würden die Küste Europas im Nebel versinken sehen – sie würden frei sein – und nie mehr voneinander getrennt.

Im letzten Augenblick, bevor er sie verließ, befiel sie Furcht und Verzagen:

»Einen Tag ohne dich – und eine Nacht ohne dich – wie soll ich das jetzt ertragen? Ein Tag ist eine Ewigkeit – eine Nacht tausend Ewigkeiten –«

»Ein Tag geht vorbei«, sagte er stark, »und jede Nacht muß enden. Aber dann beginnt, was ohne Anfang und Ende ist, dann erst beginnt – das Leben!«

Plötzlich hob sie die Hände zu seinem Gesicht und befühlte es wie ein Bildhauer sein Werk betastet, überall mit den Spitzen ihrer Finger, als müsse sie es nachformen und sich einverleiben für alle Zeit, als kenne sie es nicht, oder habe es noch niemals begriffen:

»So ist dein Kinn – so sind deine Schläfen – so setzt dein Haar an – so sind deine Lider, deine Wimpern – so sind deine Lippen, kühl und warm zugleich, man kann das Blut spüren, den Atem, den Lebenshauch, und wenn man die Hand bis hier entfernt, spürt man's noch immer, und hier – noch ein wenig – und dann gar nichts mehr –

Und das alles bist – du –, das alles – lebt –!«

Sie stand noch lange voller Staunen, als er gegangen war.

Zu ungewöhnlicher Zeit, früh am Vormittag, hatte Sir Norbert sein gesamtes Hauspersonal in der großen Halle zusammenrufen lassen und gab in knappen Worten bekannt, daß eine Ampulle aus seinem Medizinschrank verschwunden sei, die er selbst vor einigen Tagen hineingelegt habe. Der Schrank sei tagsüber stets mit einem Geheimschloß versperrt, höchstens in der Nacht könne er einmal offen geblieben sein. Falls jemand aus irgendeinem Versehen oder einem sonstigen Grund den vermißten Gegenstand an sich genommen habe, fordere er zur sofortigen Rückgabe auf. Er werde dann keine weiteren Fragen stellen. Andernfalls müsse er strengste Untersuchung einleiten.

Die Leute standen ratlos, blickten unter sich.

Norbert wartete nervös, ohne seine Erregung merken zu lassen.

Die Tatsache, daß das Gift aus seiner privaten Wohnung verschwunden war, konnte ihm, falls irgend etwas damit passierte, die größten Schwierigkeiten machen.

Er hatte nicht bemerkt, daß, während er sprach, seine Mutter hinter ihm auf der Treppe erschienen war, und fuhr wie in Schreck zusammen, als er sie plötzlich in seinem Rücken sagen hörte:

»Du kannst die Leute wegschicken, Norbert – ich habe es an mich genommen, zur Sicherheit, als ich den Schrank zufällig unverschlossen sah. Ich habe ganz vergessen, es dir zu sagen.«

»Ich danke«, sagte Norbert steif und nickte zerstreut dem Haushofmeister zu, der die anderen entließ und sich mit einer Verbeugung entfernte.

Dann wandte er sich langsam zur Mutter, schaute sie an.

»Wer hat das Gift?« fragte er – und seine Augen wurden starr.

Sie hielt seinem Blick stand.

»Lucile hat es genommen«, sagte sie dann, und ihr Ton war nicht anders, als rede sie von einem gleichgültigen Gegenstand, »– in der Nacht, bevor sie verreiste.«

Er trat einen Schritt auf sie zu – blieb stehen.

»Woher weißt du das?« fragte er staunend, – als zweifle er noch.

»Ich habe sie gesehen«, sagte die Mutter.

Sie senkte die Augen, ihre Stirn war fahl und versteint.

»Du hast sie nicht – gehindert?« fragte Norbert noch immer reglos.

»Nein«, kam die Antwort. »Ich habe sie nicht gehindert.«

Plötzlich klammerte er sich mit beiden Händen an eine Stuhllehne.

Schweiß stand auf seinem Gesicht, die Haare klebten an seinen Schläfen.

»Das ist Mord!« stieß er vor, »das ist – Verbrechen!!«

»Vielleicht ist es Erlösung«, sagte die Mutter, hob die Augen und trat auf ihn zu, als wollte sie seinen Arm berühren.

»Nein!« rief er, fast im Aufschrei, »nein! – nein!!«

Es war, als fänden sein Abscheu und sein Entsetzen nur dieses eine Wort.

Dann riß er die Hände vom Stuhl – wollte zur Tür.

Sie trat ihm entgegen, breitete die Arme aus, wie wenn man ein scheuendes Pferd aufhalten will.

»Nenn es Mord!« sagte sie hart. »Nenn es Verbrechen.

Ich nehme es auf mich.

Hätte ich anders gehandelt, wär es ein Aufschub und eine verlängerte Qual. Sonst nichts.«

Er starrte sie an, in einer Wallung von Haß, die auf ihn selbst zurückschlug.

»Was wissen wir denn – von ihr!« sagte er leise und voller Not.

»Das fragst du zu spät«, sagte die Mutter und ließ die Arme sinken.

»Es ist nie zu spät«, fuhr er auf, »es darf nicht zu spät sein –«

Seine Stirn spannte sich wie in angestrengtem Denken.

»Ich muß sie zurückholen«, sagte er dann, ruhiger – und machte eine Gebärde, als wollte er die Mutter, die immer noch zwischen ihm und der Tür stand, beiseite schieben.

Da warf sich die große, hochgewachsene Frau, als zerbreche jemand ihr Rückgrat, plötzlich nach vorne, stürzte an seine Brust, klammerte ihre Finger in seine Kleidung.

»Tu es nicht!!« stammelte sie fast unverständlich, die Worte entrangen sich ihrer Brust wie Urlaute tiefster, verborgenster Leidenschaft. – »Tu es nicht – sei stärker – geh nicht zugrund – sei wieder du – sei wieder mein – mein Sohn –!«

Schluchzen durchbebte sie, wild schlang sie die Arme um seinen Hals, als wollte sie ihn erwürgen.

Dann, da er starr blieb, ließ sie von ihm ab, sank auf einen Stuhl, barg den Kopf in den Händen.

»Mutter«, sagte er fest und leise, ohne sie anzublicken, »wenn ihr etwas geschehen ist, will ich dich nie mehr sehn.

Nie mehr, in unserem Leben«, fügte er, wie einen Schwur, hinzu – und wandte sich zum Gehen.

»Bleib noch«, sagte die Mutter und richtete sich wie in übermenschlicher Anstrengung gerade empor.

Er zögerte in der Tür, schaute zu ihr hin.

Ihr Gesicht war ausgeblutet und still, als habe sie den Todesstreich empfangen.

»Wenn du sie wiederbringst«, sagte sie ruhig und wie in einer letzten, selbstbeschiedenen Sammlung, »werde ich euch verlassen. – Vielleicht wird es dann besser, für dich. Ich – hoffe es«, vollendete sie mühsam und hob zögernd die Hand.

Norbert, zu ihr zurücktretend, beugte sich tief über ihre Hand und küßte sie.

»Leb wohl«, sagte sie leise und tastete über sein Haar.

Der russische Arzt, dem sich Norbert hatte anmelden lassen, empfing ihn mit großer Freundlichkeit und führte ihn durch seine Klinik.

»Ich freue mich wirklich«, sagte er, »daß Sie an meiner Arbeit Interesse nehmen. Gerade Sie!«

»Natürlich«, antwortete Norbert abwesend, sein Blick irrte flüchtig über die frohen und wachen Gesichter genesender oder gesundeter Kinder, die dem alten Herrn zuwinkten und mit ihm scherzten.

Dann berührte er seinen Arm mit einer leisen und dringlichen Bewegung.

»Darf ich Sie einen Augenblick allein sprechen?«

Der Professor geleitete ihn in sein Privatzimmer, schloß die Tür, bot ihm einen Stuhl.

Norbert dankte, blieb stehen.

»Es handelt sich«, sagte er zögernd, »– um meinen Sohn.«

Er schwieg, als koste jedes weitere Wort ihn eine unerträgliche Selbstüberwindung.

»Ich wäre glücklich«, sagte der andere einfach, »wollten Sie mir Ihr Vertrauen schenken.«

»Ich danke Ihnen«, sagte Norbert befreit, und mit leichterer Stimme fuhr er fort: »Ich muß Ihnen offen gestehen, daß ich von selbst nie gekommen wäre. – Aber es geht um die Existenz meiner Ehe – und vielleicht um noch mehr –«

»Wie kann ich Ihnen helfen?« fragte der alte Herr und neigte in gespannter Aufmerksamkeit den Kopf etwas schief. Die natürliche Wärme und Bereitschaft, die von ihm ausging und die nichts von der Zudringlichkeit ungebetenen Mitleids hatte, machte es Norbert leichter, sich zu erklären, und während er sprach, war ihm, als lockere sich ein Ring falscher Verhärtung und verletzten Stolzes um sein Herz.

»Glauben Sie«, fragte er am Schluß, »daß der Versuch mit Ihrer Methode eine Aussicht hätte? Daß man das Kind heilen könnte?«

»Man müßte natürlich«, sagte der Professor nachdenklich, »den jetzigen Zustand des Kindes genau beurteilen können. Wann haben Sie es zuletzt gesehen?«

»Vor einem Jahr«, sagte Norbert etwas beschämt.

»Dann«, sagte der Arzt, und schenkte ihm einen starken, ermunternden Blick, »würde ich es mir an Ihrer Stelle einmal schleunigst anschauen.«

»Ja«, sagte Norbert, »ich werde es herbringen.«

Er verabschiedete sich herzlich und fuhr zur nächsten Post. Von da schickte er ein Telegramm an die Adresse seiner Gattin im Stift Notre Dame de l'Espérance:

»Erwartet mich dort. Eintreffe morgen.«

Die Kleinbahn rasselte in die etwas außerhalb der Ortschaft gelegene Station: Marquette-en-Bretagne.

Norbert hatte die Tür seines Abteils geöffnet, bevor noch der Zug hielt, spähte suchend umher.

Bauern und Kleinkrämer stiegen aus und ein, Milchkannen wurden verladen, ein Hammel blökte aus einem Viehwagen, die Leute unterhielten sich breit, langsam und behäbig, bis der Zug mit schrillem Gepfeife weiterfuhr.

Norbert stand immer noch allein auf dem Bahnsteig, neben den leeren Gleisen, und schaute wartend die kalkige Landstraße entlang.

Der kleine, schwitzende Stationsvorsteher, der den Zug entlassen hatte und sich die Mütze ins Genick schob, musterte ihn neugierig.

Norbert winkte ihn her.

»Ist da niemand – von Sainte-Querque-sur-Mer?« fragte er.

»Sainte-Querque-sur-Mer«, – wiederholte der Beamte mit breiten Vokalen und grinste amüsiert, – »pas du tout, Monsieur, pas du tout. Die Leute von da fahren nicht mit der Eisenbahn. Die sind noch von früher.«

»Ich meine«, sagte Norbert, »vom Stift. Von Notre Dame de l'Espérance?«

»Die erst recht nicht«, rief der kleine Mann lachend, »die sind noch von viel früher.«

»Wie kann man dorthin kommen?« fragte Norbert, ohne auf seine scherzhafte Laune einzugehen.

»Oh«, sagte der Mann und deutete mit schmutzigen Fingern, »immer nordwestwärts! Immer nordwestwärts, mein Herr. Gute zwölf Kilometer zu Fuß!«

Er schaute zwinkernd auf Norberts Schuhwerk, als mache es ihm Spaß, ihn zu necken.

Nach einiger Verhandlung war ein Bauer, der mit seinem Milchwagen vor dem Stationsgebäude hielt, bereit, ihn hinzufahren. Der kreuzlahme, fliegenwunde Schimmel war kaum in Trab zu bringen, und der Bauer stieg an verschiedenen Estaminets ab, um sich mit Apfelschnaps zu stärken. Bestaubt und zerrädert erreichte Norbert schließlich das Dorf in den Klippen.

Es war totenstill, wie ausgestorben, kein Mensch zeigte sich, kein Hund bellte. Droben, im kahlen Fels, ragte die kleine Kirche, gleich einem Wahrzeichen der Verlassenheit.

Als Norbert den steilen Pfad zum Stift hinaufstieg, ergriff ihn plötzlich Furcht und Hoffnung zugleich. Die Furcht kam aus der ungeheuren Leere der Landschaft um ihn und aus den tiefsten, unbewachten Gründen seines Innern, darin, seit seiner Ankunft in Marquette, die schlimme Ahnung wuchs, – die Hoffnung kämpfte mit allen Kräften und Waffen des Bewußtseins dagegen an, machte ihn hart und beschleunigte seinen Schritt. Das Kind wird nicht wohl sein, dachte er, deshalb konnte sie nicht an die Bahn kommen. Natürlich ist sie bei ihm. Man wird mich in irgendein Zimmer führen, wo sie an seinem Bett sitzt. Zuerst wird sie scheu sein, mißtrauisch. Ich darf sie nicht erschrecken. Ich werde ihr von dem Russen erzählen. Dann wird sie glauben – begreifen. Dann wird alles gut.

Darunter wußte er, daß alles nicht stimmte. Aber er betäubte dieses Wissen mit seinen lauten Gedanken und seinem raschen Gang.

Die Tür des Stifts war verschlossen. Kein Mensch zeigte sich.

Er pochte mit dem rostig eisernen Klopfring. Die Schläge dröhnten in der Stille.

Nach einiger Zeit lugte ein Auge durch ein Klappfensterchen neben der Tür. Verschwand wie geängstet. Wieder verging eine Zeit. Dann stöhnte die Tür in den Angeln.

Mater Annunciata stand neben der Pförtnerin, blickte den fremden Mann fragend und abweisend an: ein schwarzer, vergilbter, gleichgültiger Erzengel.

Er nannte seinen Namen.

Das stumpfe, abgestorbene Auge veränderte sich kaum.

»Sie wollen das Grab sehen?« fragte sie nach einer Weile.

»Das Grab«, wiederholte Norbert mit trockenen Lippen.

»Ja«, sagte er dann, »ich will das Grab sehen.«

Sie nickte, führte ihn auf den kleinen Friedhof.

Er spähte im Weiten umher – übers Meer, über den leeren Strand, über den leeren, fahlenden Himmel. Es war alles stumm und verschlossen.

Dann beugte er sich tief auf das hölzerne Kreuz hinab, las den Namen, das Datum.

Er nickte, als erfahre er etwas längst Bekanntes.

Richtete sich auf – stand reglos.

Die Oberin war beiseite getreten, schaute von ihm weg, achtete sein Gebet. Allmählich erst gewannen die Dinge, die er sah, Schärfe und Plastik in seinem Auge.

Er bemerkte, neben dem Kreuz einen Strauß fast noch frischer Passionsblumen, die Ranken in Kranzform verwunden, beugte sich wieder hinab, betastete die Blüten, als wolle er ihre fremde Art studieren.

Die Oberin trat näher heran.

»Sie sind von ihr«, sagte sie, »sie bringt sie jedesmal. Sie war ja erst gestern hier.«

»Ja«, sagte er, lächelte abwesend. Sie war gestern hier.

»Es ist übrigens heute früh ein Telegramm für sie gekommen«, sagte die Oberin, »wir wußten nicht, wo wir es hinschikken sollen. Sie kommt ja immer nur für eine Stunde, um zu beten.«

Die Worte malten sich langsam und fibelhaft in Norberts Bewußtsein.

Sie kommt ja immer nur für eine Stunde, um zu beten.

»Darf ich es Ihnen geben?« fragte die Oberin. »Wir hätten es sonst zurückgehen lassen.«

Sie hatte es in der Tasche.

Er nickte nur, öffnete es nicht. Er wußte, daß es sein eigenes war.

Von der Kapelle begann das magere Glöcklein zu läuten.

Die Augen der Oberin wachten auf, bekamen Glanz und Leben.

»Ich muß zum Ave«, sagte sie und machte eine Bewegung zur Kirche hin.

»Wenn Sie einen Wunsch haben, – des Grabes wegen –«

»Ich danke Ihnen«, sagte Norbert, »es ist ganz gut so.«

Er neigte kurz den Kopf, sie hob die Hand und machte mit den Schwurfingern das kleine Kreuzzeichen über ihn.

Dann ging er wortlos.

Das Dorf lag stumm und verschlossen, wie das Meer, wie der Himmel.

Der Wind raspelte an dem zerschlissenen Stroh der Dächer.

Er fand einen Fischerkrug, trat ein, klopfte mit dem Stiefelabsatz auf die knarrende Diele.

Nach einer Weile kam ein Greis aus dem Dämmer hinter dem Schanktisch vorgekrochen, er schien aus einer Falltür heraufzusteigen und bewegte sich gebückt, fast auf den Händen. Sein Kopf war ganz kahl, die Augen blutgerändert, seine Stimme klang heiser und schrill, wie Möwenkreischen.

»Calvados?« fragte er lallend.

Norbert nickte, setzte sich auf die Kante einer Wandbank.

Der Alte brachte ihm Apfelschnaps, in einem großen, viereckigen Glas.

Während Norbert kostete, blieb er bei ihm stehen, stützte seine falben, flossenartigen Hände auf den Tisch, beglotzte ihn voller Neugier.

Norbert erwiderte seinen Blick, fragend, forschend, in einer dunklen und ungewissen Spannung – als könne er von ihm alles erfahren.

Er hätte jedes Kind, jede Katze, jeden Stein in dieser Ortschaft so angeschaut.

»Hier kommen wohl wenig Fremde her?« fragte er schließlich.

Der Greis legte die Hand ans Ohr, lallte mit zahnlosen Lippen. Er war fast taubstumm.

Norbert wiederholte schreiend seine Frage.

»Nein, gar keine. Nur die Dame«, kam die kreischende Antwort.

»Welche Dame?«

»Die die Villa gemietet hat.

Aber die kommt auch nur alle Vierteljahr, und man sieht sie nie. Meine Frau muß vorher das Zimmer putzen, in der Villa. Sonst bleibt sie immer verschlossen. Auch wenn die Dame da ist.«

»Und was tut sie dort, in der Villa?«

»Das weiß man nicht«, heulte der Greis, grinste, ward redselig. – »Das weiß man nicht, das weiß man eben nicht, was ein Mensch so allein in einem leeren Hause tut. Er kann beten, er kann schlafen, er kann in einen Spiegel gucken und Fratzen schneiden, das kann er alles – er kann auch etwas auf ein Papier schreiben und sterben, das kann er alles –«

Er kicherte vor sich hin.

Norbert warf Geld auf den Tisch, lief hinaus.

Bald hörten die Hütten auf, die Villa war nirgends zu sehen.

Blindlings folgte er dem sandigen Streif, am Meer entlang.

Plötzlich schrak er zusammen, – von einem harten, klappernden Geräusch ereilt, das sich in kurzen, beklemmenden Abständen regelmäßig wiederholte. Mit vorgeneigtem Kopf ging er weiter, spähte um die Dünenecke.

Dort stand die Villa – verstaubt, verfallen, vom Sand angeweht.

Der Wind hatte den lässig eingeschlagenen Krampen aus der bröckligen Mauer gezerrt, der Laden trommelte in seinem Auf- und Abschwellen gegen die Hauswand.

Langsam schritt Norbert darauf zu, sah die verschlossene Tür, die verblichenen Buchstaben des Namens: Passiflora – das Gewucher der Passionsblumen auf der geschützten Seite, die staubgrünen, verrammelten Holzläden.

Dann spähte er durch das eine, halb klaffende Fenster, sah ein unbewohntes Gemach mit alter, verhängter Bettstatt, bezognen Möbeln.

Nichts deutete darauf hin, ob jemals ein Mensch dort verweilt habe.

Immer wieder umschritt er das stille Haus.

Schließlich blieb er vor der Tür stehen, klopfte, begann mit der Faust zu pochen, trat mit dem Fuß dagegen, rüttelte an der Klinke.

Es regte sich nichts. Alles blieb stumm und verschlossen.

Rückwärts gehend, das Haus immer im Auge, als könne es ihm in letzter Sekunde doch noch ein Geheimnis enthüllen oder als fürchte er einen Ruf, einen Schrei, eine Stimme hinter sich, wenn er sich umdrehen würde, entfernte er sich langsam zum Strand. Starrte auf den Boden. Ein paar Fußstapfen, halb schon von Sand verweht, eine Wagenspur, mit zermahlenen Muscheln gefüllt. Seevögel kreischten um einen Fischkadaver, der Wind warf eine Welle von Verwesung über ihn.

Der Nachmittagshimmel war hell, glasig, wolkenlos.

Ihm schien er von undurchdringlicher Finsternis erfüllt.

Hell und Dunkel, ging es ihm durch den Kopf, sind von der gleichen Substanz. Aber man kennt sie nicht. Man weiß nichts. Man bekommt keine Antwort. Es bleibt alles unfaßbar.

Er schaute auf seine Hände, sie hingen hilflos herab.

Er, dessen ganzes Leben vom Drang nach Klarheit, Erkennen, Wissen, wie eine Linse geschliffen war, tappte im Nebel der Blinden. Er wußte nichts von der Frau, die er liebte.

Selbst ihre Spur war ihm vom Sand verweht.

Allmählich begann er zu gehen – zum Dorf zurück, auf die Landstraße.

Er ging ohne Rast und ohne aufzuschauen. Er ging ohne Denken und Fühlen. Er ging, wie ein Uhrwerk geht.

Er achtete nicht auf die Zeit, nicht auf die Richtung. Er kannte das alles. Er hatte das alles schon erlebt. Vielleicht war es jetzt nur ein Traum, eine Erinnerung, ein Schattenbild. Er war diesen Weg schon immer, schon ewig gegangen, er war ihm vorgezeichnet, wie eine Fährte, und er mußte ihn auslaufen, als werde er von einem Webschiff abgespult.

Dann stand er allein auf dem Bahnsteig. Es war sehr still, die Zeit sank langsam mit der Sonne.

Aus den Schienen drang manchmal ein Klicken oder Klirren, wenn irgendwo eine Weiche gestellt wurde: das klang wie ein Ruf, eine Warnung, ein leises, metallisches Drohen, ein geheimes Signal.

›Schicksal‹, dachte Norbert und starrte die Geleise entlang.

FATUM, ANANGKE, MOIRA.

Man konnte es deklinieren, aber es hatte keine Mehrzahl.

Ein Güterzug schlackerte vorbei, stampfte in den brennenden Abend, eine schwarze Fahne von Kohlenruß flatterte hinterher.

Er wußte plötzlich, daß er sterben möchte.

Er beneidete sein Kind in den Klippen.

Der Bahnbeamte, der dem Güterzug nachgeschaut hatte, stand neben ihm.

»Haben Sie das Nest gefunden? Ein rechtes Drecknest.«

»Ja«, sagte Norbert.

»Wollen Sie heute abend noch weiter? Nach Saint-Malo?«

Er nickte.

»Wohl mit dem Schiff nach England?«

»Ja«, sagte er, mehr zu sich, »wohl mit dem Schiff nach England.«

Will ich das, dachte es in ihm? Will ich überhaupt etwas? oder muß ich etwas? oder ist das alles zu Ende – dieses: Ich bin – Ich will – Ich werde –?

»Der Zug geht aber erst in zwei Stunden«, sagte der Mann. – »Setzen Sie sich doch in die Wirtschaft!«

Er setzte sich in die Wirtschaft, bestellte etwas, berührte es kaum, wartete. Warten, spürte er, ist die Hölle. Ganz gleich, ob man auf einen Zug wartet, auf einen Menschen, auf ein Ereignis, – oder auf gar nichts. Er hatte kaum jemals in seinem Leben gewartet – oder es wenigstens nie bemerkt.

Nach fast zwei Stunden näherte sich vom Ort her Musik: erst dumpfe Paukenschläge, dann schmetterndes Blech, laute Stimmen, Rufe, Lachen, Gesang –

Eine Menschenmenge drängte sich auf den kleinen Bahnsteig, es waren hauptsächlich Frauen und Kinder, auch ein paar Herren in hausbackenen Schwalbenschwänzen, die Ortskapelle nahm zwischen den Gleisen Aufstellung, blies laut und schauerlich.

Der Bahnbeamte war mit dem Wirt ans Fenster getreten, lachte vergnügt.

»Die verabschieden unseren Doktor«, sagte er zu Norbert hin, »– der geht nach Amerika.«

Der Zug wurde gemeldet, Norbert trat langsam hinaus.

Er sah einen jungen Herrn mit ausnehmend schönen, männlich heiteren Zügen, der sich vor Händeschütteln, Schulterklopfen, Ansprachen, Zurufen, Umarmungen kaum retten konnte. Er selbst schien glücklich erregt, antwortete laut und lachend, küßte zum Abschied ein Kind, betastete den Puls und den Bauch eines anderen, das ihm noch im letzten Moment vor Einfahrt des Zuges eine gleichfalls zur Reise gerüstete Bäuerin entgegenhob:

»Nein«, rief er lustig, »die kleine Crévette hat nur zu viel Kirschen gegessen! Aber ich werde im Zug noch einmal nach ihr schauen!«

Als der Zug schon anfuhr, stolperte er, mit Paketen und Blumen beladen, in das einzige Abteil zweiter Klasse, das sich gleich hinter der Maschine befand, und in das man sein Gepäck schon gebracht hatte. Ein Strauß von Kornblumen und Mohn flog ihm durchs offene Fenster nach und traf den großen, hochstirnigen Herrn, der ihm gegenüber auf der Bank saß. Norbert hob ihn lächelnd auf, reichte ihn dem jungen Mann hinüber.

»Verzeihen Sie bitte«, sagte Raymond, noch im beschwingten, mitteilsamen Freimut seiner heiteren Laune, »– die sind ja wie die Narren, die sind ja ganz aus dem Häuschen. Ich bin nämlich weder ein Fürst noch ein Nationalheld, sondern nur ein gewöhnlicher Landarzt, der ein paar Jahre hier praktiziert hat. – Aber für die Leute ist der Arzt noch eine Art von höherem Wesen, so ein Mittelding zwischen Lieber Gott, Medizinmann und Zirkusclown – entweder sie verachten ihn, oder sie beten ihn an. Sie haben natürlich keine Ahnung, wie man sich plagt und wie sie einen schinden, manchmal könnte man sie alle vergiften« – er lachte zu seinem Gegenüber voll weltfreundlicher Sympathie, »aber es ist doch das schönste. Das einzige«, fügte er noch hinzu, »es ist wohl der einzige Beruf, der seine Bestätigung so lebendig, so leibhaftig in sich selber trägt.«

Er bemerkte den Blick voll Kühle und Skepsis, mit dem Norbert ihm lauschte, und hatte das Gefühl, zu viel geredet zu haben und sich entschuldigen zu müssen.

»Das klingt vielleicht übertrieben«, sagte er und schaute zum Fenster, »und wer nicht selber Arzt ist, wird es kaum verstehen.«

»So?« hörte er Norberts Stimme und wandte sich ihm rasch wieder zu. »Ich dachte mir das anders, bisher. Ich dachte mir«, fuhr Norbert fort, da er den fragenden Blick Raymonds auf sich fühlte, »das Leben eines Arztes wie das eines Forschers – der immer ins Unbekannte vorstößt –, der sucht, um des Suchens willen, und weiß vorher nicht, ob er die Neue Welt findet oder den Seeweg nach Indien –«

Er verstummte, hob die Hände ein wenig und ließ sie auf seine Knie fallen.

»Aber sein Ziel«, sagte Raymond, »ist unverrückbar und unveränderlich, ganz gleich, in welcher Richtung er sucht: zu heilen.«

»Die Folgen zu heilen«, sagte Norbert, »und die Ursachen

nicht zu kennen – Ein ewiges Glücksspiel mit einem unsichtbaren Partner, den man vergeblich blufft, und der nicht einmal fair ist.«

Raymond schüttelte den Kopf, eine kleine Falte stand zwischen seinen Brauen.

»Der Partner des Arztes«, sagte er, »– wenn Sie so wollen –, dem er die Partie abzugewinnen hat, ist das menschliche Leiden. Das hat er einfach zu lindern und zu bekämpfen, so gut er kann. – Aber dazu gehört wohl eine besondere Art von Liebe.«

»Was für eine Art von Liebe?« fragte Norbert. »Liebe zu den Menschen – oder zur Erkenntnis?«

»Wie will man das trennen?« erwiderte Raymond mit befremdetem Blick.

»Das muß man trennen!« rief Norbert streng, fast zornig. »Welcher Chirurg kann seine Mutter operieren oder sein Kind? Wissen Sie nicht, was Phantasie, was Liebe aus einer Hand und einem Auge macht?

Glauben Sie wirklich, ein Arzt könne groß werden, der den Einzelmenschen liebt?«

»Glauben Sie«, antwortete Raymond staunend, »ein Künstler könne groß werden, der seine Geschöpfe nicht liebt?«

»Was liebt der Künstler?« sagte Norbert, und zog die Brauen hoch, »seine erdachten Geschöpfte. Seine Vorstellung von der Welt. Nicht ihre kleine, armselige, immer abhängige, jedem Wandel unterworfene Wirklichkeit. Liebe – im schöpferischen Sinn – ist eine überpersönliche, eine ebenso zeugende wie vernichtende Kraft, sie steht in einer höheren Kategorie als unsre schwanken Gefühle und kennt weder Furcht noch Mitleid.«

Raymond beugte sich vor, wie angezogen, und dennoch in immer stärkerem Widerstand.

»Das stimmt vielleicht in der Abstraktion«, sagte er voll Bedacht, »aber nicht fürs lebendige Dasein. Ihre Trennungen sind klar, aber nicht menschlich. Im menschlichen Wesen einen sich, vermählen sich die polaren Kräfte. Es ist ein müßiges Spiel, sie zu analysieren. Umfassen, begreifen, erkennen – kann man sie nur durch Liebe. Oder nennen Sie es: durch Religion.«

»Religion«, unterbrach Norbert heftig, als habe er sich hart zu verteidigen, »Religion ist eine ethische Bindung – und ein soziales Machtmittel. Sie ist ein Amalgam aus Vernunft und Mystik, dahinter sich geheimes Urwissen des Menschengeschlechtes verbirgt. Sie ist eine Maske der Weisheit, – eine schützende vielleicht –, aber mit Erkenntnis, mit Wissenschaft, mit Medizin hat sie nichts zu tun!«

»Warum trennen Sie immer«, rief Raymond kämpferisch, »wo es zu binden gilt? Alles ist Religion, was unserem göttlichen Drang, was der Verantwortung unseres Herzens entspringt! Denken Sie an Franz von Assisi – an die Sonnengesänge – die Hingebung an jedes kreatürliche Leben, ans Kleinste, Ärmste, Niedrigste – und ins große, ins volle, tausendfältige Dasein – Das ist – was ich meine – die Religion des Arztes!«

Er hatte sich in schöne, feurige Begeisterung geredet, welche Norberts Stimme wie mit kalter Schneide traf:

»Konnte der heilige Franz den Aussatz heilen? den Krebs? die Luës?«

»Er konnte mehr«, sagte Raymond mit großem Blick, »er konnte den Menschen helfen, ihr Leid zu ertragen.«

»Das Leid der Menschen«, sagte Norbert ruhig und hob sein Gesicht, als spreche er ein Bekenntnis, »ist viel zu tief, als daß es Hilfe oder Heilung gäbe.

Das Leid der Menschen heißt Einsamkeit.

Und es reicht in Gründe hinab, in die kein Forscher und kein Heiliger einzudringen vermag.

Der Fluch der Zerspaltung – die Hölle der Individuation –, die ewige, jammervolle Verspanntheit mit überpersönlichen, übermächtigen, regressiven Gewalten, die wir immer trennen, immer zerlegen müssen, in gruppenhafte, tellurische, kosmische, ohne daß wir doch jemals dem Wesen selbst, dem großen, einen, alleinigen, auch nur um eine Spanne näher kommen – Das ist unser Geschick: auf der Suche nach Ursprung oder Mündung im Labyrinth der eignen Seele zu verschmachten –«

»Nennen Sie es ruhig«, sagte Raymond leise, »die Trennung von Gott.

Die Austreibung aus dem Paradiese. Aber was wäre all unser inneres Leben, all unser Drängen und Suchen nach Schönheit, Wahrheit oder Güte, anderes, als die Ahnung von einem Rückweg – von einer Wiedervereinung?

Halten Sie die Phantasie des Menschen für größer als die des Schöpfers?«

»Wiedervereinung«, wiederholte Norbert, sein Gesicht schien sich zu verschließen, und er sprach im Ton einer trocknen, leidenschaftslosen Selbstbezichtigung:

»Wir kreisen splitterhaft in einem ungeheuren Strömen und Gleiten der Räume, die sich ausdehnen und weiten ohne Anfang und Ende, wir wissen nichts von der Zeit und nichts von dem Ort, der uns beherbergt, wir sind wie Gäste, die ihren Wirt nicht kennen und niemals das Haus von außen sahen, in dem sie wohnen. – Wie sollten wir anderes von uns selber wissen, als daß wir allein sind – in alle Ewigkeit –«

»Uns ist eine Kraft gegeben«, sagte Raymond voll ungebrochener Überzeugung, »die mehr bedeutet als Wissen.«

»Man wird allein geboren«, vollendete Norbert, mehr zu sich selbst, »und man stirbt allein. Darüber konnte keiner noch den Menschen helfen.«

»Doch, einer«, sagte Raymond, »– der die Unwissenden selig nannte.«

»Und in dessen Namen man sie auf die Schlachtfelder schickt«, warf Norbert ein, hob die Schultern.

»Nicht: in seinem Namen!« rief Raymond mit Wärme, »nur unter seinem Mißbrauch! Glauben Sie nicht«, fuhr er fort – und seine Stimme, sein Blick gewann immer mehr Kraft und Strahlung –, »daß Liebe geschaffen ist, um die Einsamkeit zu überwinden? Aus der Entzweiung, aus den Frösten der Einsamkeit baut sich unser Tod. Aus jeder Stunde des Einklangs, der Wärme, der Überbrückung, webt sich das ewige Leben! Das aber ist stärker – viel stärker als der Tod! Ich glaube überhaupt nicht an den Tod«, rief er entflammt, »er ist ein Gespenst – kein Geist! Geist aber und Leib zugleich ist nur das menschliche Leben – in seiner Erfüllung durch das Du - durch den anderen! Ja –

wir werden allein geboren, doch nur, um diese Erfüllung zu suchen, zu geben und zu finden – in der Güte, in der Brüderlichkeit, in der gegenseitigen Hilfe, und zuletzt und zutiefst – in der Liebe –«

Er brach ab – errötend – da sein Gegenüber plötzlich die Hände vor die Augen geschlagen hatte.

»Glauben Sie wirklich«, hörte er Norberts Stimme nach einiger Zeit, wie in banger, hoffender Frage, »daß jeder Mensch imstand ist, zu lieben und geliebt zu werden?«

»Ich glaube daran«, sagte Raymond einfach, »– ich weiß es!« fügte er nach einer Pause hinzu.

Norbert antwortete nicht, verharrte reglos.

Vielleicht war ich zu heftig, dachte Raymond beklommen, vielleicht hab ich ihn verletzt.

»Das ist Ihnen gewiß alles viel zu emphatisch«, sagte er ablenkend, »und Sie müssen verzeihen, wenn ich mich gehen ließ. Es kommt wohl nur daher, daß ich Arzt bin – und meinen Beruf sehr liebe.«

Norbert hob sein Gesicht aus den Händen und sah ihn mit einem seltsamen, fast liebevollen Lächeln an.

»Auch ich bin Arzt«, sagte er und lehnte sich zurück.

»Oh«, sagte Raymond bestürzt, »dann entschuldigen Sie –«

»Nein«, sagte Norbert, immer noch mit dem gleichen besiegten Lächeln im Gesicht, »ich habe Ihnen nur zu danken. – Sie haben mir mehr gesagt – als ich zu hoffen hatte.«

Nach einem kurzen Schweigen stand Raymond auf, sah auf die Uhr.

»Ich muß nach dem Kind schauen«, sagte er – »die Frau steigt bald aus. Sie sitzt weiter hinten, in der dritten Klasse. Es war wohl nur etwas Kolik, aber ich hab's versprochen.«

Er nahm ein Fläschchen aus seiner Handtasche, steckte es zu sich. Er empfand plötzlich ganz stark das Bedürfnis, aus diesem Wagen herauszukommen – und weg von dem fremden Arzt, der ihn mit seinem sonderbaren, blassen Lächeln und wie mit einer heimlichen Sehnsucht betrachtete.

Norbert hörte ihn, als er sich entfernte, die Tür der Plattform, die den Wagen mit dem nächsten verband, zuwerfen. Er schaute zum Fenster, in die Scheiben. Es war noch nicht ganz dunkel draußen – eine lichte, trockene Sommernacht –, die Glasscheibe spiegelte vor der fließenden Dämmerung Norberts Kopf, sein Gesicht, seine Augen – und durch diese Spiegelung glitt unablässig die Landschaft – Telegraphenstangen – ein paar windschiefe Pappeln – ein Haus, ein Hügel, ein Stück vom Himmel, ein dünner, flimmernder Stern – all das glitt und schwebte durch seinen Kopf, den er neben sich in der Scheibe sah – ein durchsichtiges, ungreifbares, wesenloses Gebilde – das doch immer da ist – und nie vergehen kann –

Wieder ergriff ihn die tiefe, brennende Sehnsucht nach Tod. Nach Auflösung. Nach Vergessen. Aber sie war jetzt in eine mildere, sanftere Melodie gekleidet.

In diesem Augenblick ertrank alles in malmendem, krachendem Getöse und in Finsternis.

Irgendwo mochte ein Weichensteller den falschen Hebel bedient haben – eine elektrische Zündung versagt, ein Signal nicht geflammt – und der Nordwestexpreß stürzte sich wie ein mythisches Ungetüm auf den kleinen Landzug und seine Menschenfracht.

Die Wagenkette der hinteren Abteile war vom Bahndamm gestürzt, lag verknäuelt und zerschmettert. Nur der vorderste, dicht hinter der Maschine, hatte sich abgetrennt und in hartem Ruck mit dem Tender verklemmt. Das einzige Abteil zweiter Klasse, und der einzige Mann in ihm, blieb unversehrt.

Nach dem ersten betäubenden Schreck sprang Norbert aus dem Wagen, stürzte mehr als er lief den Bahndamm hinunter, rannte dorthin, wo aus der großen Stille jetzt nur vereinzeltes, gleichsam erstauntes Wimmern drang. Schon rannten Beamte mit ihm, eine Stimme rief nach Ärzten, irgendwoher kamen Männer mit Laternen gelaufen, aus einer Bahnwärterhütte gellten Klingeln und zirpten Morsesignale.

Norbert suchte – half dazwischen Verwundeten –, suchte wieder – starrte in jedes Totengesicht.

Endlich fand er ihn, abseits unter weit geschleuderten Trümmern.

Sein Antlitz war unentstellt, er schien nicht mehr zu atmen.

Norbert riß ihm den Rock auf, tastete nach seinem Herzen. Aber es schlug nicht mehr. Brustkorb und Rückgrat waren, wie von einem einzigen raschen Faustschlag, zerbrochen.

Noch nie hatte Norbert Hilflosigkeit, Armut, Beschämung des Überlebenden vor dem entseelten Menschenleib und vor der Majestät des Todes so niederschmetternd empfunden wie bei der Leiche dieses fremden Jünglings, den er in Armen hielt, als wär es sein nächster Freund und Bruder. Ihm war, als müßte er ihn in die nächtige Heide hinaustragen und ganz allein, wie einem gefallenen Kampfgenossen, die Grabwache halten. Dann fiel ihm ein, der Tote könne irgendwo erwartet werden, er könne Angehörige haben, die es zu benachrichtigen galt, man könne wenigstens auf diese Weise ihm noch irdisch helfen und beistehen. Aber er kannte weder seinen Namen noch sein Reiseziel.

In dem aufgerissenen Rock klaffte eine Brusttasche, Norbert griff zögernd hinein, entnahm ihr ein größeres, unverschlossenes Kuvert, aus dem ihm zwei Schiffskarten, von einem Reisebüro ausgestellt, entgegenfielen. Er schlug die oberste auf, hielt sie in den Lichtkreis der Laterne.

Cap Finisterre, las er, und das Datum des morgigen Tages.

Darunter, in Blocklettern, groß, Luciles Namen – den Namen seiner Frau.

Im ersten Augenblick empfand er weder Schreck, noch Schmerz, noch Bestürzung. Er hob die Augen von dem fahlen, gelblichen Papier, schaute in den lichtbeflackerten Himmel.

Was war das für ein wüster, verworrener Traum.

Was für ein übler Scherz. Was für bösartige Verwechslung.

Dann weiteten sich seine Augen, und seine Zähne klafften, wie die eines Totenschädels.

Der Name stand überall, in der Luft, im Himmel, wuchs aus der Erde riesenhaft empor.

Er wandte sich, wie Rettung suchend, zu dem Toten, starrte ihm ins Gesicht. Seine Augäpfel spiegelten offen und blicklos das kleine Laternenlicht. Plötzlich hörte er die erregte Stimme eines Mannes hinter sich, fragend: »Ist da noch was zu retten?«

Mit einer hastigen Bewegung barg Norbert seinen Fund.

»Nein«, sagte er dann mechanisch, »– exitus.«

Dabei erschrak er im tiefsten Innern furchtbar vor diesem Wort, das ein anderer, Unbekannter, aus ihm gesprochen hatte.

Er erhob sich, ging ins Dunkel, das ihn mit brennender, unbarmherziger Klarheit umgab.

Er wagte den Toten nicht mehr anzuschauen.

Irgendein Hilfsarzt drückte Raymond die Augen zu.

Der Hafen lärmte die ganze Nacht, Lucile konnte nicht schlafen. Ein Kommen und Gehen herrschte in dem kleinen Hotel, das den Namen ›Cosmopolite et de l'Univers‹ trug, manchmal wurde auf den Gängen gezankt, manchmal schlug eine Tür. Im Zimmer neben dem ihren tobte und jaunerte ein Liebespaar – ein Reisender in Segeltuch, der eine Bardame mitgenommen hatte –, als lägen sie in Krämpfen oder Wehen. Vor einigen Stunden hatten sie sich wohl noch nicht gekannt. Jetzt hatte der Pfeil getroffen, sie waren eins, sie hatten einander gefunden.

Im ersten Licht stand Lucile auf. Während sie sich wusch, koste die Morgenluft durchs offene Fenster ihre Haut. Ein Hauch von Teer, von Salz, von Seewind kam herein – und noch etwas, irgendwo mußte man Apfelsinen verladen, es roch nach dem Süden, nach den seligen Inseln. Das Tuten eines ausfahrenden Dampfers erfüllte sie mit wilder, stechender Freude.

Leichtfüßig eilte sie treppab, betrat das von der Nacht noch ungeräumte Hotelrestaurant, in dem ein mattes Licht brannte.

Ein verschlafener Nachtkellner, zum Gehen bereit, rechnete noch auf kleinen, verschmuddelten Zettelchen ab. Sie wollte Kaffee bestellen, er verwies auf den Frühkellner, der eben hereinkam – ein schlitzäugiger, sommersprossiger, unsauberer Bursche.

Er hielt ein feuchtes Zeitungsblatt und lachte aufgeregt mit kariösen Zähnen:

»Hast du gehört«, rief er dem Nachtkellner zu, »der Expreß hat den Kleinen glatt umgeschmissen. Glatt mittendurchgeschnitten«, sagte er genießerisch, »zwölf Tote! Geh rasch an die Bahn, da kannst du sie sehen!«

Vor Luciles Blick wuchs der picklige, unrasierte Kellner plötzlich zu einer hohen, strengen, marmornen Gestalt. Sie hörte ein Flügelrauschen in der Luft. Sie hörte ein großes mächtiges überirdisches Brausen, wie aus unzähligen Kathedralen.

Aber das alles geschah weit hinter ihrem Wissen.

Nun trat sie zu dem Boten und hob ein wenig die Hände – wie ein Kind, das um eine freie Stunde, um einen Aufschub, eine Pause bettelt:

»Das ist nicht der Zug«, sagte sie sehr bestimmt, »von Marquette-en-Betragne. Das ist doch ein anderer?« fügte sie fragend hinzu, und lächelte voller Zuversicht, als könnte sie dadurch Gnade oder Strafbefreiung erschmeicheln.

»Marquette?« sagte der Kellner, »natürlich ist er das. Ganz bestimmt!«

»Ganz bestimmt?« wiederholte Lucile, »ganz bestimmt«, sagte sie noch einmal, als sie durch die Glastüre trat.

»Aber sie waren alle gleich tot«, rief ihr der Kellner nach, »es hat keiner gelitten!« hängte er wichtig an.

»Ganz bestimmt –« stammelte sie noch auf der Straße, und begann zu laufen.

Der Bahnhof war von einer neugierigen Menschenmenge umlungert, und die Leute, welche mit dem Unglückszug Angehörige erwartet hatten, standen in langer Schlange vor einer eisernen Gitterbarre. Warteten.

Drinnen, in einer hohen, kahlen, mit Wellblech gedeckten Gepäckhalle, hatte man eine Art Morgue improvisiert, und die Toten, die von einem Hilfszug gebracht worden waren, zur Rekognoszierung aufgebahrt.

Schritt vor Schritt schob sich die Menschenschlange durch die Absperrung vorwärts, manche schluchzten oder redeten nervös, die meisten schwiegen. Wie bei jedem Golgatha, standen

Soldaten, Polizisten, Neugierige umher und bestarrten das schutzlos angeprangerte Leid.

Während der endlosen, martervoll zerdehnten Sekunden, Minuten und Viertelstunden dieses Wartens und Weitertappens durchlitt Lucile, eingekeilt unter Menschen und von Menschenatem umhaucht, alle Höllen der letzten, bittersten Einsamkeit.

Endlich geleitete sie ein Mann mit Rotkreuzbinde an den Bahren entlang. Die Körper waren mit Tüchern bedeckt, die Gesichter fremd, wächsern, verschlossen. Sie hatten nichts mehr mit denen gemein, die sich über sie beugten. Lucile kannte keines.

Als sie das zweite Mal die stumme Reihe abschritt, blieb sie bei dem Körper eines jungen Mannes stehen.

Er war schön, bleich, und unendlich weit entfernt.

Ein Jüngling, zu den Göttern entrückt.

Er war tot.

Der Mann hinter ihr fragte:

»Kennen Sie ihn? – Sind Sie Angehörige?«

Lucile fuhr auf, starrte erschreckt.

»Wie?« fragte sie, als habe sie das letzte Wort nicht verstanden.

»Ob Sie den Toten kennen«, wiederholte die Stimme grob, »ob das ein Angehöriger von Ihnen ist.«

Sie schaute noch immer auf das bleiche, fremde Gesicht.

Dann schüttelte sie heftig den Kopf.

»Nein«, sagte sie fest, »das ist er nicht.«

Und, während sie die Halle verließ, kopfschüttelnd, staunend:

»Das ist er nicht – das ist er nicht –«

Auch in dem lärmenden Bahnhof, auf der Straße, im Sonnenlicht, immer wieder, wie eine Litanei, wie eine magische Formel:

»Das ist er nicht – das ist er nicht –«

Er – er war: Du – und – Leben.

Von seinen Lippen wehte ein warmer und kühler Hauch.

Seine Augen waren voll Kraft, voll Nähe.
Der da ist kalt, blaß, und ohne Fühlen.
Der da – ist tot.
Das ist er nicht.
Das ist er nicht.
Aber wo kann er sein?
Wo – muß ich ihn suchen?

Ein dumpfes, langgezogenes Tuten drang an ihr Ohr. Sie irrte noch immer in den Straßen. Aber jetzt – jetzt war es Zeit! Jetzt mußte das Schiff gehen –

Es schlug schon Mittag.

Die Dampfsirenen der ›Cap Finisterre‹ heulten zum dritten Mal.

Mitten im lauten und grellen, zappelnden und steten Menschenstrom, Lebensstrom, wie er sich stets an einem Pier entlang zu Abfahrten oder Ankünften bewegt – inmitten von Leuten, die Abschied nahmen oder sich trafen, einander winkten, riefen und schrien, lachten, weinten, besorgt oder gleichmütig dreinschauten –, trieb Lucile, und spähte um sich, als erwarte sie eine ganz bestimmte Begegnung.

Jetzt aber, als die Bordglocke zu läuten begann und eine Kapelle zu spielen anhub, und als man die Brücke langsam hochwand und der Streif schmutzigen Hafenwassers zwischen Schiffsrumpf und Steinmauer aufquirlte – wußte sie plötzlich:

Er wird nie mehr kommen.

Er ist vorübergegangen.

Er hat sie alleingelassen – ohne Wort – ohne Hilfe.

Und er hat ihr den letzten, den schon eröffneten, Ausweg versperrt –

Sie riß die kleine Tasche auf, die sie in der Hand trug, tastete darin herum – Auch das – hatte er ihr genommen.

Das dünne, zerknüllte Taschentuch blieb in ihren Fingern – und sie preßte es, weitertaumelnd, zwischen die Zähne, als müsse sie ihren Aufschrei ersticken.

Minutenlang lehnte sie an einer Taurolle, die sich von einem eisernen Pflock abspulte und ihr Kleid zerschliß.

Dann ging sie weiter – ohne Blick – ohne Richtung – der gähnenden, schwarzen Leere entgegen.

Als Norbert vor ihr stand, und seine Hand leicht auf ihre Schulter legte, war sie ganz ohne Schreck oder Staunen.

Allmählich erst unterschied sie seine Züge, erkannte ihn, wußte, daß er es war, daß er da war – und im gleichen Augenblick sank sie an seine Schulter, wie seit ihrer ersten Begegnung niemals mehr – alles löste sich in ihr – sie weinte.

Er hatte nichts als die Abfahrtszeit auf jener Schiffskarte von ihr gewußt, dort suchte er sie – und dort hatte er sie gefunden.

Jetzt lag sie an seiner Schulter und weinte ihr tiefstes, geheimstes, eigenstes Leid aus sich heraus.

Sehr zärtlich streifte seine Hand über ihr Haar – ganz fern, und dennoch unbegreiflich nah, hörte sie seine Stimme:

»Ich glaube zu wissen«, sagte er, »was dir geschehen ist.

Ich denke – es ist unseres Kindes wegen. Ich denke – es wird nicht mehr leben. Aber – das mußte wohl einmal so kommen. Wir wollen es beide – ertragen.«

Während sein Arm sie fester umspannte, begriff sie trostvoll die ungeheure Kraft der Überwindung, der Liebe, des Menschentums, die, wie ein lebendiger Strom, von seinem besiegten Herzen ausging.

»Es gibt manches in unserem Leben«, hörte sie seine langsamen, suchenden Worte, »was das Ende in sich trägt – und das Licht nicht aushält – und verhüllt bleiben muß.

Aber man darf immer hoffen – auf das Unvergängliche.«

Sie hob den Kopf, schaute zu ihm auf.

Ein großes Staunen hatte sie erfüllt.

»Du bist – gekommen«, sagte sie zweifelnd, »du bist bei mir –?«

Er nickte.

»Ich habe einen Ruf hierher erhalten«, sagte er einfach – und nahm, wie zur Bekräftigung, das uneröffnete Telegramm aus der Tasche, das ihm die Oberin gegeben hatte – ließ es ins Wasser gleiten.

»Du bist bei mir«, wiederholte Lucile.

»Ja«, sagte Norbert. »Komm jetzt.«

Er nahm ihren Arm und führte sie zu dem kleinen Schiff hinüber, das nach England ging.

Editorische Notiz

Die Texte dieses Bandes sind chronologisch nach ihrer Entstehung geordnet.

Eine Weihnachtsgeschichte wurde erstmals u. d. T. ›Weihnachtsgeschichte‹ in ›Vossische Zeitung‹, Berlin, 25. Dezember 1931, Beilage ›Literarische Umschau‹, gedruckt.

Der Fragment gebliebene Anfang des Romans *Das Götterdorf* wird hier aus dem Nachlaß (Deutsches Literaturarchiv, Marbach/N.) zum erstenmal veröffentlicht. Das mit handschriftlichen Korrekturen versehene Typoskript entstand vermutlich 1930.

Die Affenhochzeit erschien 1932 als selbständige Veröffentlichung mit Textbildern von Emil Orlik im Propyläen-Verlag, Berlin.

Eine Liebesgeschichte wurde erstmals in Fortsetzungen in ›Berliner Illustrierte Zeitung‹, Jg. 42, Nr. 8, 25. Februar 1933, S. 259–262; Nr. 10, 12. März 1933, S. 344–348; Nr. 11, 19. März 1933, S. 386–390, gedruckt; die erste Buchausgabe, die der Textwiedergabe hier zugrunde liegt, erschien im September 1934 mit Bildern von Hans Meid im S. Fischer Verlag, Berlin. 1954 wurde diese Erzählung in der Regie von Rudolf Jugert verfilmt. »Die ursprüngliche Filmversion stammte von Carl Zuckmayer.« (Arnold John Jacobius, ›Carl Zuckmayer. Eine Bibliographie 1917–1971.‹ Ab 1955 fortgeführt und auf den jüngsten Stand gebracht von Harro Kieser. [Frankfurt a. M.] S. Fischer [Verlag 1971], S. 77.)

Auf einem Weg im Frühling entstand nach einer Notiz Carl Zuckmayers in »Henndorf, Mitte April 1935« und wurde erstmals in ›Nürnberger Zeitung‹, 28. März 1970, gedruckt; im gleichen Jahr erschien die Erzählung unter diesem Titel im Residenz Verlag, Salzburg, zusammen mit ›Wiedersehen mit einer Stadt. Aus dem Stegreif erzählt‹ und mit Zeichnungen von Anton Steinhart in einer Buchausgabe.

Der Roman *Herr über Leben und Tod*, eine Auftragsarbeit für den Produzenten Alexander Korda, entstand 1938 als Filmgrundlage; realisiert wurde die Verfilmung jedoch erst 1954 in Deutschland in der Regie von Victor Vicas.

K. B.

Inhalt